Steffen Kramer

Kurspflegemaßnahmen – zwischen strafbarer Marktmanipulation und zulässiger Kursstabilisierung

Studien zum Wirtschaftsstrafrecht

herausgegeben von
Dr. Dr. h.c. mult. Klaus Tiedemann
und Dr. Dr. h.c. mult. Bernd Schünemann

Band 38

Steffen Kramer

Kurspflegemaßnahmen – zwischen strafbarer Marktmanipulation und zulässiger Kursstabilisierung

Ist jenseits der „Safe Harbour"-Regelungen Raum für zulässige Kurspflege?

Centaurus Verlag & Media UG

Zum Autor:

Steffen Kramer ist Richter am Amtsgericht in Cham, zuständig für Jugendstrafsachen, Strafsachen und Ordnungswidrigkeiten.

Bibliografische Informationen der Deutschen Nationalbibliothek

Die Deutsche Nationalbibliothek verzeichnet diese Publikation in der Deutschen Nationalbibliografie; detaillierte bibliografische Daten sind im Internet über http://dnb.d-nb.de abrufbar.

ISBN 978-3-86226-247-2   ISBN 978-3-86226-850-4 (eBook)
DOI 10.1007/978-3-86226-850-4

ISSN 0938-9512

© *CENTAURUS Verlag & Media KG 2013*
www.centaurus-verlag.de

Umschlaggestaltung: Jasmin Morgenthaler, Visuelle Kommunikation
Satz: Vorlage des Autors

Meinen Eltern

Vorwort

Die vorliegende Arbeit wurde im Jahr 2013 von der Fakultät für Rechtswissenschaft der Universität Regensburg als Dissertation angenommen.

Zu danken habe ich zunächst meinem verehrten Doktorvater Professor Dr. Tonio Walter, der mir stets freundschaftlich und engagiert mit Rat und Tat zur Seite gestanden hat. Während meiner Zeit als Mitarbeiter an seinem Lehrstuhl habe ich Vieles gelernt, was sich nicht nur für die Anfertigung dieser Dissertation sondern auch bei meiner beruflichen Tätigkeit als unschätzbar wertvoll erwiesen hat. Herrn Professor Dr. Wolfgang Servatius danke ich für die zügige Erstellung des Zweitgutachtens.

Meinen Eltern Renate und Horst Kramer sowie meinen Brüdern Philipp und Felix danke ich für ihre fortwährende Unterstützung und Motivation während der Erstellung der Dissertation neben meinem Berufseinstieg; sie hatten während dieser für mich mühsamen und entbehrungsreichen Zeit oftmals meine Launen zu ertragen. Genauso gilt mein Dank aber meinen Mitstreitern im bisweilen zähen Ringen um rechtswissenschaftliche Erkenntnisse, namentlich den Dres. Moritz Büchele, Andreas Büttner, Andreas Demleitner, Stefanie Huber, Bernhard Paa und Kirsten Stöver. Sie dienten mir nicht nur stets als Vorbilder disziplinierten wissenschaftlichen Arbeitens sondern waren mir immer gute Freunde, mit denen ich meine dissertationsbedingten Sorgen und Nöte teilen konnte.

Gewidmet ist diese Arbeit in Liebe und Dankbarkeit meinen Eltern, denen ich meine glückliche Kindheit, mein sorgenfreies Studium samt anschließendem Referendariat und so vieles mehr zu verdanken habe.

Regensburg, im August 2013

Steffen Kramer

7

Inhaltsverzeichnis

14

Einführung

Die vorliegende Arbeit befasst sich mit der Abgrenzung von verbotener und somit strafbarer Marktmanipulation nach §§ 20a, 38, 39 WpHG und der zulässigen Beeinflussung des Marktes, bekannt als Kurspflege oder Kursstabilisierung.

Es existieren bereits zahlreiche aktuelle Monographien, die sich aus dem Blickwinkel des Zivilrechts mit dieser Abgrenzung auseinandersetzen.[1] Hier soll jedoch eine Betrachtung aus strafrechtlicher Sicht stattfinden und somit eine noch bestehende Lücke in der wissenschaftlichen Beleuchtung des Themengebiets „Verbot der Marktmanipulation" geschlossen werden. Im Mittelpunkt soll dabei die Untersuchung der Grauzone von Beeinflussungshandlungen stehen. Damit sind solche Verhaltensweisen gemeint, die weder offensichtlich zulässig und straflos noch eindeutig verboten und strafbar sind, sondern deren Bewertung einer näheren Betrachtung bedarf.

Im Kapitalmarktrecht ist das Grundrecht der allgemeinen Handlungsfreiheit aus Art. 2 Abs. 1 GG durch die Vorschriften des Wertpapierhandelsgesetzes und die zugehörigen Normen[2] in vielfacher Weise eingeschränkt: Bestimmte Handlungen, die auf den Marktpreis Einfluss zu nehmen geeignet sind, sind gemäß § 20a WpHG untersagt. Unterschieden werden informationsgestützte (Abs. 1. S. 1 Nr. 1), handelsgestützte (Abs. 1 S. 1 Nr. 2) und handlungsgestützte Manipulationen (Abs. 1 S. Nr. 3). Tritt der Umstand hinzu, dass sie auch tatsächlich zu einer Veränderung des Preises geführt haben, ist der Verstoß gegen dieses Verbot auch strafbar (§§ 38, 39 WpHG).

Schon der erste Blick auf den Gesetzestext von § 20a WpHG lässt erkennen, dass der Tatbestand – insbesondere in der Variante der handelsgestützten Manipulation – sehr weit gefasst ist und eine Vielzahl von Verhaltensweisen abzudecken vermag, die zunächst strafrechtlich unverdächtig und als normale Marktaktivität erscheinen, nämlich die Vornahme von Geschäften und Erteilung von Aufträgen. Darunter fallen auch die seit jeher anerkannten Maßnahmen der Kurspflege oder Kursstabilisie-

---

[1] Um nur Einige zu nennen: BINGEL, Adrian, Rechtliche Grenzen der Kursstabilisierung nach Aktienplatzierungen (2007); GRÜGER, Tobias Wolfgang, Kurspflege – Zulässige Kurspflegemaßnahmen oder verbotene Kursmanipulation? (2006); MEIßNER, Jörg, Die Stabilisierung und Pflege von Aktienkursen im Kapitalmarkt- und Aktienrecht (2005).
[2] Damit sind insbesondere gemeint die EG-Verordnung 2273/2003 und die Verordnung zur Konkretisierung des Verbots der Marktmanipulation (MaKonV).

rung, die auch den Kurs von Wertpapieren beeinflussen, jedoch – im Gegensatz zur Manipulation – als notwendig und dem Markt dienlich erachtet werden.[3]

Daher erfährt der Straftatbestand in zweifacher Hinsicht eine konkretisierende Erweiterung. Auf der einen Seite gibt die Verordnung zur Konkretisierung des Verbots der Marktmanipulation[4] verbindliche und unverbindliche Anzeichen für das Vorliegen von Verstößen gegen das Manipulationsverbot vor, mit deren Hilfe unzulässiges und gegebenenfalls strafbares Verhalten identifizierbar gemacht werden soll. Auf der anderen Seite erfährt der Tatbestand durch § 20a Abs. 2 und 3 WpHG eine Einschränkung, durch die strafbares Verhalten jeweils ausgeschlossen wird. Während Abs. 2 Handlungen von dem Verbot ausnimmt, die mit der zulässigen Marktpraxis anerkanntermaßen vereinbar und durch legitime Gründe gedeckt sind, verweist Abs. 3 auf die Verordnung zur Durchführung der Richtlinie 2003/6/EG des Europäischen Parlaments und des Rates – Ausnahmeregelungen für Rückkaufprogramme und Kursstabilisierungsmaßnahmen (EG-VO 2273/2003)[5]. Diese enthält konkrete Freistellungstatbestände, sogenannte „Safe Harbours", deren Beachtung eine Ausnahme des Verhaltens vom Verbot der Marktmanipulation zur Folge hat und somit dem Handelnden Legalität garantiert.

Aufgrund dieser komplizierten Regelungstechnik und der Unbestimmtheit vieler Vorschriften sind die Normbefehle für den Rechtsanwender oftmals nicht so eindeutig, wie dies für Strafnormen wünschenswert wäre.[6] Beim Kapitalmarktstrafrecht handelt es sich um Nebenstrafrecht und damit also um Strafnormen, bei deren Adressaten ein Sonderwissen vorausgesetzt werden darf,[7] was aber nicht mit dem Aufbürden einer gewissen Rechtsunsicherheit zu verwechseln ist, die auch bei einem rechtskundigen Adressaten die Folge sein kann. Genau dieses Problem ist jedoch dem Straftatbestand der Marktmanipulation eigen, und zwar trotz des Erlasses der MaKonV und der „Safe Harbour"-Regelungen der EG-Verordnung.[8]

---

[3] Dazu unten Erstes Kapitel D.
[4] MaKonV, BGBl. I 2005, S. 515.
[5] ABl. 2003, Nr. L 336/33.
[6] Die Verfassungsmäßigkeit im Sinne von Art. 103 Abs. 2 GG der Strafvorschrift des Verbots der Marktmanipulation wird daher von manchen in der Literatur angezweifelt, vgl. hierzu VOGEL A/S[4] Vor § 20a Rn. 26 ff.; für die Verfassungsmäßigkeit stellvertretend EICHELBERGER ZBB 2004, S. 296.
[7] Vgl. RUTKOWSKI Erbs/Kohlhaas Lexikon des Nebenstrafrechts, Einführung Rn. 5.
[8] Diese Funktion sollte zunächst die Verordnung zur Konkretisierung des Verbotes der Kurs- und Marktpreismanipulation (KuMaKV; BGBl. I 2003, S. 2300) erfüllen, die jedoch bereits nach 15 Monaten durch die neue Verordnung zur Konkretisierung des Verbotes der Marktmanipulation (MaKonV) v. 01.03.2005 ersetzt wurde, BGBl. I 2005, S. 515. Diese Vorschriften sollen nach der Begründung des Bundesrats, BR-Drucks. 18/05, S. 2, den Marktteilnehmern als Leitlinien zur Aus-

In die angesprochene Grauzone fallen nämlich all diejenigen Verhaltensweisen, die von keiner der beiden Tatbestandskonkretisierungen (MaKonV: sicherlich unzulässig – EG-VO 2273/2003: sicherlich zulässig) erfasst sind. Insbesondere soll bei der folgenden Untersuchung der Frage nachgegangen werden, ob sich Konsequenzen aus der Nichtbeachtung der „Safe Harbour"-Regelungen bei der Vornahme von Kursstabilisierungsmaßnahmen für den Straftatbestand ableiten lassen.

Vereinfacht lautet die Gesetzessystematik von Verbotstatbestand und „Safe Harbour"-Regelungen wie folgt: Ein Verhalten, das außerhalb der normalen Handelsaktivität liegt und zu einer Veränderung der Bewertungen auf dem Markt führt, ist verboten und strafbar. Eine Strafbarkeit ist aber ausgeschlossen, wenn zwar keine normale Handelsaktivität vorliegt, aber eine Ausnahmeregelung („Safe Harbour") das Verhalten für rechtmäßig erklärt. Diese „Safe Harbour"-Regelungen beinhalten in der Regel neben bestimmten Kernanforderungen auch Nebenpflichten, beispielsweise Informationspflichten. Werden die einzelnen Voraussetzungen eines „Safe Harbours" nicht eingehalten, so ist der Handelnde jedenfalls strafrechtlich nicht mehr „auf der sicheren Seite", denn die Rechtsfolge der garantierten Zulässigkeit/Straflosigkeit greift nun nicht mehr ein. Das heißt aber nicht zugleich, dass als Konsequenz dessen nur noch die Unzulässigkeit/Strafbarkeit des Verhaltens übrig bliebe. Ausdrücklich heißt es in Erwägungsgrund Nr. 2 der EG-VO 2273/2003: „Handel mit eigenen Aktien im Rahmen von Rückkaufprogrammen und Maßnahmen zur Stabilisierung des Kurses von Finanzinstrumenten sollten, auch wenn sie nicht in Einklang mit den für Artikel 8 der Richtlinie 2003/6/EG erlassenen Durchführungsbestimmungen freigestellt erfolgen, nicht per se als Marktmissbrauch gewertet werden".[9] Das in Rede stehende Handeln muss vielmehr direkt am Straftatbestand gemessen werden. Dabei stellt sich aber die Frage, welche „Safe Harbour"-Tatbestandsvoraussetzungen tatsächlich essentiell sind für die Begründung der Straflosigkeit („Muss-Merkmale") und welche Tatbestandsvoraussetzungen für eine Straflosigkeit entbehrlich sind („Soll-Merkmale"). Anders ausgedrückt: Bleibt überhaupt außerhalb der „Safe Harbour"-Tatbestände Raum für zulässige Kursstabilisierung? Dabei ist insbesondere von Bedeutung, in welchen Vorgaben der „Safe Harbour"-Bestimmungen unmittelbar das Schutzgut der Verbotsvorschrift zum Ausdruck kommt und bei welchen das nicht der Fall ist.

---

legung von § 20a WpHG dienen: Es soll deutlich werden, welches Verhalten als Kurs- und Marktpreismanipulation einzustufen ist und welches Verhalten nicht.
[9] Ebenso LENENBACH Rn. 10.223; VOGEL A/S § 20a Rn. 20 und 245 sowie WM 2003, 2437, 2442.

Aufgrund der Struktur des (Gesamt-)Straftatbestands ergeben sich naturgemäß zahlreiche Überschneidungen mit den Erkenntnissen, die in den bereits oben angesprochenen, das Zivilrecht betreffenden Veröffentlichungen gewonnen wurden. Aufgabe dieser Arbeit ist es jedoch, die jeweiligen strafrechtlichen Besonderheiten herauszuarbeiten und zu den spezifisch strafrechtlichen Fragen und Problemen Stellung zu nehmen.

Das erste Kapitel beginnt mit der Erläuterung der für das Verständnis der Arbeit notwendigen Begrifflichkeiten, befasst sich sodann mit dem Rechtsgut des Straftatbestands der Marktmanipulation und diskutiert anschließend dessen Straflegitimation und die Gründe für die Notwendigkeit von Verbotsausnahmen. Das zweite Kapitel beschäftigt sich mit dem Ablauf von Wertpapieremissionen und den typischen Kursstabilisierungsmaßnahmen. Das dritte Kapitel gibt einen Überblick über den Straftatbestand des § 20a WpHG und geht dabei auf sämtliche Verbotsvarianten sowie die typischen Erscheinungsformen von Marktmanipulation ein; besonderes Augenmerk wird dabei auf die Auslegung der handelsgestützten Variante gelegt. Weiterhin werden die praktischen Probleme des Tatnachweises erörtert und die Freistellungstatbestände verbrechenssystematisch eingeordnet. Im vierten Kapitel folgt als Kern der Arbeit die Untersuchung der einzelnen „Safe Harbour"-Tatbestandsmerkmale im Hinblick darauf, was aus deren Nichtbeachtung für die Erfüllung des Straftatbestands zu schließen ist. Das fünfte Kapitel fasst schließlich die Ergebnisse der Arbeit nochmals zusammen.

Erstes Kapitel:
Begrifflichkeiten, Rechtsgut und Straflegitimation des Straftatbestands der Marktmanipulation

Wie auch im sonstigen Wirtschaftsleben kann Handel an der Börse nur funktionieren, wenn diejenigen Handlungen verboten und mit Strafe bedroht sind, die auf Übervorteilung und Herbeiführung ungerechtfertigter Vermögensvorteile zum Nachteil anderer gerichtet sind. Eine solche ordnungsstiftende Regelung ist § 20a WpHG. Insbesondere auch zur Abgrenzung der verbotenen Kursbeeinflussung von den zulässigen Kurspflegemaßnahmen soll das vom Verbotstatbestand geschützte Rechtsgut genauer herausgearbeitet werden. Zuvor sind allerdings noch die Begrifflichkeiten zu klären.

A. Klärung der Begrifflichkeiten

Die Begriffe Kurspflege, Marktpflege, Kursstützung und Stabilisierung sind nur zum Teil gesetzlich definiert und werden – vor allem in der Literatur – nicht einheitlich verwendet.

Gemein ist ihnen, dass sie allesamt positive Assoziationen erwecken und für eben jene Beeinflussungen des Marktes stehen sollen, die trotz des grundsätzlichen Verbots von Manipulationen zivil- und strafrechtlich keinerlei Konsequenzen nach sich ziehen sollen. Selbstverständlich entscheidet sich die Rechtmäßigkeit einer Handlung aber nicht an einem ihr angehefteten, zum Teil als euphemistisch zu bezeichnenden, Etikett, sondern allein anhand einer genauen Prüfung des Gesetzestatbestands und der übrigen zugehörigen Vorschriften. Diese beschreibenden Begriffe können das Ergebnis einer Prüfung nicht vorwegnehmen.

Dennoch soll hier zunächst ein Überblick über die Einordnungsmöglichkeiten der auf zulässige Beeinflussungen des Kurses gerichteten Maßnahmen gegeben werden, damit im weiteren Fortgang der Arbeit Klarheit über die Begrifflichkeiten herrscht. Dabei ist der Begriff Kurspflege zunächst als Oberbegriff für alle Maßnahmen zu verstehen, die in irgendeiner Weise auf den Kurs von börsennotierten Werten[10] Einfluss nehmen sollen (unten als Kurspflege im weiteren Sinne eingeordnet).

Unterscheidungen in verschiedene Tatbestände sind anhand verschiedener Kriterien möglich: CRÜWELL/FÜRHOFF[11] unterscheiden nach dem Kreis der beteiligten Personen, dem Zeitraum und dem Niveau des Eingriffs. Es ergeben sich demnach drei Kategorien, nämlich die Kurspflege im weiteren Sinne, die Kurspflege im engeren Sinne – meist als Stabilisierung bezeichnet[12] – und die Kursstützung.

Viele Autoren verfolgen eine ähnliche Terminologie, weshalb auch hier eine Kategorisierung anhand dieser Begrifflichkeiten erfolgen soll.

I.   Kurspflege im weiteren Sinne

Die Kategorie der Kurspflege im weiteren Sinne umfasst erwartungsgemäß die meisten Sachverhalte; es handelt sich hierbei gemäß der soeben beschriebenen Systematik um *jegliche* Betätigung interessierter Personen am Markt mit dem Ziel, den Kurs eines Wertpapiers zu beeinflussen.[13] Der Kreis interessierter Personen besteht typischerweise aus dem Emittenten selbst und den Großaktionären; darüber hinaus kommen als (andere) Personen mit einem sonstigen Interesse am Kurs des Finanzinstruments potentielle Übernehmer der Gesellschaft in Betracht, die einen günstigen Übernahmepreis herbeiführen möchten. Die Emissionsbank hingegen gehört in der Regel nicht zum Kreis der Beteiligten, da die Kurspflege im weiteren Sinne nicht im Zusammenhang mit einer Emission stattfindet.[14] Mittel der Kurspflege im weiteren Sinne sind Käufe und Verkäufe der jeweiligen Wertpapiere oder der Handel in darauf bezogenen Derivaten.[15, 16]

---

[10] Der Schutzbereich des Tatbestands reicht jedoch über die börslich gehandelten Werte hinaus. Vgl. hierzu unten Drittes Kapitel A. I.

[11] CRÜWELL/FÜRHOFF IPO-Management S. 334, 336; ebenso KÜMPEL Bank- und Kapitalmarktrecht[3] Rn. 16.381 ff.

[12] SORGENFREI Park-Kapitalmarktstrafrecht Teil 3 Kap. 4 T1 Rn. 183 m. w. N.

[13] CRÜWELL/FÜRHOFF IPO-Management S. 336.

[14] CRÜWELL/FÜRHOFF IPO-Management S. 336.

[15] Derivate sind Finanzinstrumente, die von anderen Vermögensgegenständen abgeleitet sind (lat. derivare = ableiten). Ihnen liegen andere Handelsobjekte zugrunde, weshalb ihr Wert vom Wert dieser zugrundeliegenden Finanzpapiere oder Produkte, den sog. Basiswerten, abhängt. Die klassischen Derivate sind v. a. Optionen, Futures und die sogenannten Hybriden oder Strukturierten Produkte. Optionen geben dem Käufer/Inhaber das Recht, den Basiswert innerhalb eines bestimmten Zeitraumes (amerikanische Option) oder zu einem bestimmten Zeitpunkt (dem Ausübungsdatum, europäische Option) zu einem bestimmten, fixen Preis vom Verkäufer/Stillhalter zu erwerben (dann „Call-Option") oder an ihn zu verkaufen (dann „Put-Option"); der Stillhalter erhält hierfür die sog. Optionsprämie als Verkaufspreis. Bei einem Future hat der Käufer nicht nur das Recht, sondern

Unter die soeben gelieferte „Definition" fallen zunächst einmal sämtliche Verhaltensweisen, die tatbestandsmäßig im Sinne von §§ 20a, 38, 39 WpHG sind. Ob eine strafbare Handlung vorliegt oder nicht, hängt davon ab, ob ein Ausschlusstatbestand („Safe Harbour") einschlägig ist und ob eine tatsächliche Beeinflussung des Kurses stattgefunden hat oder nicht, § 38 Abs. 2 WpHG i. V. m. § 39 Abs. 1 Nr. 1 und 2, Abs. 2 Nr. 11 WpHG.

II. Kurspflege im engeren Sinne / Stabilisierung

Kurspflege im engeren Sinne, von CRÜWELL/FÜRHOFF mit dem Begriff Kursstabilisierung versehen, sollen dagegen nur Maßnahmen im Zusammenhang mit der Emission eines Wertpapiers sein.[17] Die Emission wird aufgrund der konsortialvertraglichen Vereinbarungen zwischen dem Emittenten und dem Bankenkonsortium in der Regel von Letzterem durchgeführt; denkbar ist aber auch eine Stabilisierung durch den Emittenten selbst.

Typische Mittel zur Kursstabilisierung sind neben dem Handel im Wertpapier beispielsweise die Mehrzuteilungen mit und ohne „Greenshoe"-Option.[18]

---

auch die Pflicht, den Basiswert zu dem vereinbarten Preis zu erwerben oder zu verkaufen; eine Prämie wird nicht fällig, da beide Seiten gleichberechtigt Chancen und Risiken des Geschäfts tragen. Strukturierte Produkte sind Finanzinstrumente, bei denen ein Basiswert und beliebig viele Derivate zu einem wirtschaftlich und rechtlich zusammengehörigen Anlageprodukt verbunden werden; die Kombinationsmöglichkeiten und die damit verbundenen wirtschaftlichen Effekte sind so komplex und unbegrenzt wie für den Laien undurchschaubar. Vgl. hierzu EICHELBERGER S. 45; GERKE S. 220, S. 592, S. 747 und S. 767; GYOMLAY/WILLMEROTH/SIGRIST S. 76 f.; LENENBACH Rn. 9.100 ff.

[16] CRÜWELL/FÜRHOFF IPO-Management S. 336.

[17] CRÜWELL/FÜRHOFF IPO-Management S. 336; BOSCH BuB Rn. 10/348, der dies als die international gängige Terminologie bezeichnet.

[18] Bei Mehrzuteilungen werden im Rahmen einer Emission mehr Wertpapiere verkauft als tatsächlich im Emissionsvolumen enthalten sind; der Emissionsbegleiter muss daher die zu liefernden Papiere am Markt selbst wieder aufkaufen, um sie dann auch liefern zu können. Da hierdurch zwingend eine sofortige Nachfrage nach den emittierten Papieren besteht, kann ein Abrutschen des Preises bei erwarteten Spekulationsverkäufen unmittelbar nach der Emission verhindert werden. Die „Greenshoe"-Option dient dabei als Sicherheit für den Emissionsbegleiter, die zu liefernden Papiere bei Ausbleiben der erwarteten Verkäufe nicht zu einem hohen Preis auf dem Markt aufkaufen zu müssen und hierdurch Verlust zu erleiden, da er bei Ausübung der Option die Papiere zum Ausgabepreis durch den Emittenten erhält. Hierzu unten genauer Zweites Kapitel B. IV. und V.

III.   Kursstützung

Die letzte von CRÜWELL/FÜRHOFF vorgenommene Einteilung ist die Kategorie der Kursstützung.[19] Diese unterscheide sich von den beiden vorherigen Sachverhalten durch die Intensität des Eingriffs, denn als Kursstützung seien nur solche Maßnahmen zu bezeichnen, die sich darauf beschränkten, den Kurs vor einem (weiteren) Absinken zu bewahren, also einen bestimmten Kurs zu halten.[20] Im Gegensatz dazu seien bei der Kurspflege im engeren und im weiteren Sinne auch Maßnahmen zur Steigerung des Kurses möglich. Interventionen fänden dementsprechend nur auf dem Niveau des letzten unabhängigen Geschäfts statt; als absolute Obergrenze fungiere daher der Ausgabepreis des Wertpapiers.

Allein die Einhaltung einer gewissen preislichen Obergrenze sagt – wie bei den anderen Kategorien – noch nichts über die rechtliche Zulässigkeit solcher Sachverhalte im Grundsatz aus. Sie weist lediglich auf Ansatzpunkte einer Zulässigkeitsregelung[21] hin.

IV.   Kursstabilisierungsmaßnahmen im Sinne der Marktmissbrauchsrichtlinie und der EG-Verordnung 2273/2003

Die Marktmissbrauchsrichtlinie 2003/6/EG enthält keine Definition, sondern erklärt lediglich in Erwägungsgrund Nr. 33: „Kursstabilisierungsmaßnahmen für Finanzinstrumente (…) können unter bestimmten Umständen (…) gerechtfertigt sein und sind daher nicht bereits als solche als Marktmissbrauch zu betrachten."

Die EG-Verordnung 2273/2003 enthält die europarechtlichen Freistellungsregeln für diejenigen Maßnahmen, die gezielt den Kurs eines Finanzinstruments beeinflussen und dennoch keinesfalls dem Verbotstatbestand des § 20a WpHG unterfallen sollen. Diese Maßnahmen werden dort in Erwägungsgrund Nr. 11 als Kursstabilisierungsmaßnahmen beschrieben und ihr Zweck und ihre Wirkungen werden erläutert: „Kursstabilisierungsmaßnahmen bewirken hauptsächlich die vorübergehende Stützung des Emissionskurses unter Verkaufsdruck geratener, relevanter Wertpapiere, mindern so den durch kurzfristige Anleger verursachten Verkaufsdruck und halten für die relevanten Wertpapiere geordnete Marktverhältnisse auf-

---

[19] CRÜWELL/FÜRHOFF IPO-Management S. 334 und 337.
[20] Anders BOSCH BuB Rn. 10/340: „Kursstützung ist der Versuch, entgegen der Markttendenz einen Kursrückgang zu vermeiden oder abzuschwächen. Sie greift also in das Marktgeschehen nachdrücklicher ein als die Kurspflege."
[21] Vgl. hierzu Art. 10 Abs. 1 EG-VO 2273/2003.

recht. Dies liegt sowohl im Interesse der Anleger, die die relevanten Wertpapiere im Rahmen eines signifikanten Zeichnungsangebots gezeichnet oder gekauft haben, als auch im Interesse der Emittenten. Auf diese Weise können Kursstabilisierungsmaßnahmen das Vertrauen der Anleger und der Emittenten in die Finanzmärkte stärken." Art. 2 Nr. 7 der Verordnung präzisiert diese Beschreibung weiter und enthält folgende Definition: „,Kursstabilisierung' ist jeder Kauf bzw. jedes Angebot zum Kauf relevanter Wertpapiere und jede Transaktion mit vergleichbaren verbundenen Instrumenten, die Wertpapierhäuser oder Kreditinstitute im Rahmen eines signifikanten Zeichnungsangebots für diese Wertpapiere mit dem alleinigen Ziel tätigen, den Marktkurs dieser relevanten Wertpapiere für einen im Voraus bestimmten Zeitraum zu stützen, wenn auf diese Wertpapiere Verkaufsdruck besteht".

Diese Definition ist also am engsten gefasst, deckt sich jedoch weitgehend mit der Definition von CRÜWELL/FÜRHOFF in Bezug auf die Begriffe Kurspflege im engeren Sinne bzw. Stabilisierung. Sie betrifft nur Maßnahmen im Zusammenhang mit einer Emission. Art. 8 EG-VO 2273/2003 bestimmt, dass Kursstabilisierungsmaßnahmen zeitlich befristet sind und nur innerhalb eines 30-Tageszeitraums nach einer Emission stattfinden. Die vom europäischen Gesetzgeber gesetzlich als Kursstabilisierung definierten Maßnahmen sind mithin zwingend an eine Emission gebunden.

V. Fazit

Die von CRÜWELL/FÜRHOFF niedergelegte Terminologie ist nicht zwingend und wird nicht von allen Autoren[22] angenommen; weitgehend besteht aber zumindest Einigkeit in dem Punkt, dass Marktbeeinflussungen speziell im Zusammenhang mit Emissionen als Stabilisierung bezeichnet werden, während die Begriffe Kurs- oder Marktpflege für sonstige Maßnahmen stehen.[23]

Im Mittelpunkt der vorliegenden Arbeit steht die Untersuchung von Maßnahmen, auf die die „Safe Harbour"-Regelungen der EG-Verordnung 2273/2003

---

[22] EICHELBERGER S. 36, verwendet die Begriffe synonym; LENENBACH Rn. 10.217, und BOSCH BuB Rn.10/334: „Mit der Kurspflege soll Zufallsschwankungen entgegengewirkt werden, die weder in der finanziellen oder wirtschaftlichen Situation des Emittenten noch in allgemeinen Entwicklungen des Kapitalmarkts ihren Grund haben."
[23] So etwa ausführlich BINGEL S. 22, 23; MEIßNER S. 27; SORGENFREI Park-Kapitalmarktstrafrecht Teil 3 Kap. 4 T1 Rn. 183.

grundsätzlich anwendbar sind, die deren Tatbestandsvoraussetzungen jedoch nicht erfüllen. Solche Maßnahmen sind sowohl nach der in der Literatur vorherrschenden Einordnung wie auch nach dem Sprachgebrauch der europäischen Gesetzgebung Kursstabilisierungsmaßnahmen, da sie sämtlich an eine Emission von Wertpapieren anknüpfen.

Wird im Folgenden der Begriff „Kursstabilisierung" gebraucht, so bezieht sich dies mithin auf emissionsbezogene Maßnahmen zur Beeinflussung des Kurses. Die genaue Intention für ihre Durchführung und ob ein Verkaufsdruck auf die betreffenden Wertpapiere besteht, bleibt bei der Bezeichnung außen vor. Die (straf-)rechtliche Einordnung als zulässig oder unzulässig soll dabei ebenfalls nicht vorweggenommen werden. Der Begriff „Kurspflegemaßnahmen" soll dagegen als Oberbegriff für alle übrigen Marktaktionen zur Kursbeeinflussung dienen, die nicht von vornherein als unzulässige Manipulationen zu werten sind.

B.   Das Rechtsgut des Straftatbestands

Das Rechtsgut eines Tatbestands hat neben anderen Aufgaben die Funktion, die Auslegung des Tatbestands zu leiten.[24] Das Rechtsgut ist ein rechtlich geschützter ideeller Wert der Sozialordnung[25]. Ist das Rechtsgut eines Straftatbestands bestimmt, so kann man mithilfe der Auslegung die Handlungen, die strafbar sein sollen, von denjenigen, die es nicht sein sollen, abgrenzen: Nur wenn sich das jeweilige Verhalten gegen das ermittelte Rechtsgut richtet, ist es als strafbar zu qualifizieren.

I.   Die europarechtliche Grundlage des Straftatbestands und ihre Ziele

Über das vom Verbot der Marktmanipulation geschützte Rechtsgut herrscht keine Einigkeit. Lediglich auf einen Mindestgehalt des Schutzgutes, eine Art Kernschutzbereich, können sich die meisten Diskussionsbeteiligten einigen.[26] Ausgangspunkt für die Untersuchung des Schutzguts des Verbots der Marktmanipulation soll die grundlegende europäische Regelung sein, die für die Mitgliedstaaten

---

[24] Hierzu und zu den übrigen Funktionen des Rechtsguts eingehend WALTER LK Vor § 13 Rn. 8 und 12.

[25] WALTER LK Vor § 13 Rn. 13.

[26] Zu den in der Literatur vertretenen Ansichten sogleich unten Erstes Kapitel B. IV.

der Europäischen Union eine Verbotsnorm vorschreibt, die sog. Marktmissbrauchs-richtlinie 2003/6/EG[27] samt ihren Begründungen.

1. Die Marktmissbrauchsrichtlinie

Die Richtlinie 2003/6/EG des Europäischen Parlaments und des Rates vom 28. Januar 2003 über Insider-Geschäfte und Marktmanipulation (Marktmissbrauch), die auch der deutschen Regelung zugrunde liegt, enthält in Vorerwägung Nr. 12 folgende Aussage: „Marktmissbrauch beinhaltet Insider-Geschäfte und Marktmanipulation. Vorschriften zur Bekämpfung von Insider-Geschäften haben dasselbe Ziel wie Vorschriften zur Bekämpfung von Marktmanipulation, nämlich die Integrität der Finanzmärkte der Gemeinschaft sicherzustellen und das Vertrauen der Anleger in diese Märkte zu stärken". Eine weitere Aussage hinsichtlich des Schutzzwecks findet sich in Vorerwägung Nr. 15: „Insider-Geschäfte und Marktmanipulation verhindern, dass der Markt vollständig und wirklich transparent ist; dies ist jedoch eine Voraussetzung dafür, dass alle Wirtschaftsakteure an integrierten Finanzmärkten teilnehmen können".

Die Richtlinie möchte also zum einen die Integrität und damit die Funktionsfähigkeit des Finanzmarktes an sich schützen, zum anderen durch Gewährleistung von Transparenz das notwendige Vertrauen der Anleger in den Markt hervorrufen und bewahren.

Der Handel soll durch Unterbindung von Manipulationen störungsfrei abgewickelt werden können und diese Freiheit von Störungen soll den Marktteilnehmern auch entsprechend zur Kenntnis gebracht werden. Nur wenn potentiellen Anlegern die Sicherheit des Handels bewusst ist, werden sie den Markt auch nutzen.[28] Der Markt kann nur durch diesen zweiten Schritt, nämlich das Hervorrufen und Fördern von Vertrauen in den Handelsplatz durch Transparenz, auch tatsächlich mit Leben gefüllt werden. Dabei ist Transparenz vornehmlich als Information der Marktteilnehmer über sämtliche bewertungserheblichen Umstände der gehandelten Finanz-

---

[27] ABl. 2003, Nr. L 96/16.
[28] LENENBACH Rn. 1.72; ZIOUVAS Kapitalmarktrecht S. 18.

instrumente zu verstehen[29], aber auch als Vermittlung dessen, dass und in welchem Maße der Markt überwacht wird. Ähnlich einem zu vermarktenden Produkt genügt es nicht, eine qualitativ hochwertige Ware herzustellen, sondern diese muss auch beworben werden, um das Produkt bekannt zu machen und Abnehmer zu finden – das Angebot muss kommuniziert werden.[30] Durch die Veröffentlichung der Zusammensetzung von Aktionärskreisen, Stimmenverhältnissen und weiterer, ähnlicher Informationen soll dabei außerdem dem Missbrauch von Insiderinformationen entgegengewirkt werden.[31]

2. Die Aufgaben und Funktionen des Marktes

Wenn die Marktmissbrauchsrichtlinie den Schutz der Funktionen des Kapitalmarktes zu ihrem Ziel macht, muss geklärt werden, worin diese Funktionen bestehen. Dabei ist das Wort „Funktionen" hier weitgehend synonym mit dem Begriff „Aufgaben", da eine Funktion des Kapitalmarktes in der Erfüllung der jeweiligen Aufgabe zu sehen ist.

Nur wenn Klarheit über die Aufgaben des Kapitalmarktes herrscht, kann auch über deren Sicherung gesprochen werden. Ein kurzer Überblick über die Aufgaben des Marktes darf hier daher nicht fehlen.[32]

Der Kapitalmarkt erfüllt gesamtwirtschaftliche Aufgaben, die jenseits der Interessen der Einzelanleger liegen.[33] Letztere beschränken sich naturgemäß und in der Regel auf eine möglichst hohe Rendite bei möglichst geringem Risiko; der Horizont des (Einzel-)Anlegers ist weitgehend auf den eigenen Haushalt beschränkt. Die Funktionen des Kapitalmarktes betreffen aber auch die Makroökonomie – also

---

[29] In den §§ 21 ff. WpHG sind die Vorgaben der Transparenzrichtlinien von 1988 (Richtlinie über die bei Erwerb und Veräußerung einer bedeutenden Beteiligung an einer börsennotierten Gesellschaft zu veröffentlichen Informationen, ABl. 1988, Nr. L 348/62 vom 17. Dezember 1988) und 2004 (Richtlinie 2004/109/EG vom 15. Dezember 2004 zur Harmonisierung der Transparenzanforderungen in Bezug auf Informationen über Emittenten, deren Wertpapiere zum Handel auf einem geregelten Markt zugelassen sind, und zur Änderung der Richtlinie 2001/34/EG, ABl. 2004, Nr. L 390/38 vom 15. Dezember 2004) umgesetzt.
[30] Grundsätzliches zum Marketing findet sich beispielsweise bei KOTLER/ARMSTRONG/SAUNDERS/WONG Grundlagen des Marketing, Kapitel 18.1, S. 840.
[31] Begründung des Regierungsentwurfs des 2. FMFG, BT-Drucks. 12/6679, S. 33.
[32] Ausführlicher zu den Aufgaben des Kapitalmarkts beispielsweise LENENBACH Rn. 1.67 ff.
[33] Vgl. HELLWIG Obst/Hintner S. 4, und LENENBACH Rn. 1.72. Ebenso KÜBLER/ASSMANN S. 468, die diesbezüglich vom Individualschutz der Anleger sprechen.

die gesamte Volkswirtschaft –, und haben daher überragende Bedeutung und sind von öffentlichem Interesse.[34]

Ein funktionierender Kapitalmarkt ist Voraussetzung für eine international wettbewerbsfähige Volkswirtschaft, da nur über einen funktionstüchtigen Kapitalmarkt das in einer Volkswirtschaft vorhandene anlagebereite Kapital für das Wirtschaftswachstum „fruchtbar" gemacht werden kann.[35]

Zu den einzelnen Aufgaben des Kapitalmarktes nun im Folgenden:

a) Transformationsfunktion

An erster Stelle steht die sogenannte Transformationsfunktion. Wirtschaftliche Unternehmungen haben regelmäßig einen Kapitalbedarf, den sie nicht selbst, also mit Eigenkapital, decken können und/oder wollen. Demgegenüber verfügen die privaten Haushalte über Kapital, mit dem sie möglichst hohe Beträge erwirtschaften möchten. Als Alternative zu einem Bankguthaben mit lediglich konservativen Ertragsaussichten besteht die Möglichkeit der Investition in Finanzinstrumente, die mehr Chancen – zugleich aber auch mehr Risiken – bietet. Auf der einen Seite lockt die höhere Gewinnerwartung, auf der anderen Seite mag das für den Kleinanleger zum Teil unkalkulierbare Verlustrisiko (beispielsweise im Bereich der Termingeschäfte[36]) abschrecken. Diese Mittel der Privathaushalte für Unternehmen zu mobilisieren ist Aufgabe des Finanzmarktes und erfolgt durch eine Zusammenführung von oft gegenläufigen Interessen des einzelnen Anlegers und der jeweiligen Unternehmen.

Der Anleger möchte typischerweise eine möglichst hohe Rendite bei möglichst geringem Verlustrisiko und zugleich die Option, seine Mittel kurzfristig wieder zu liquidieren, um somit wieder frei darüber verfügen zu können.[37] Eine direkte Anlage bei einer Unternehmung wird daher gescheut, denn bei dieser kann in der Regel keine kurzfristige Verfügbarkeit gewährleistet werden, da die Unternehmen auf empfangenes Kapital so schnell nicht wieder verzichten können. Darüber hinaus besteht eine ganz erhebliche Barriere in den mangelnden direkten Kontaktmöglich-

---

[34] KÜBLER/ASSMANN S. 469; OULDS Bank- und Kapitalmarktrecht Rn. 14.141 ff.; LENENBACH Rn. 1.67.
[35] BRÖCKER Claussen S. 323; EICHELBERGER, S. 52.
[36] S. nur SCHLÜTER G. Rn. 1097 zu den Charakteristika von Termingeschäften.
[37] BRÖCKER Claussen S. 323; EICHELBERGER S. 54; FISCHER/RUDOLPH Obst/Hintner S. 375.

keiten potentieller Geldgeber und Geldnehmer, zumindest was Kleinanleger betrifft. Ohne das zwischengeschaltete Element des Marktplatzes Börse wäre es für die Beteiligten in der Vielzahl der Fälle nicht möglich, zueinander zu finden. Eine günstigere Möglichkeit für den breiten Austausch der für den Kapitalverkehr erforderlichen Informationen ist auch kaum denkbar. Eine sicherlich im Verhältnis zur Gesamtheit der Marktteilnehmer seltene Ausnahme mag dann vorliegen, wenn bereits gute Kontakte zwischen dem potentiellen Anleger und der Kapitalgesellschaft, genauer mit den Entscheidungsträgern in der Gesellschaft, bestehen. Aus der Sicht der Unternehmen sind die Börsen allerdings keine primären Kapitalbeschaffer, da die Erstplatzierung von Finanzinstrumenten in aller Regel direkt durch die Emissionsbanken bei den Anlegern vorgenommen wird; der Erfolg dieser Erstplatzierung hängt aber maßgeblich von den Möglichkeiten ab, die der Sekundärmarkt bietet.[38]

Die Interessen der Unternehmen sind gegenüber denjenigen der Anleger beinahe diametral entgegengesetzt: Diese haben Bedarf an möglichst großen Kapitalsummen, wobei die Überlassung der Mittel langfristig erfolgen und möglichst günstig, also nicht mit Zins und Tilgung belastet sein soll – wie es bei einem Darlehen der Normalfall wäre.[39] Dabei wird der Kapitalbedarf einer einzelnen wirtschaftlichen Unternehmung in der Regel das auf einen einzelnen potentiellen Anleger entfallende Kapitalangebot übersteigen, weshalb eine Vielzahl von Anlegern akquiriert werden muss, um die erforderliche Kapitalmasse zu erreichen. Dies gilt im Übrigen auch zumeist für den Fall, dass ein einzelner Anleger das Kapital allein aufbringen könnte, denn dann wird er aus Gründen der Risikostreuung nur einen Teil seines gesamten Anlagevolumens in dieselbe Unternehmung investieren.[40]

Die Börse stellt zwischen diesen unterschiedlichen Interessenlagen eine Kompatibilität her, indem sie Aktien und Schuldverschreibungen der Unternehmen als Investitionsvehikel mit einer beinahe beliebig kleinen Stückelung[41] bereitstellt und dabei die Möglichkeit des kurzfristigen Mittelabrufs durch unmittelbaren Verkauf dieser Wertpapiere an andere Marktakteure bietet.

So können die Kapitalvolumina der einzelnen Anleger zu einer wirtschaftlich bedeutsamen Summe beim kapitalbedürftigen Unternehmen angehäuft werden und dienen wirtschaftlicher Entwicklung und dem Wachstum. Dieses Phänomen der

---

[38] Vgl. FISCHER/RUDOLPH Obst/Hintner S. 378.
[39] EICHELBERGER S. 53.
[40] FISCHER/RUDOLPH Obst/Hintner S. 375.
[41] Gemäß § 8 Abs. 2 S. 1, Abs. 3 S. 3 AktG müssen sowohl Nennbetrags- als auch Stückaktien zumindest einen vollen Euro verbriefen.

Umwandlung von Sparkapital in Investitionskapital wird als Transformation bezeichnet.

b) Allokationsfunktion

Die Kapitalallokationsfunktion ist neben der Transformation die wichtigste Aufgabe der Börse. Der Begriff bezeichnet eine gewisse natürliche Auslese unter den durch die Anleger begünstigten Unternehmungen.

Die Anleger investieren ihr Kapital vor allem bei denjenigen Emittenten von Finanzinstrumenten, bei denen sie sich eine möglichst hohe Rendite bei gleichzeitig möglichst hoher Sicherheit ihres Kapitals erwarten. Die Kapitalnehmer stehen also zueinander in einem Wettbewerb um die Gunst der Kapitalgeber, da die Nachfrage an Kapital immer das Angebot übersteigt[42]. Das Kapital wird langfristig schließlich bei denjenigen Unternehmungen angehäuft, bei denen die Anlegerschaft die für sie günstigsten Konditionen erwarten kann.[43] Es sind dies dann auch regelmäßig die zugkräftigsten und erfolgversprechendsten Emittenten, die für ihre Kapitalgeber die höchsten Gewinne erwarten lassen. Somit wird eine volkswirtschaftlich sinnvolle Verwendung des Investitionskapitals gewährleistet: Nur denjenigen Unternehmen, die wirtschaftlich erfolgreich bleiben und hohe Renditen bei angemessener Kapitalsicherheit generieren, wird auf längere Sicht das Kapital anvertraut.[44] Automatisch findet somit die Kapitalansammlung bei denjenigen Unternehmen statt, die am effizientesten zum wirtschaftlichen Wachstum beitragen.[45] Verlustreiche Unternehmungen können dagegen keine oder lediglich eine geringe Rendite erwirtschaften. Die Anleger werden daher ihre Finanzmittel abziehen und das Unternehmen wird so langfristig im Wege des wirtschaftlichen Ausleseprozesses aus dem Markt ausgeschieden, wenn es seine Position auf dem Markt nicht verbessern kann. Natürlich drängen ständig neue Unternehmen auf dem Markt, während andere aufgrund der soeben beschriebenen Allokationsfunktion wieder verschwinden. Deshalb kommt der Wettbewerb nie zum Erliegen und der Selektionsprozess wird immer neu in Gang gesetzt.

---

[42] HELLWIG Obst/Hintner S. 5.
[43] Vgl. hierzu EICHELBERGER S. 55; FRANKE/HAX S. 355.
[44] KÜBLER/ASSMANN S. 469.
[45] EICHELBERGER S. 55; FRANKE/HAX S. 355.

c)   Liquiditätsfunktion

Nachdem die Börse das Sparkapital der Privathaushalte mobilisiert und in Investitionskapital transformiert hat, wobei eine Allokation bei den wirtschaftlich effizienten Unternehmungen stattfindet, erfüllt sie eine weitere Funktion: die Liquiditätsfunktion.

Wie bereits oben dargelegt, spielt die Möglichkeit des kurzfristigen Zugriffs der Kapitalgeber auf ihre Mittel eine entscheidende Rolle bei der Investitionsbereitschaft. Während eine Transformation des Kapitals möglicherweise noch über einen anderen Mittler als die Börse funktionieren könnte, kann die Liquiditätsfunktion einzig und allein von der Börse erbracht werden.[46] Möchte ein Anleger auf seine Mittel zugreifen, so kann er dies jederzeit tun, indem er sich durch eine Verkaufsorder seiner Anteile entledigt.[47] Dabei wird dem betroffenen Emittenten des Wertpapiers kein Kapital entzogen, denn an die Stelle des früheren Anlegers tritt sogleich automatisch ein neuer, der somit die Finanzierung übernimmt.[48] Einmal investiertes Kapital verbleibt somit beim Unternehmen, unabhängig davon, ob der jeweilige Investor seine Anlage liquidieren möchte oder nicht.

d)   Informations- und Bewertungsfunktion

Eine Nebenrolle spielt die sogenannten Informations- und Bewertungsfunktion, da sie den übrigen Funktionen immanent ist.

Gemeint ist hierbei die Aussage, die einem bestimmten Kurswert hinsichtlich des zugehörigen Finanzinstruments beigemessen werden kann: Haben die Anleger Zugriff auf alle anlageentscheidenden Informationen – herrscht also ideale Markttransparenz –, dann spiegelt der Kurswert den tatsächlichen Unternehmenswert wider.

Dieses Prinzip der Transparenz ist nicht nur bei der erstmaligen außerbörslichen Abgabe von Wertpapieren an Investoren entscheidend – dies bezeichnet man u. a.

---

[46] BRÖCKER Claussen S. 323.

[47] Die Liquidität eines Wertpapiers hängt von der Anzahl der im Umlauf befindlichen Wertpapiere sowie der Anzahl der am Handel beteiligten bzw. interessierten Anleger ab, vgl. LINDER/TIETZ S. 182. Bei besonders illiquiden Wertpapieren schaffen oftmals sogenannte „Designated Sponsors", indem sie verbindliche An- und Verkaufsquoten stellen und so in gewisser Weise den Börsenhandel diese Papiere betreffend betreuen, eine bessere Liquidität, vgl. LINDER/TIETZ S. 76.

[48] BRÖCKER Claussen S. 323.

auch als Primärmarkt[49] –, sondern selbstverständlich auch beim weiteren Handel der bereits emittierten Anteile unter den verschiedenen Anlegern an der Börse, dem sogenannten Sekundärmarkt[50].

Die Allokation ist ein Prozess, da sich die wirtschaftliche Lage der einzelnen börsennotierten Unternehmen im Spiel der Marktkräfte ständig ändert und dementsprechend einer sich fortlaufend ändernden Bewertung unterliegt.

Für die Unternehmen bildet der Preis, zu dem die Anteile auf dem Sekundärmarkt gehandelt werden, zugleich auch den Preis für die weitere Aufnahme von Kapital durch die Ausgabe neuer Aktien ab, denn kein Anleger wird neue Aktien bei einer neuerlichen Erstplatzierung zu einem höheren Preis erwerben als demjenigen, der für die „alten", bereits im Umlauf befindlichen Aktien gezahlt wird.[51] Damit zeigt der Kurswert auch das Preispotential für neue Kapitalbeschaffungsmaßnahmen.

Für das Zustandekommen des Börsenpreises ist allerdings die Informationsverarbeitung durch den Kapitalmarkt von entscheidender Bedeutung.[52]

Diese Abbildung des eigenen Wertes durch den Börsenpreis und damit verbunden die Festlegung des Preises für neues Eigenkapital bezeichnet man auch als Informations- und Bewertungsfunktion der Börse.

e)   Fazit

Nach der Vorstellung des Europäischen Gesetzgebers ist Schutzgut der Marktmissbrauchsregelungen also der Schutz der makroökonomischen Funktionalität der Börse. Damit ist lediglich ein überindividuelles, die Gesamtheit betreffendes Schutzgut angesprochen. Ein Bezug zum einzelnen Anleger lässt sich in der EG-Richtlinie aber nicht finden.

II.   Die Wahrheit der Preisbildung

Für den deutschen Gesetzgeber, die Rechtsprechung und die Literatur ist erklärtes Ziel des strafbewehrten Verbots der Marktmanipulation, die Zuverlässigkeit und

---

[49] BUCK-HEEB Rn. 70.
[50] BUCK-HEEB Rn. 70.
[51] LENENBACH Rn. 1.74.
[52] LENENBACH Rn. 1.74.

Wahrheit der Preisbildung an Börsen und Märkten zu schützen.[53] Auf Seiten der Regierung wurde dies explizit niedergelegt in der Begründung des Regierungsentwurfs zum 4. FMFG.[54] Dabei soll dies lediglich das Mittel dazu sein, die Funktionen der Börse für die Wirtschaft zu erhalten. Dies ergibt sich auch ohne weiteres aus den Ausführungen in dieser Begründung: „Kurs- und Marktpreismanipulationen sind genauso wie Verstöße gegen das Insiderhandelsverbot geeignet, das Vertrauen in den Kapitalmarkt zu erschüttern und damit das Funktionieren eines wesentlichen Bereichs der geltenden Wirtschaftsordnung zu gefährden."[55]

Die Anleger werden ihr Geld nur dann der Wirtschaft zur Verfügung stellen, wenn sie nicht Gefahr laufen müssen, jenseits des von ihnen (mehr oder weniger) bewusst getragenen Investitionsrisikos Opfer betrügerischer Übervorteilungen zu werden. Der Kaufpreis für Finanzinstrumente soll nur aus der wirtschaftlichen Situation resultieren und nicht aus manipulativen Handlungen. Gewinnen die Anleger jedoch auf breiter Ebene den Eindruck, dass andere – kriminelle – Marktteilnehmer sich an ihnen bereichern können, indem sie die gehandelten Preise in unlauterer Weise beeinflussen, so kann die Börse auf Dauer ihre Aufgaben nicht mehr erfüllen.[56]

Die Ziele der europäischen Gesetzgebung[57] und der nationalen deutschen Gesetzgebung auf dem Gebiet des Kapitalmarktrechts sind also dieselben, wenn auch unterschiedlich formuliert. Es ist angestrebt, zu gewährleisten, dass die Börsen ihre soeben dargestellten Aufgaben zum Wohle der Volkswirtschaften der einzelnen EU-Mitgliedstaaten und somit der Europäischen Gemeinschaft insgesamt erfüllen können.

Dieser inhaltliche Gleichlauf könnte darauf hindeuten, dass auch die deutsche Regelung ausschließlich überindividuelle Interessen schützt. Für eine abschließende Betrachtung sollen jedoch zunächst die historischen Fassungen des Verbotstatbestands samt ihrer jeweiligen Schutzgutausrichtung sowie die in der Literatur hierzu vertretenen Ansichten dargestellt werden.

---

[53] Für die Literatur BUCK-HEEB Rn. 383; EICHELBERGER S. 101 ff.; FLEISCHER Fuchs-WpHG § 20a Rn. 1 m. w. N.; MOCK/STOLL/EUFINGER KK-WpHG § 20a Rn. 15. Stellvertretend für die Rechtsprechung OLG Frankfurt AG 2007, 749, 735.
[54] BT-Drucks. 14/8017, S. 98.
[55] BT-Drucks. 14/8017, S. 98.
[56] Vgl. OULDS Bank- und Kapitalmarktrecht Rn. 14.310 und 14.169; LÜKEN S. 51 und 53.
[57] Gemeint sind damit die EG-Richtlinien.

III. Die Gesetzeshistorie des deutschen Verbotstatbestands

1. Kursbetrug nach ADHGB und BörsG

Die erste Norm, mit der in Deutschland manipulatorisches Verhalten an der Börse unter Strafe gestellt wurde, war Art. 249d ADHGB. Sie wurde im Jahre 1884 in das Allgemeine Deutsche Handelsgesetzbuch aufgenommen und bildete einen rechtstechnisch an den Betrug angelehnten und diesen ergänzenden Tatbestand.[58] Strafbar machte sich, wer „in betrügerischer Absicht auf Täuschung berechnete Mittel anwendet[e], um auf den Kurs von Aktien einzuwirken"[59].

1896 wurde die Strafnorm in das Börsengesetz überführt als § 75 Abs. 1 BörsG, wo sie ab 1908 in Gestalt des § 88 BörsG bis zum 01.07.2002 auch verblieb.[60] § 88 BörsG lautete in seiner letzten Fassung: „Wer zur Einwirkung auf den Börsen- oder Marktpreis von Wertpapieren [...] 1. unrichtige Angaben über Umstände macht, die für die Bewertung der Wertpapiere [...] erheblich sind, oder solche Umstände entgegen bestehenden Rechtsvorschriften verschweigt oder 2. sonstige auf Täuschung berechnete Mittel anwendet, wird [...] bestraft".

Diese Regelungen krankten nach Ansicht vieler[61] vor allem an der ungenauen Beschreibung der Tathandlung sowie der subjektiven Ausrichtung des Tatbestands. Zum einen sei die Manipulationsabsicht äußerst schwer nachweisbar gewesen, da oftmals die in Rede stehende Handlung auch aufgrund anderer Motive vorgenommen worden sein konnte; zum anderen sei die Formulierung „auf Täuschung berechnete Mittel" zu wenig bestimmt gewesen. Außerdem hätten die Normen nicht

---

[58] Näheres zur Strafnorm des Art. 249d ADHGB bei ALTENHAIN KK-WpHG § 38 Rn. 12.

[59] Text bei ALTENHAIN KK-WpHG § 38 Rn. 12.

[60] ALTENHAIN KK-WpHG § 38 Rn. 11; VOGEL A/S Vor § 20a Rn. 1.

[61] Allen voran ALTENHAIN BB 2002, 1874, 1875, der dem Tatbestand Bedeutungslosigkeit bescheinigt und an der Fassung des Tatbestands deutliche Kritik übt; LENZEN S. 159, weist v. a. auf die mangelnden bekannt gewordenen Verurteilungen nach § 88 BörsG a. F. hin; ebenso mit Kritik BRÖKER wistra 1995, 130, 133, RÖSSNER/BOLKART AG 2003, R16, und VOGEL A/S³ Vor § 20a Rn. 3 m. w. N. Dabei war dieser zu Recht angeprangerte Mangel des Gesetzes in den vorangegangenen Fassungen der Strafnorm noch deutlicher. Bei der letztmaligen Neufassung von § 88 BörsG im Jahr 1986 wurde in der Entwurfsbegründung in BT-Drs. 10/318 bereits ausgeführt: „Der bisherige Tatbestand enthält eine ungewöhnliche Häufung von subjektiven Merkmalen, indem er neben der Bereicherungsabsicht fordert, daß die Tathandlung zur Einwirkung auf den Börsen- oder Marktpreis geschieht und zu diesem Zwecke ‚auf Täuschung berechnete' Mittel angewendet werden. Der Entwurf schlägt demgemäß vor, im subjektiven Tatbestand die Anforderungen zu senken, dem objektiven Tatbestand dagegen schärfere Konturen zu geben." Doch auch diese Neufassung lieferte nicht den allseits gewünschten praktikablen Straftatbestand.

alle denkbaren Formen der Marktmanipulation erfasst. Der Verbotstatbestand habe aufgrund dieser Mängel stets in der Rechtspraxis eine viel zu geringe Rolle gespielt, welche der tatsächlichen Bedrohungslage durch Manipulationen auf dem Markt nicht gerecht geworden sei.

Sowenig Klarheit hinsichtlich der Tatbestandsvoraussetzungen bestand, soviel Klarheit herrschte jedoch hinsichtlich des von der Strafnorm geschützten Rechtsguts. Bei der letztmaligen Neufassung von § 88 BörsG a.f. durch das Zweite Gesetz zur Bekämpfung der Wirtschaftskriminalität (2. WiKG)[62] im Jahre 1986 hieß es noch ausdrücklich, das Gesetz bezwecke nur mittelbar den Schutz des Kapitalanlegers[63], in erster Linie gehe es um den Schutz von Zuverlässigkeit und Wahrheit der Preisbildung.[64] Auch diese lediglich überindividuelle Ausrichtung des Schutzguts wurde bemängelt.[65]

2. Neuregelung erster Fassung in § 20a WpHG

Am 1. Juli 2002 wurde diese Regelung im BörsG schließlich aufgrund des 4. Finanzmarktförderungsgesetzes[66] durch die erste Fassung des „neuen" Straftatbestands der Marktmanipulation im WpHG abgelöst[67], das Verbot der Kurs- und Marktpreismanipulation.

Die erste Fassung des § 20a Abs. 1 WpHG lautete: „(1) Es ist verboten, 1. unrichtige Angaben über Umstände zu machen, die für die Bewertung eines Vermögenswertes erheblich sind, oder solche Umstände zu verschweigen, wenn die An-

---

[62] Zweites Gesetz zur Bekämpfung der Wirtschaftskriminalität, BGBl. I 1986, S. 721, in Kraft getreten am 01.08.1986.

[63] So wörtlich die Begründung der Bundesregierung für den Entwurf eines zweiten Gesetzes zur Bekämpfung der Wirtschaftskriminalität (2. WiKG) aus dem Jahr 1983, BT-Drs. 10/318, S. 46. Im Übrigen wird im Zusammenhang damit oftmals von einem „Rechts"- oder „Schutzreflex" gesprochen, vgl. HEIDELBACH Schwark-BörsG § 89 Rn. 8, SORGENFREI Park-Kapitalmarktstrafrecht Teil 3 Kap. 4 Tl Rn. 10, und VOGEL A/S § 20a Rn.26, jeweils m. w. N. Praktische Auswirkungen hatte dies v. a. im Zusammenhang mit einer Haftung der Manipulatoren aus § 823 Abs. 2 BGB, die in der Regel abgelehnt wurde mangels Schutzgesetzcharakters von § 88 BörsG a. F.

[64] BT-Drucks. 10/318, S. 45, 46; ALTENHAIN BB 2002, 1874, 1875. Nach der auch schon vor dem 2. WiKG ganz h. M. war Schutzzweck der Norm lediglich die Funktionsfähigkeit des Marktes, siehe nur MEIßNER S. 103 m. w. N.; BRÖKER wistra 1995, 130, 133 m. w. N.

[65] VOGEL A/S Vor § 20a Rn. 2.

[66] Gesetz zur weiteren Fortentwicklung des Finanzplatzes Deutschland (Viertes Finanzmarktförderungsgesetz) v. 21.06.2002, BGBl. I 2002, S. 2010.

[67] Im Einzelnen ist streitig, ob § 88 BörsG durch 20a WpHG ersetzt wurde oder ihm die Regelung lediglich nachfolgte; vgl. MOCK/STOLL/EUFINGER KK-WpHG § 20a Rn. 15 und VOGEL A/S[3] Vor 20a Rn. 2.

gaben oder das Verschweigen geeignet sind, auf den [...] Börsen- oder Marktpreis [...] einzuwirken, oder 2. sonstige Täuschungshandlungen vorzunehmen, um auf den inländischen Börsen- oder Marktpreis eines Vermögenswertes [...] einzuwirken."

Damit ging eine deutliche inhaltliche Veränderung einher, indem Manipulationsabsicht im Sinne von *dolus directus* 1. Grades nur noch für den Auffangtatbestand der sonstigen Manipulationshandlungen nach Nr. 2 erforderlich war, während im Übrigen für Manipulationen nach Nr. 1 nun *dolus eventualis* ausreichte. Zudem wurden die Rechtsfolgen diversifiziert; Verstöße gegen die Verbotsnorm des § 20a WpHG – ohne tatsächliche Einflussnahme auf den Börsen- oder Marktpreis – können seither gemäß §§ 38, 39 WpHG nur noch als Ordnungswidrigkeit von der Bundesanstalt für Finanzdienstleistungsaufsicht (BaFin) als zuständiger Verwaltungsbehörde mit Geldbuße geahndet werden.[68] Ergänzt wurde die Vorschrift durch die Verordnung zur Konkretisierung des Verbots der Kurs- und Marktpreismanipulation.[69]

Die Umstellung zur neuen Regelung im WpHG erfolgte somit noch bevor die Marktmissbrauchsrichtlinie der Europäischen Gemeinschaften verabschiedet und in Deutschland umgesetzt worden war.[70] Allerdings waren zu diesem Zeitpunkt schon die Inhalte der Richtlinie hinreichend bekannt, weshalb sich die Neuregelung bereits maßgeblich am künftigen europäischen Recht orientierte.[71]

In der Begründung des Gesetzentwurfs[72] führt die Bundesregierung aus, dass es unter anderem Ziel des Gesetzes sei, „den Anlegerschutz zu stärken, indem die Transparenz auf den Wertpapiermärkten erhöht und die rechtlichen Voraussetzun-

---

[68] Gemäß § 4 WpHG ist die BaFin als gekorene „Wächterin über die Börsen und Märkte" dazu ermächtigt, Datenerhebungen durchzuführen, Auskünfte einzuholen und Akteneinsicht zu nehmen, um Verstößen gegen das Manipulationsverbot entgegenzuwirken. Gemäß Abs. 5 ist sie verpflichtet, beim Verdacht einer Straftat die Staatsanwaltschaft von dieser Erkenntnis zu unterrichten. Gemäß § 40 WpHG ist die BaFin zuständig im Sinne von § 36 Abs. 1 Nr. 1 OWiG zur Verfolgung der Ordnungswidrigkeiten nach dem WpHG.
[69] KuMaKV vom 18.11.2003, BGBl. I 2003, S. 2300.
[70] Die Marktmissbrauchsrichtlinie wurde am 28.01.2003 verabschiedet und trat am Tag ihrer Veröffentlichung im Amtsblatt, am 12.04.2003, in Kraft. Zur Anpassung der deutschen Vorschriften an diese europäischen Vorgaben wurde 2004 das Gesetz zur Verbesserung des Anlegerschutzes (Anlegerschutzverbesserungsgesetz [AnSVG]) vom 28.10.2004 verabschiedet, BGBl. I 2004, S. 2630; vollständig in Kraft getreten ist es am 01.07.2005.
[71] Vorschlag für eine Richtlinie der Europäischen Parlaments und des Rates über Insider-Geschäfte und Marktmanipulation (Marktmissbrauch) (von der Kommission vorgelegt) vom 30.5.2001, ABl. 2001, Nr. C 240/265 vom 28.8.2001.
[72] BR-Drucks. 936/01 (neu), S. 173 = BT-Drucks. 14/8017, S. 62; allerdings heißt es auf S. 89, dass durch § 20a WpHG die Funktionsfähigkeit der überwachten Märkte geschützt werden solle.

gen dafür geschaffen werden, das Verbot der Kurs- und Marktmanipulation und des Missbrauchs von Ad-hoc-Meldungen[73] wirksam durchzusetzen". Damit stellte der deutsche Gesetzgeber bei der Neuregelung ursprünglich den Anlegerschutz in den Mittelpunkt. Mit der Neufassung des Straftatbestandes im WpHG erfuhr also der Schutzzweck ebenfalls eine Neuausrichtung: Wie bereits angesprochen hieß es nämlich bei der letztmaligen Neufassung von § 88 BörsG im Jahre 1986 noch, das Gesetz bezwecke nur mittelbar den Schutz des Kapitalanlegers, in erster Linie gehe es um den Schutz von Zuverlässigkeit und Wahrheit der Preisbildung.[74]

3. Aktuelle Fassung des § 20a WpHG

Da bei dem neu in das WpHG eingefügten § 20a doch noch nicht sämtliche Vorgaben der kommenden Marktmissbrauchsrichtlinie 2003/6/EG berücksichtigt worden waren, wurde nach seinem Inkrafttreten Anfang 2003 alsbald bereits eine „Reform der Reform"[75] erforderlich und diese kam mit dem Anlegerschutzverbesserungsgesetz[76] im Oktober 2004.

Damit wurde nicht nur die amtliche Überschrift auf „Verbot der Marktmanipulation" gekürzt, sondern zahlreiche weitere Veränderungen griffen Platz. Das Verbot wurde in drei Tatbestandsvarianten aufgespalten, nämlich die informationsgestützte, die handelsgestützte und die handlungsgestützte Manipulation; außerdem wurde das Erfordernis einer Manipulationsabsicht aus dem subjektiven Tatbestand für alle Verbotsvarianten getilgt. Darüber hinaus löste der Verordnungsgeber 2005 die KuMaKV durch eine neue Konkretisierungsverordnung ab, die MaKonV[77].

---

[73] Die Ad-hoc-Publizität nach § 15 WpHG soll für Chancengleichheit unter den Marktteilnehmern sorgen, indem alle investitionsrelevanten Informationen zu Finanzinstrumenten durch die jeweiligen Emittenten unverzüglich zu veröffentlichen sind; ein Informationsvorsprung einiger Anleger soll somit vermieden, die Marktintegrität insgesamt soll bewahrt werden, vgl. VERSTEEGEN KK-WpHG § 15 Rn. 7 ff.

[74] BT-Drucks. 10/318, S. 12 (45); ALTENHAIN BB 2002, 1874, 1875; nach der auch schon vor dem 2. WiKG ganz h. M. war Schutzzweck der Norm lediglich die Funktionsfähigkeit des Marktes, siehe nur MEIßNER S. 103 m. w. N.

[75] So VOGEL A/S[4] Vor § 20a Rn. 5.

[76] AnSVG vom 28.10.2004, BGBl. I 2004, S. 2630.

[77] Verordnung zur Konkretisierung des Verbots der Marktmanipulation v. 01.03.2005, BGBl. I 2005, S. 515.

IV. Die Ansichten der Literatur

In der Literatur werden die folgenden Ansichten zum Schutzgut des § 20a WpHG vertreten:

1. Überindividuelles Schutzgut

Die wohl noch herrschende Meinung schreibt dem Tatbestand der Marktmanipulation lediglich einen überindividuellen Funktionenschutz zu. Es gehe ausschließlich darum, das ordnungsgemäße Zustandekommen des Börsen- und Marktpreises und somit die Integrität des Marktes zu gewährleisten.[78] Einen Individualschutz gesteht man höchstens als „Rechtsreflex" zu.[79]

Vertreter dieser Ansicht begründen dies vor allem damit, dass es des nach der Gegenansicht zugebilligten Charakters als Schutzgesetz im Sinne von § 823 Abs. 2 BGB nicht bedürfe. Nachdem mit den §§ 37b, 37c WpHG besondere Schadensersatznormen geschaffen worden seien, sei es überflüssig, auch über § 823 Abs. 2 BGB i. V. m. § 20a WpHG einen Schadensersatzanspruch zu gewähren[80]. Weiterhin würden sowohl das Verbot der Marktmanipulation wie auch das Insiderhandelsverbot auf derselben EU-Richtlinie beruhen; da für den Insiderhandel anerkannt sei, dass diese Vorschriften nicht individualschützenden Charakter hätten, könne ohne Wertungswiderspruch nichts anderes für die Marktmanipulation gelten.[81]

Ein doppelter Schutzzweck sei gemeinschaftsrechtlich weder vorgesehen noch geboten.[82] Dies folge aus der unterschiedlichen Risikostruktur und damit einhergehend der unterschiedlichen Schutzbedürftigkeit der einzelnen Anleger.[83]

---

[78] SORGENFREI Park-Kapitalmarktstrafrecht Teil 3 Kap. 4, §§ 20a, 38 II, 39 I Nr. 1 - 2, II Nr. 11, IV Rn. 10 mit vielen weiteren Nachweisen.
[79] LG Berlin wistra 2005, 277, 278 f.; EICHELBERGER S. 363 ff. Vgl. hierzu auch ZIOUVAS/WALTER WM 2002, 1483, 1488, die die Frage offen lassen, ob neben dem überindividuellen Schutzgut auch ein individuelles besteht.
[80] So beispielsweise das LG Berlin wistra 2005, 277, 278 f.
[81] LG Berlin wistra 2005, 277, 278 f.
[82] SORGENFREI Park-Kapitalmarktstrafrecht Teil 3 Kap. 4 T1 Rn. 10.
[83] SORGENFREI Park-Kapitalmarktstrafrecht Teil 3 Kap. 4 T1 Rn. 10.

2. Kombiniertes Schutzgut

Eine zweite, im Vordringen begriffene Meinung geht von einem komplexen Rechtsgut aus, das individuelle und überindividuelle Gesichtspunkte in sich vereint.[84]

PARK[85] bringt für ein kombiniertes Schutzgut vor, dass die Hauptschutzrichtung des Manipulationsverbotes auf die Herstellung von Vertrauen der Kapitalanleger in die Funktionsfähigkeit des Marktes gerichtet sei; dieser Vertrauensschutz müsse dann aber auch ein Individualschutz sein, da es schließlich immer um das Vertrauen des einzelnen Anlegers gehe.

Weiterhin sind nach VOGEL[86] die von der Gegenmeinung vorgetragenen überindividuellen Rechtsgüter für sich allein genommen zu vage für eine effektive Gesetzesanwendung, weshalb er sich selbst für ein komplexes Schutzgut mit individuellen und überindividuellen Elementen ausspricht.

3. Individuelles Schutzgut

Schließlich vertreten HELLMANN/BECKEMPER und ALTENHAIN eine dritte Auffassung, nach der ausschließlich das individuelle Vermögen des Einzelanlegers geschützt sein soll.[87]

Sinn der Regelung sei es lediglich, die Anleger davor zu bewahren, aufgrund falscher Informationen unrichtige Vermögensdispositionen zu treffen.

ALTENHAIN formuliert das folgendermaßen: „Der Gesetzgeber kann den Anleger zwar weder vor sich selbst noch vor dem mit jeder Anlage verbundenen Risiko schützen. Er muss ihn aber davor bewahren, dass die Informationen über eine Anlage unrichtig oder unvollständig sind."[88] Weiter heißt es bei ALTENHAIN, dass das von der herrschenden Meinung (gemeint ist hier diejenige Meinung, die jeglichen individuellen Schutz versagen möchte) propagierte Rechtsgut in Wirklichkeit überhaupt keines sei, sondern lediglich eine Paraphrase des Gesetzes, denn der Schutz der Wahrheit und Zuverlässigkeit der Preisbildung sei nichts anderes als der Schutz der Preisbildung vor Unwahrheit und Unzuverlässigkeit, also vor Manipulationen. Und damit setze die herrschende Meinung in unzulässiger Weise die Nichtvornah-

---

[84] VOGEL A/S § 20a Rn. 28 m. w. N.
[85] PARK NStZ 2007, 369, 370.
[86] VOGEL A/S § 20a Rn. 28 und 30.
[87] ALTENHAIN BB 2002, 1874, 1875; HELLMANN/BECKEMPER Wirtschaftsstrafrecht § 1 Rn. 67.
[88] ALTENHAIN BB 2002, 1874, 1875.

me der untersagten Handlungen mit dem Schutzgut gleich.[89] Laut ALTENHAIN geht es einfach um die Funktionsfähigkeit des Kapitalmarktes; diese müsse aber nicht gesondert strafrechtlich bewehrt werden, da die Transformations- und Allokationsfunktion des Marktes am besten dann erreicht werde, wenn jeder Marktteilnehmer frei von Manipulation über sein Vermögen verfügen könne, denn dann könnten die Kräfte des Marktes ohne äußeren Einfluss zu einer in diesem Sinne wahren Bewertung der jeweiligen Finanzinstrumente führen.[90] Am Ende der Argumentations- und Gedankenkette von ALTENHAIN steht dann die Erkenntnis, dass das, was die Vertreter der herrschenden Meinung unter dem Funktionsschutz verstehen, tatsächlich im Kern einen Vermögensschutz des einzelnen Anlegers bedeute, weshalb auch dies das einzige Rechtsgut der Marktmanipulation sei.[91]

4. Stellungnahme

In erster Linie betrachten die meisten Autoren die Sache in zivilrechtlicher Hinsicht und damit steht die Einstufung von §§ 38, 39, 20a WpHG als Schutzgesetz im Sinne von § 823 Abs. 2 BGB im Mittelpunkt. Dabei ist die praktische Bedeutung dieser Frage zweifelhaft, da – wie von der herrschenden Ansicht zutreffend vorgebracht – mit §§ 37b, 37c WpHG ohnehin Schadensersatzvorschriften existieren. Diese zivilrechtlichen Gesichtspunkte sind für die vorliegende Untersuchung allerdings nur von untergeordnetem Interesse. In strafrechtlicher Hinsicht ist das Schutzgut jedoch von Bedeutung für die Auslegung des Tatbestands, da ihm eine auslegungsleitende Funktion innewohnt. Diesbezüglich ist für den Fortgang der Arbeit festzuhalten, dass nach einhelliger Ansicht jedenfalls der Schutz der Wahrheit der Preisbildung im Mittelpunkt steht und damit auch der Schutz der Funktionen des Kapitalmarktes.

---

[89] ALTENHAIN BB 2002, 1874, 1875.
[90] ALTENHAIN BB 2002, 1874, 1875.
[91] ALTENHAIN BB 2002, 1874, 1875.

C. Straflegitimation der Marktmanipulation

Die grundsätzliche Legitimation des Tatbestands der Marktmanipulation ergibt sich aus den oben dargelegten Schutzgütern des Tatbestands und einer Bewertung dieser Schutzgüter anhand des *Ultima-ratio*-Prinzips des Strafrechts.

I. Grundlage: Das *Ultima-ratio*-Prinzip

Nachdem das Europarecht dem Gesetzgeber der Bundesrepublik nicht vorschreibt, das Verbot der Marktmanipulation auch noch mit Strafe zu bewehren[92], ist dieses Prinzip der Maßstab für eine Straflegitimation.

Das *Ultima-ratio*-Prinzip als fundamentaler Grundsatz des deutschen Strafrechts besagt, dass eine Strafbewehrung nur das letzte Mittel – lateinisch die *Ultima-ratio* – zur Durchsetzung einer gesellschaftlichen Verhaltensregel sein darf.[93] Dies ist Ausdruck des Verhältnismäßigkeitsgrundsatzes, an den die Legislative nach Art. 20 Abs. 3 GG und – beim Erlass von Strafnormen, die eine Freiheitsstrafe vorsehen – nach Art. 2 Abs. 2 S. 2 GG gebunden ist.[94]

Für ein friedliches Zusammenleben der Menschen stellt die Gesellschaft verschiedene soziale Verhaltensregeln auf, die dem Schutz aller denkbaren Rechtsgüter dienen. Von diesen zwar nicht immer niedergeschriebenen, aber real existierenden Verhaltensnormen sind nur manche und eben bei weitem nicht alle mit Strafe bewehrt.

Voraussetzung für die Strafbewehrung ist dabei zum einen, dass es sich um eine Verhaltensregel handelt, die bei Nichtbeachtung eine sozialschädliche Wirkung zur Folge hat, die über das Handeln trotz des Verbotenseins hinausgeht und daher von der Gesellschaft auf jeden Fall unterbunden werden muss.[95]

Zum anderen muss die Intensität der Sozialschädlichkeit derart hoch sein, dass zivilrechtliche Ausgleichsansprüche, verwaltungsrechtliche Sanktionen oder gar

---

[92] Vgl. VOGEL A/S Vor § 20a Rn. 14.

[93] Vgl. BVerfG NJW 2008, 1137 ,1138, wie auch schon in NJW 1994, 1577, NJW 1995, 1811 und NJW 1998, 524.

[94] Der Verhältnismäßigkeitsgrundsatz leitet sich zum einen aus dem Rechtsstaatsprinzip des Art. 20 Abs. 3 GG ab und zum anderen aus dem Wesen der Grundrechte selbst als Abwehrrechte des Bürgers gegenüber dem Staat; siehe nur JARASS/PIEROTH Art. 20, Rn. 80, Art. 2, Rn. 122; insbesondere zur Angemessenheit von Freiheitsstrafen siehe die Cannabis-Entscheidung BVerfGE 90, 145.

[95] BVerfG NJW 2008, 1137, 1138.

nur soziale (rein zwischenmenschliche, nicht justiziable) Konsequenzen nicht aus-reichen, um die fraglichen Rechtsgüter zu schützen. Die Strafbewehrung muss zur Sicherung der jeweiligen Rechtsgüter vielmehr unerlässlich sein.[96] Aus diesem Gedanken erklärt sich auch die Lückenhaftigkeit des Strafrechts.[97] Zusammenfassend sind im Einzelnen folgende Kriterien zu beachten: Eine Straf-norm muss geeignet, erforderlich zur Erreichung des angestrebten Zwecks und ver-hältnismäßig im engeren Sinne sein.[98]

II. Die Einschätzung des deutschen Gesetzgebers

Die Einschätzungsprärogative, also die vornehmliche Beurteilung, ob ein Verhal-ten, gemessen am soeben wiedergegebenen Maßstab, unter Strafe zu stellen ist, liegt beim Gesetzgeber.[99] Die Judikative kann demgegenüber nur überprüfen, ob sich diese Einschätzung der Legislative innerhalb der durch das Grundgesetz be-stimmten Grenzen hält oder nicht. Mit anderen Worten: Das BVerfG kann selber nicht darüber befinden, was am besten angemessen ist, sondern nur feststellen, dass etwas nicht mehr angemessen oder eben (noch) angemessen im Sinne des Grund-gesetzes ist. Das ist aber erheblich weniger als die vorhergehende Entscheidung des Gesetzgebers.

Da die Marktmanipulation unter gewissen Voraussetzungen (tatsächliche Beein-flussung des Preises) in Deutschland strafbar ist, kann daraus gefolgert werden, dass der deutsche Gesetzgeber die Erforderlichkeit und Angemessenheit bejaht hat. Eine explizite Stellungnahme zur Frage der Angemessenheit einer Strafbewehrung lässt sich nicht finden. Dies erklärt sich aber daraus, dass Manipulationen am Markt bereits seit dem 19. Jahrhundert mit Strafe bedroht sind. Bei bereits existie-renden Strafnormen, für die ein Gesetzgeber bereits einmal von seiner Einschät-zungsprärogative Gebrauch gemacht hat, erfährt eine Neustrukturierung der Straf-vorschrift für gewöhnlich nicht eine solche Begründung, wie eine vollständig neu eingeführte Strafvorschrift sie bekäme. Der spätere Gesetzgeber macht sich einfach die Äußerungen und Überlegungen des früheren Gesetzgebers zu eigen.

---

[96] BVerfG NJW 2008, 1137, 1138.
[97] Vgl. NÖCKEL Grund und Grenzen eines Marktwirtschaftsstrafrechts Rn. 424 ff.; ROXIN AT 1 § 2 Rn. 97 ff. und WALTER ZIS 2011, 636 ff. mit Kritik am Prinzip der *Ultima-ratio* und anderen An-sätzen zur Begründung von Strafe.
[98] Vgl. BVerfG NJW 2008, 1137, 1138; ebenso JARASS/PIEROTH Art. 20, Rn. 80, wo es griffig „ge-eignet, erforderlich und angemessen" heißt.
[99] PIEROTH/SCHLINK Rn. 292 ff.; ROXIN AT 1 § 2 Rn. 101; und vgl. wiederum BVerfG NJW 2008, 1137, 1138.

Wie oben bereits klargestellt, handelt es sich bei den Schutzgütern des § 20a WpHG aufgrund ihrer Bedeutung für die gesamte Volkswirtschaft um schützenswerte Rechtsgüter. Die sich an diese Feststellung anschließende Frage, ob eine Verletzung dieser Schutzgüter auch als derart sozialschädlich einzustufen ist, dass die Gesellschaft auf ihre schärfstes Schwert, die Androhung (und Durchsetzung) von Kriminalstrafe zurückgreifen muss, um ihre Mitglieder zu schützen, hat der deutsche Gesetzgeber, indem er die bereits seit langem existierenden Regelungen übernommen und sogar ausgeweitet hat, bejaht.

III. Stellungnahme

Diese Einschätzung des Gesetzgebers verdient Zustimmung. Bei den zu schützenden Rechtsgütern handelt es sich um gesamtwirtschaftlich derart wichtige Rechtsgüter, dass eine Bewehrung mit Kriminal- und sogar Freiheitsstrafe angemessen ist.

Welche Folgen Unregelmäßigkeiten auf dem Kapitalmarkt für die makroökonomische Lage nicht nur Deutschlands, sondern der gesamten Welt haben können, hat die weltweite Finanzkrise der Jahre 2008 und 2009 allzu deutlich vor Augen geführt. Der Finanzmarkt kennt keine Landesgrenze und so bleibt auch die Rezession nicht auf ein Land beschränkt, sondern zeigt überall ihre Auswirkungen mit Werksschließungen, Massenentlassungen, unzähligen Insolvenzverfahren etc. Über den Hebel des Finanzmarktes lassen sich bereits mit kleinen Manipulationen größte Schäden anrichten, beispielsweise für all diejenigen Menschen, die mittel- oder unmittelbar von solchen verlorengegangen Arbeitsplätzen abhängig waren. Es geht also um mehr als das Geld der Anleger, das diese in überbewertete Aktien investieren oder mit dem Verkauf von Aktien unter ihrem Wert verlieren.

Dementsprechend ist die Strafdrohung des Tatbestands der Marktmanipulation gerechtfertigt und legitim. Schädliche Beeinflussungen des Marktes sind untragbar für die Gesellschaft und auf jeden Fall zu unterbinden.

D. Begründungen für die Zulässigkeit von Kurspflegemaßnahmen

Seit der Einführung einer Strafnorm für Börsenmanipulationen im Jahre 1896 besteht Einigkeit darüber, dass es trotz des grundsätzlichen (und notwendigen[100])

---

[100] Vgl. die Ausführungen oben zu den Funktionen des Kapitalmarktes, Erstes Kapitel B. I. 2.

Manipulationsverbots und der damit verbundenen Strafbewehrung auch zulässige, straflose Beeinflussungen von Marktpreisen gibt und geben muss.

Für den aktuell gültigen Tatbestand der Marktmanipulation existieren zahlreiche Ausnahmeregelungen, niedergelegt in den ergänzenden Vorschriften zum zentralen Grundsatz des Verbots. Die Absätze 2 und 3 des § 20a WpHG verweisen dabei auf die wichtigsten Bestimmungen, die einen Verstoß gegen das Manipulationsverbot ausschließen, nämlich wenn die beeinflussende Handlung eine von der BaFin anerkannte Marktpraxis ist oder wenn ein Aktienrückkauf oder eine Stabilisierungsmaßnahme entsprechend den Regelungen der Richtlinie 2003/6/EG durchgeführt werden.

Geklärt werden soll aber nun zunächst, warum überhaupt eine Beeinflussung des Marktpreises zulässig und von der Strafbarkeit ausgenommen sein sollte, wenn die Zuverlässigkeit und Wahrheit der Preisbildung für das Funktionieren der Börse doch von zentraler Bedeutung ist.

I. Strafrechtlicher Ansatz: Die Lehre von der Sozialadäquanz

1. Historische Bezüge

Die Vorgängervorschrift zum Tatbestand der Marktmanipulation gem. §§ 20a, 38, 39 WpHG war der Kursbetrug nach § 88 BörsG a. F. Nach ganz herrschender Auffassung waren Kursstabilisierungsmaßnahmen – also nach dem oben Aufgeführten Maßnahmen im Zusammenhang mit einer Emission – schon überhaupt nicht tatbestandsmäßig im Sinne dieser Vorschrift.[101]

Der Grund dafür lag in der Tatbestandsfassung von § 88 BörsG a.F., die eine Strafbarkeit für denjenigen statuierte, der „zur Einwirkung auf den Börsen- oder Marktpreis von Wertpapieren (...) 1. unrichtige Angaben über Umstände macht[e], die für die Bewertung der Wertpapiere (...) erheblich sind, oder solche Umstände entgegen bestehenden Rechtsvorschriften [verschwieg] oder 2. sonstige auf Täuschung berechnete Mittel anwendet[e] (...)“.

---

[101] Ganz herrschende Meinung für die alte Rechtslage, vgl. nur BOSCH BuB Rn. 10/343; CASPARI ZGR 1994, 530, 544; KÜMPEL Bank- und Kapitalmarktrecht² Rn. 11.25; KÜMPEL WM 1993, 2025, 2027; LEDERMANN Schäfer-WpHG/BörsG/BörsZulV BörsG § 88 Rn 12. Die Gesetzgebung setzte sie als zulässig voraus, vgl. § 10 Abs. 5 Satz 5 und § 12 Abs. 2 Nr.2 KWG. Vgl. des weiteren S. 145 der Begründung der Bundesregierung zum Entwurf des 2. Finanzmarktförderungsgesetzes (in der Fassung der BR-Drucksache 793/93) und EG-Richtlinie 89/592/EWG, Präambel Spiegelstrich 12. Für die Rechtsprechung vgl. OLG Frankfurt WM 1992, 572, 575, wobei dieses Urteil Kurspflege sogar in einem Zeitraum von stolzen zwölf Monaten für üblich und erforderlich hielt.

Ein Konfliktpotential für Maßnahmen der Kurspflege war nur die Tatbestandsvariante Nr. 2, die sich – in deutlicher Anlehnung an den Betrugstatbestand § 263 StGB[102] – auf gewisse Täuschungshandlungen bezog, die nicht im Machen oder Verschweigen von Angaben bestanden. Für letztere Beeinflussungen des Marktes wurde nie eine Zulässigkeit angenommen oder diskutiert. Dies augenscheinlich deshalb, weil es sich hier nur um Handlungen mit Betrugsabsicht im untechnischen Sinne handeln konnte; ein rechtmäßiges Verhalten – das im Sinne aller Beteiligten ist – und nur als Nebeneffekt auch täuschen könnte, wäre hierbei nämlich ausgeschlossen. Ob diese Aussage auch für die heute gültige Tatbestandsvariante hinsichtlich manipulativer Angaben (§ 20a Abs. 1 S. 1 Nr. 1 WpHG) Gültigkeit hat, soll unten geklärt werden.[103]

Während also nach Nr. 1 tatbestandsmäßige Handlungen nur anderweitig strafbare Handlungen sein konnten, war dies für Handlungen, die unter die Nr. 2 zu subsumieren waren, nicht so eindeutig.

Aber diese Tatbestandsvariante sollte auch nicht eingreifen bei einem der Kurspflege dienenden Verhalten. *Auf Täuschung berechnete Mittel* sollten nicht vorliegen, da Kurspflegemaßnahmen keine unredliche Beeinflussung des Preises zum Ziel hatten.[104]

Diese Aussage betrifft allerdings ein normatives Kriterium, nämlich die Frage nach der Redlichkeit der Kursbeeinflussung.

Für den heutigen Tatbestand könnte somit auf dem Boden der von Welzel[105] entwickelten Lehre von der Sozialadäquanz daraus geschlossen werden, dass sich die Kurspflegemaßnahmen – trotz einer Tatbestandsmäßigkeit dem Wortlaut nach – im Rahmen der geschichtlich gewordenen sozialen Ordnung halten und somit entweder aus dem Tatbestand auszuklammern sind oder aber als gerechtfertigt angesehen werden müssen.

---

[102] Trotz der Ähnlichkeit der Formulierungen waren die Tatbestände aber nach herrschender Meinung nicht identisch auszulegen, vgl. nur NACK Müller-Gugenberger/Bieneck § 68, Rn. 16, zu den auf Täuschung berechneten Mitteln: „Das sind alle Mittel, die eine fehlerhafte Vorstellung bei einem Dritten hervorrufen. Darunter fallen (anders als beim Betrug nach § 263 StGB) nicht nur Tatsachen, sondern auch Meinungen und Werturteile."
[103] Ausführlich hierzu Drittes Kapitel A. II. 1. e).
[104] LEDERMANN WpHG/BörsG/BörsZulV BörsG § 88 Rn. 12.
[105] Grundlegend WELZEL ZStW 58 (1938), 492, 517.

2. Anwendbarkeit der Lehre

Es ist zunächst die Frage zu beantworten, ob die Lehre von der Sozialadäquanz überhaupt zur Anwendung gelangen kann oder ob sie nicht generell abzulehnen ist.

Die Lehre von der Sozialadäquanz besagt, dass sämtliche „Betätigungen, in denen sich das Gemeinschaftsleben nach seiner geschichtlich bedingten Ordnung jeweilig vollzieht"[106], niemals einem Tatbestand unterfallen, auch wenn man sie dem Wortlaut nach darunter subsumieren könnte. Für alltägliche, strafrechtlich neutrale Handlungen mag Sozialadäquanz ohne Weiteres angenommen werden, für Handlungen, die auf eine positive Beeinflussung eines Marktpreises abzielen, ist es jedoch gerade fraglich, ob dies auch als ein alltägliches, jedermann mögliches Verhalten gelten kann.

Die weitergehende Frage muss also lauten: Unter welchen Voraussetzungen genau ist von sozialer Adäquanz auszugehen?

Diverse Autoren haben versucht, den Begriff etwas zu präzisieren, ohne dies jedoch wirklich zu erreichen.[107]

Auch dem BGH[108] gelingt nur eine Definition, die die Anwendung der Rechtsfigur wenig erleichtert: „Nach der Lehre von der Sozialadäquanz können übliche, von der Allgemeinheit gebilligte und daher in strafrechtlicher Hinsicht im sozialen Leben gänzlich unverdächtige, weil im Rahmen der sozialen Handlungsfreiheit liegende, Handlungen nicht tatbestandsmäßig oder zumindest nicht rechtswidrig sein".

Zutreffend benennt ESER[109] dementsprechend auch als die größte Schwäche der Lehre ihre Unbestimmtheit und begriffliche Unschärfe, womit eine für einen Rechtsstaat unerträgliche Unsicherheit einhergehe. Demgegenüber ist anzumerken, dass das Konzept der Sozialadäquanz allerdings einen flexiblen Maßstab zu liefern vermag, der eine dem Einzelfall gerechte Betrachtung ermöglicht.

---

[106] WELZEL ZStW 58 (1938), 514, 517. Als Beispiel schildert Welzel folgenden Fall: Der Neffe gibt seinem Erbonkel den Ratschlag, mit der Eisenbahn zu reisen, in der Hoffnung, der Onkel möge einem Eisenbahnunglück zum Opfer fallen, was auch tatsächlich passiert. Eine Strafbarkeit dieser für den tatbestandlichen Erfolg kausalen Handlung verbiete sich aufgrund der sozialen Adäquanz des Handelns. Dies ist eine mögliche Lösung; ebenfalls denkbar wäre es aber auch, eine Strafbarkeit mangels objektiver Zurechenbarkeit aufgrund einer freiverantwortlichen Selbstgefährdung abzulehnen, vgl. WALTER LK Vor § 13 Rn. 91, und WESSELS/BEULKE Rn. 185 ff.
[107] Vgl. die zutreffende Darstellung von ESER FS-Roxin S. 199 und 204.
[108] BGHSt 23, 226, 228.
[109] ESER FS-Roxin S. 205.

Insgesamt betrachtet wird man sich den Grundsätzen der Lehre der Sozialadäquanz anschließen müssen.[110] Wenn nach dem *Ultima-ratio*-Prinzip nur solches Verhalten unter Strafe gestellt werden soll, das die Gesellschaft in keinem Fall tolerieren kann, dann muss das auch zugleich bedeuten, dass ein Verhalten, dass die Allgemeinheit billigt, nicht strafbar sein kann. Daher lässt sich die Zulässigkeit von Kurspflege allgemein mit der Lehre der Sozialadäquanz begründen.[111]

Das tatsächliche Problem besteht lediglich darin festzustellen, welche Beeinflussungshandlungen dann als sozialadäquat anzusehen sind. Am eindeutigsten müsste dies sein bei denjenigen Handlungen, die als Marktpraxis im Sinne von § 20a Abs. 2 WpHG anerkannt sind.

II. Zivilrechtliche Ansätze

Ein zivilrechtlich erlaubtes Verhalten kann nicht zugleich strafbar sein. Diese einleuchtende Aussage lässt sich dogmatisch mit der Lehre von der Einheit der Rechtsordnung begründen, deren Kernaussage lautet: Rechtfertigungsgründe können aus jedem Rechtsgebiet stammen.[112] Mit WALTER lässt sich dieses Ergebnis auch mit dem fragmentarischen Charakter des Strafrechts erklären; das Strafrecht ist von außerstrafrechtlichen Verboten abhängig und wenn ein außerstrafrechtlicher Rechtfertigungsgrund vorliegt, fehlt es an einem solchen Verbot und mithin an einer Straftat.[113] So oder so wäre es selbstwidersprüchlich, wenn ein Verhalten einerseits zulässig und andererseits strafbar sein sollte.

Gerade für den Erwerb eigener Aktien durch eine Aktiengesellschaft bestehen aktienrechtliche Regelungen (§§ 57, 71 ff. AktG), die man in Konflikt mit den grundsätzlichen Bestimmungen des WpHG sehen könnte, da sie einen Erwerb eigener Aktien durch die emittierende Aktiengesellschaft in gewissem Umfang zulassen und dieser den Börsenkurs beeinflussen kann. Diese aktienrechtliche Rege-

---

[110] Anderer Ansicht WALTER LK Vor § 13 Rn. 91, der sie für verzichtbar hält und für die Anwendungsfälle der Sozialadäquanz a. a. O. Lösungswege durch einschränkende Auslegung des jeweiligen Tatbestands aufzeigt.

[111] So auch VOGEL A/S § 20a Rn. 239, der von Professionsadäquanz als Unterfall der Sozialadäquanz spricht.

[112] ROXIN AT 1 § 14 Rn. 31 ff.

[113] Vgl. hierzu WALTER S. 58 ff., der aufgrund des fragmentarischen Charakters des Strafrechts eine völlige Einheit der Rechtsordnung verneint.

lung könnte als Rechtfertigungsgrund im Hinblick auf das Manipulationsverbot des WpHG dienen.[114] Denkbar sind noch andere zivilrechtliche Vorschriften, die einen zivilrechtlich Sachverhalt umfassend regeln und damit eine Strafbarkeit ausschließen.

III. Wirtschaftliche Ansätze

Generell wird vorgetragen, dass Kurspflege positive Auswirkungen für alle Beteiligten mit sich bringt und daher notwendig ist. Insbesondere bei der erstmaligen Emission von Wertpapieren auf dem Kapitalmarkt komme es oftmals zu massiven Kursschwankungen aufgrund des sogenannten „Flippings".[115] Das Phänomen „Flipping" bezeichnet den Umstand, dass viele Anleger kurz nach der Emission ihre zuvor erworbenen Papiere wieder abstoßen, um so einen Kursgewinn zu erzielen. Dies führt zu einem plötzlichen Überangebot der Finanzinstrumente auf dem Markt und somit zu einem Kursverfall. Hierdurch werden Emissionen oftmals zur Gänze als negativ von den Anlegern bewertet, ohne dass dies auf die tatsächliche Geschäftstätigkeit des emittierenden Unternehmens zurückgeführt werden könnte. Ein solches schlechtes Bild von Emissionen in den Köpfen der Anleger und der Öffentlichkeit kann deren Akzeptanz für zukünftige Börsengänge vermindern und so dem Marktplatz Börse insgesamt schaden.[116]

Kurspflege kann solche Kursschwankungen dämpfen und somit dem Markt eine positive Auffasung von der Emission bewahren. Damit liegt Kurspflege im Interesse sämtlicher Marktbeteiligter und dient der Funktionsfähigkeit des Marktplatzes Börse.[117] Dies hat auch der Gesetzgeber explizit bestätigt.[118] Bemerkenswert ist

---

[114] Zu dieser Frage s. unten Drittes Kapitel A. IV. An dieser Stelle sei nur gesagt: Tatsächlich sind beide Vorschriften nebeneinander zu prüfen.

[115] Vgl. BINGEL S. 53.

[116] FEURING/BERRAR Unternehmensfinanzierung am Kapitalmarkt § 34 Rn. 1; MOCK/STOLL/EUFINGER KK-WpHG § 20a Rn. 309.

[117] Allgemeine Meinung, vgl. FLEISCHER ZIP 2003, 2045, 2047; MOCK/STOLL/EUFINGER KK-WpHG, § 20a Rn. 310; SCHWARK FS-Kümpel S. 485, 493.

[118] Begründung zum Regierungsentwurf des 4. FMFG, BT-Drucks. 14/8017, S. 90: „Ein solches Bedürfnis ergibt sich insbesondere bei der Kursstabilisierung als Maßnahme zur Glättung von Kursschwankungen bei der Emission von Wertpapieren. Häufig soll ein durch ein großes Angebot entstehender Preisdruck vermieden werden. Eine Sonderregelung für diese Fälle rechtfertigt sich im Hinblick auf die Funktion der Börse, einen ordnungsgemäßen Handel aufrecht zu erhalten und die Preiskontinuität sicherzustellen. Eine Freistellung vom gesetzlichen Verbot kann aber nicht pauschal erfolgen".

dabei, dass sich insbesondere das „Flipping" auch durch das moderne und aufwändige „Bookbuilding"-Verfahren[119], das eine Auswahl der Anleger durch den Emittenten ermöglicht, bei der Emission nicht gänzlich vermeiden lässt.

IV. Fazit

Kurspflegemaßnahmen in Form der Kursstabilisierung, also im Zusammenhang mit einer Emission, werden seit der Einführung einer den Börsenkurs schützenden Strafvorschrift als zulässig und notwendig angesehen. Bis zum heutigen Tag sind trotz der umfangreichen Vorbereitungen einer Emission Kursschwankungen und spekulationsbedingte Volatilität nicht ausschließbar. Um solchen Widrigkeiten zu begegnen und nicht-wirtschaftlich bedingten Wertverfall von Wertpapieren zu verhindern, sind gewisse Beeinflussungsmöglichkeiten wirtschaftlich notwendig. Sie sind dann legitim, wenn sie nicht auf die Schädigung anderer und eine Bereicherung des Akteurs ausgelegt sind, sondern lediglich dem Gelingen von Emissionen dienen und mithin auf die globale Funktionstüchtigkeit der Börse ausgerichtet sind; sie dürfen dabei allerdings die Grenze zur Täuschung nicht überschreiten.[120] Werden Börsengänge nämlich als zu risikoreich ohne Möglichkeiten zur Kursglättung angesehen, muss dies zwangsläufig dem Börsenhandel an sich schaden.

Rechtsdogmatisch lässt sich die Zulässigkeit der oben beschriebenen Kurspflegemaßnahmen mit WELZELS Lehre von der Sozialadäquanz begründen, da die dem Markt dienlichen Beeinflussungen eine strafrechtlich neutrale Handlung darstellen.

---

[119] Dazu unten Zweites Kapitel A. IV. 2.
[120] So schon VOGEL A/S^3 § 20a Rn. 99: „Auch wohlmeinende Kurs- und Marktmanipulation kann tatbestandsmäßig sein".

Zweites Kapitel:
Wertpapieremissionen und Kurspflege

An dieser Stelle geht es zunächst um den Ablauf von Wertpapieremissionen. Diejenigen Kurspflegemaßnahmen, für die „Safe Harbour"-Tatbestände eingerichtet worden sind, stehen stets in unmittelbarem Zusammenhang mit der Emission von Aktien. Daher werden der gewöhnliche Ablauf einer Emission und die damit verbundenen Begrifflichkeiten erörtert. Bei der weiter unten folgenden Diskussion um die „Safe Harbour"-Tatbestände wird so die Argumentation im Zusammenhang mit emissionsnahen Handlungen verständlicher und nachvollziehbarer sein.

Im Anschluss daran werden kurz die Techniken zur Pflege des Aktienkurses dargestellt. Unterschieden werden soll dabei zwischen Maßnahmen, die allgemein üblich sind, und solchen, für die der europäische Gesetzgeber die „Safe Harbour"-Regelungen getroffen hat. Gegenstand dieser Arbeit sind dabei lediglich letztere Kursstabilisierungsmaßnahmen.

A.   Zum Ablauf einer Wertpapieremission

Diejenigen Kurspflegemaßnahmen, für die „Safe Harbour"-Tatbestände eingerichtet worden sind, stehen stets in unmittelbarem Zusammenhang mit der Emission von Aktien.

   Daher werden hier der regelmäßige Ablauf einer Emission und die damit verbundenen Begrifflichkeiten erörtert. Bei der weiter unten folgenden Diskussion um die „Safe Harbour"-Tatbestände wird so die Argumentation im Zusammenhang mit emissionsnahen Handlungen verständlicher und nachvollziehbarer sein.

I.   Der Begriff der Emission

1.   Emission, Zulassung, Einführung und Begebung

Zunächst ist der Begriff der Emission kurz näher zu erläutern. Er steht grundsätzlich für das erste Angebot und die Ausgabe von Effekten an die Anleger durch den

Wertpapieraussteller.[121] Effekten sind sog. fungible Wertpapiere, d. h. solche Wertpapiere, die an der Börse frei handelbar sind, der Kapitalanlage dienen und einen wiederkehrenden Anspruch auf Ertrag verbriefen.[122] Die maßgeblichen Unterscheidungsmerkmale zu den übrigen Wertpapieren sind also Austauschbarkeit und Umlauffähigkeit der Papiere.[123]

Im weiteren und herkömmlicheren Sinn ist mit der Emission der gesamte Vorgang des Inverkehrbringens der Wertpapiere gemeint, also sowohl die Ausgabe der Aktien als auch und vor allem deren Platzierung.[124] Die Platzierung ist die Suche und Auswahl von Käufern der ausgegebenen Wertpapiere, also der tatsächliche Absatz der Wertpapiere im wirtschaftlichen Sinn.[125] Im Gegensatz zum bloßen Anbieten der Papiere liegt darin eine Mehrleistung, da hier eine aktive Kundenakquise erfolgt.

Die Emission ist nicht zu verwechseln mit den Begriffen der Zulassung und der Einführung. Bei der Zulassung handelt es sich um einen Verwaltungsakt, nämlich die Erteilung der besonderen börsenrechtlichen Erlaubnis nach § 32 BörsG, die Börseneinrichtungen für den Handel in den betreffenden Wertpapieren nutzen zu dürfen.[126] Da auch nicht zugelassene Wertpapiere privat oder öffentlich angeboten und übertragen (platziert) werden können, setzt eine Emission keine Zulassung voraus; umgekehrt kann es aber Teil der Platzierung von Effekten sein, deren Zu-

---

[121] Vgl. statt aller R. MÜLLER Bank- und Kapitalmarktrecht Rn. 15.2.

[122] Für diese drei Merkmale SIEBERS/WEIGERTS S. 122; GURSKY, S. 13, setzt Effekten mit den Kapitalmarktpapieren gleich und definiert, dass es sich dabei um die massenweise begebenen Wertpapiere mit kleiner Stückelung zur Aufbringung von Kapital handele, zu denen Aktien, Investmentanteilscheine und Inhaberschuldverschreibungen gehörten; allein die Investmentanteile seien dabei nicht börsenmäßig handelbare Effekten. Dagegen BOSCH BuB Rn. 10/4, der die Bestimmung, dass Effekten Wertpapiere des Kapitalmarktes seien, für zu eng hält und auch noch die Geldmarktpapiere, also solche Wertpapiere mit einer verhältnismäßig kurzen Laufzeit, dazu zählt.

[123] BRANDT Bank- und Kapitalmarktrecht Rn. 15.22, 15.24 und 15.26; damit sind die Effekten von den individuell ausgestalteten und nicht einer dauerhaften Kapitalanlage dienenden Wertpapieren wie Schecks und Wechseln abzugrenzen. BOSCH BuB Rn. 10/4 weist allerdings darauf hin, dass die Fungibilität als „Synonym für Umlauffähigkeit, freie Übertragbarkeit und Handelbarkeit" im deutschen Recht keine eigenständige Bedeutung habe; daher sei von vertretbaren Wertpapieren zu sprechen, denn Vertretbarkeit sei auch die Bedeutung der in der englischen und französischen Rechtssprache verwendeten Begriffe „fungible" bzw. „fongible".

[124] BUCK-HEEB Rn. 148; GROß Kapitalmarktrecht BörsG § 32 Rn. 7; HEIDELBACH Schwark-Kapitalmarktrechtskom-mentar[3] BörsG § 30 Rn. 6; RIES Grunewald/Schlitt § 2 I. (S. 21) gebraucht den Begriff Börsengang als ein erstmaliges öffentliches Angebot verbunden mit der erstmaligen Zulassung; vgl. auch FREDEBEIL S. 159 und KÜMPEL Bank- und Kapitalmarktrecht[3] Rn. 9.2.

[125] BOSCH BuB Rn. 10/66.

[126] BUCK-HEEB Rn. 147; für die Rechtslage nach § 36 Abs. 1 BörsG a. F.: KÜMPEL Börsenrecht S. 55; GROß Kapitalmarktrecht[2] BörsG § 36 Rn. 2 und LENENBACH Rn. 3.182.; für die Rechtslage nach § 30 BörsG a.F. HEIDELBACH Schwark-BörsG § 30 Rn. 6.

lassung durchzusetzen.[127] Die Einführung hingegen ist die Aufnahme der Notierung der zugelassenen Wertpapiere am Markt nach § 38 BörsG; diese verlangt ebenfalls einen Verwaltungsakt in Form einer Entscheidung der Geschäftsführung der Börse über den Einführungsantrag.[128]

Für eine Subsumtion der „Safe Harbour"-Tatbestände, insbesondere die Einhaltung des Stabilisierungszeitraums, ist meist die Handelsaufnahme an der Börse entscheidend, also die Einführung nach § 38 BörsG.[129]

Die Begebung schließlich ist das Verfügungsgeschäft, welches das Eigentum am Wertpapier überträgt.[130]

2. Primär- und Sekundäremission

Der Begriff der Emission kann weiter unterschieden werden in Primäremissionen und Sekundäremissionen, die auch unter den englischen Abkürzungen IPO und SPO[131] bekannt sind. Bei der Primäremission werden die Wertpapiere vom „Herausgeber" dem Anlegerpublikum erstmals (an der Börse) zum Erwerb angeboten, man spricht insoweit auch vom Handel am Primärmarkt.[132]

Im Gegensatz dazu werden bereits im Verkehr befindliche Papiere am Sekundärmarkt gehandelt; dieser umfasst alle Käufe oder Verkäufe nach erfolgter Erstplatzierung.[133] Wird von einem oder mehreren Eigentümern eine größere Menge von Aktien öffentlich zum Verkauf angeboten, so spricht man von einer Sekundäremission.[134] Von den gewöhnlichen Geschäften am Sekundärmarkt unterscheidet sich

---

[127] BUCK-HEEB Rn. 148; GROß Kapitalmarktrecht[2] §§ 36 – 39 Rn. 1.

[128] Für die Rechtslage nach § 42 BörsG a. F.: KÜMPEL Börsenrecht S. 81; GROß Kapitalmarktrecht[2] BörsG §§ 42, 43 Rn. 1; für die Rechtslage nach § 37 BörsG a. F. HEIDELBACH Schwark-BörsG § 30 Rn. 6.

[129] Vgl. die Formulierung in Art. 8 Abs. 2 der EG-Verordnung Nr. 2273/2003.

[130] Der Begebungsvertrag kann unterschiedlichen Inhalts sein je nachdem, um was für ein Wertpapier es sich handelt: Bei Inhaberpapieren, zu denen auch die Aktien zählen, handelt es sich dabei um ein reines Verfügungsgeschäft zur Erfüllung der schuldrechtlichen Verbindlichkeit – geradezu diametral entgegengesetzt ist beim Wechselakzept die Begebung das schuldrechtliche Verpflichtungsgeschäft (diese nicht börsenmäßig handelbaren Wertpapierformen bleiben hier jedoch außer Betracht). Vgl. hierzu GURSKY S. 9.

[131] IPO steht für „Initial public offering", SPO für „Secondary public offering".

[132] BOSCH BuB Rn. 10/1; LENENBACH Rn. 1.21.

[133] LENENBACH Rn. 1.25.

[134] Vgl. RIES Grunewald/Schlitt § 4 I 1 (S. 66), der von einer öffentlichen Umplatzierung spricht; eine Sekundärplatzierung ist nicht mit der Ausgabe junger Aktien bei einer Kapitalerhöhung zu verwechseln, hierbei handelt es sich um eine am Primärmarkt gehandelte Primäremission.

die Sekundäremission dadurch, dass es sich bei ihr um ein öffentliches Angebot nach § 3 Abs. 1 WpPG handelt und somit die Pflicht zur Veröffentlichung eines Prospekts besteht. Eine Sekundäremission hat also einen erheblich größeren Vorbereitungsbedarf als der sonstige Handel am Sekundärmarkt.

Die „Safe Harbour"-Regelungen gelten sowohl für öffentliche Erst- wie auch für Zweitplatzierungen, Art. 8 Abs. 1 und Abs. 3 EG-VO 2273/2003.

II.   Zulassung eines Wertpapiers zum Handel an der Börse

Ausgangspunkt für die weitere Betrachtung der Wertpapieremission an der Börse ist § 32 BörsG, der die Zulassung von Papieren zum Handel an der Börse regelt. Wie bereits festgestellt, muss eine Emission nicht zwangsläufig mit der Zulassung zur Börse verbunden sein. Mit Blick auf den Straftatbestand der Marktmanipulation nach §§ 20a, 38, 39 WpHG sind jedoch nur die Wertpapiere für die vorliegende Arbeit von Interesse, die gem. § 20a Abs.1 S.2 WpHG an einer inländischen Börse zum Handel zugelassen oder in den Regulierten Markt oder in den Freiverkehr einbezogen sind. Für den Tatbestand sind also in erster Linie zugelassene Papiere relevant, an zweiter Stelle die zwar börsenmäßig – aber eben nur im Freiverkehr nach § 48 BörsG – gehandelten Papiere und schließlich die in den regulierten Markt einbezogenen Papiere.

Eine Begebung der Wertpapiere über die Börse wird nicht ohne eine vorherige Zulassung zum Börsenhandel stattfinden. § 32 BörsG bestimmt in Abs. 1 zunächst einmal, dass es überhaupt einer Zulassung der zu handelnden Papiere bedarf, und bestimmt in Abs. 2, welche Voraussetzungen dafür vorliegen müssen. Dies sind zum einen emittentenbezogene Anforderungen und zum anderen wertpapierbezogene.

1.   Emittentenbezogene Anforderungen

Gem. § 32 Abs. 2 BörsG muss der Emittent zusammen mit einem sogenannten Emissionsbegleiter[135] den Antrag auf Zulassung stellen. Emissionsbegleiter können sein: Kreditinstitute, Finanzdienstleistungsinstitute oder inländische Filialen von Kredit- oder Finanzdienstleistungsinstituten mit Sitz im Ausland (Unternehmen im Sinne von § 53 Abs. 1 KWG) oder Einlagenkreditinstitute sowie Wertpapierhan-

---

[135] BUCK-HEEB Rn. 147; LENENBACH Rn. 3.181.

delsunternehmen mit Sitz im Europäischen Wirtschaftsraum (§ 53b Abs. 1 S. 1 KWG). Der Emissionsbegleiter muss zum Handel an der Börse zugelassen sein gem. § 19 BörsG und darüber hinaus ein haftendes Eigenkapital von 730.000 EUR nachweisen.

Erfüllt der Emittent selbst die Voraussetzungen eines solchen Emissionsbegleiters, so kann er auch allein den Antrag stellen. Es handelt sich dann um eine sogenannte Selbstemission, auch als Eigenemission oder Direktplatzierung bezeichnet.[136]

2. Wertpapierbezogene Anforderungen

Die wertpapierbezogenen Voraussetzungen für die Zulassung finden sich in § 38 Abs. 3 BörsG. Demnach haben die Wertpapiere die Anforderungen des Art. 35 der EG-Verordnung Nr. 1287/2006 zu erfüllen und vor allem muss grundsätzlich ein nach dem Wertpapierprospektgesetz (WpPG) gebilligter und bescheinigter Wertpapierprospekt[137] veröffentlicht worden sein. Letzteres ist das für den Emittenten wichtigste und zugleich aufwändigste Zulassungserfordernis. Das WpPG geht zurück auf die EG-Richtlinie 2003/71/EG betreffend den Prospekt, der beim öffentlichen Angebot von Wertpapieren oder bei deren Zulassung zum Handel zu veröffentlichen ist. Zweck der Richtlinie und somit auch des WpPG ist zweierlei: Zum einen soll – ein grundsätzliches Anliegen des Kapitalmarktrechts – der Schutz der Anleger und zum anderen die Markteffizienz bei Wertpapieremissionen gesteigert werden.[138] Ersteres soll durch die umfangreiche Information der potentiellen Anleger bei öffentlichen Angeboten gewährleistet werden, die das WpPG in Verbindung mit der ProspektVO vorschreibt: Gemäß Art. 5 Abs. 1 der Richtlinie und dem beinahe wortgleichen § 5 Abs. 1 des WpPG muss der Prospekt alle Angaben enthalten, um den Marktteilnehmern eine Beurteilung der finanziellen Situation des Emittenten sowie der mit den Wertpapieren verbundenen Rechte zu ermöglichen.

---

[136] Vgl. R. MÜLLER Bank- und Kapitalmarktrecht Rn. 15.82, mit einer Darstellung der hauptsächlichen Anwendungsfälle von Selbstemissionen.
[137] Unter Umständen kommt auch ein Verkaufsprospekt nach § 42 Investmentgesetz in Betracht.
[138] So ausdrücklich Vorerwägung Nr. 10 der Prospektrichtlinie 2003/71/EG; vgl. ebenfalls KUNOLD/SCHLITT BB 2004, 501, 502.

III. Die Aufgaben des Emissionskonsortiums

Im Normalfall ist der Emittent also auf Banken zur Betreuung seiner Emission angewiesen. Dafür gibt es neben dem soeben bereits angesprochenen rechtlichen Erfordernis eines Emissionsbegleiters für die Zulassung zum Handel auch noch einen wirtschaftlichen Grund: Ein Zusammenschluss mehrerer Banken, ein sogenanntes Bankenkonsortium[139], bringt die für eine befriedigende Platzierung der Wertpapiere erforderlichen Absatzkanäle und Kontakte mit und ermöglicht zugleich auf Seiten der Banken eine Teilung des Platzierungsrisikos.[140]

Eine Ausnahme von dieser Grundregel ist aber für sogenannte Daueremittenten zu machen, die regelmäßig Selbstemissionen vornehmen.

1. Einmal- und Daueremittenten

Für unterschiedliche Emittenten gibt es unterschiedliche Emissionsformen. Es sind die sogenannten Einmalemittenten von den Daueremittenten abzugrenzen; erstere bedürfen in der Regel einer Fremdemission, letztere können in der Regel Selbstemissionen durchführen. Daueremittenten sind Emittenten, die fortlaufend Wertpapiere neu auf den Markt bringen. Hierbei handelt es sich hauptsächlich um Realkreditinstitute, die ständig Hypothekenpfandbriefe oder öffentliche Pfandbriefe begeben.[141] Diese Kreditinstitute bedienen sich zur Ausgabe ihrer Papiere keiner anderen Banken, sondern können, da sie selbst in der Regel als Emissionsbegleiter qualifiziert sind, die Emissionen auch selbst durchführen. Diese Emissionsform stellt jedoch eine Ausnahme dar und soll hier nicht weiter verfolgt werden. Im Fortgang der Arbeit interessant ist lediglich die hauptsächlich auftretende Emissionsform, die sogenannte Fremdemission, deren sich die Einmalemittenten typischerweise bedienen.[142] Dabei ist diese Bezeichnung nicht wortwörtlich zu nehmen, da auch Einmalemittenten durchaus öfter Wertpapiere ausgeben können. Der Begriff bezeichnet vielmehr Emittenten, die nur in größeren Zeitabständen Emissionen durchführen[143], beispielsweise Aktiengesellschaften, die im Abstand von jeweils ein paar Jahren Kapitalerhöhungen durchführen.

---

[139] Dazu sogleich unten Zweites Kapitel A. III. 3.
[140] BOSCH BuB Rn. 10/44.
[141] So EKKENGA Claussen § 6 Rn. 305; vgl. auch zur Direktplatzierung bei Emissionen von Banken BOSCH BuB Rn. 10/74.
[142] EKKENGA Claussen § 6 Rn. 306.
[143] EKKENGA Claussen § 6 Rn. 306.

2. Berechtigung zum Börsenhandel

Wie bereits erwähnt kann der Emittent in aller Regel die Emission schon aus rechtlichen Gründen nicht selbständig und alleine durchführen, da er meist nicht die Anforderungen erfüllen wird, die die §§ 32, 19 Abs. 1 BörsG stellen, um eine Zulassung zum Börsenhandel für die emittierten Papiere zu erlangen.[144] Gemäß §§ 32, 19 Abs. 1 BörsG bedarf es einer Zulassung zum Handel durch die Geschäftsführung der Börse; Zulassungsvoraussetzung ist gemäß Abs. 2 der Vorschrift, dass das Unternehmen, das die Aufnahme seiner Aktien in den Börsenhandel begehrt, gewerbsmäßig mit börsenmäßig handelbaren Gegenständen Handel betreibt und zusätzlich der Gewerbebetrieb einen nach Art und Umfang in kaufmännischer Weise eingerichteten Geschäftsbetrieb erfordert[145]. Neben weiteren Anforderungen muss das Unternehmen – unabhängig von seiner Rechtsform – gemäß § 19 Abs. 4 Nr. 3 BörsG ein Eigenkapital von 50.000 EUR nachweisen, es sei denn, es handelt sich um ein Kredit- oder Finanzdienstleistungsinstitut.

Für die Beantragung einer Zulassung genügt dies allein jedoch noch nicht, sondern es ist tatsächlich ein haftendes Eigenkapital von insgesamt 730.000 EUR nachzuweisen.

Aber selbst dann, wenn ein Emittent diese Voraussetzungen nominell erfüllt, wird er sich dennoch meist für eine „einmalige" Emission der Unterstützung anderer Banken bedienen, da es der „Emittenten-Bank" allein möglicherweise nicht gelingen wird, das gesamte Emissionsvolumen zu platzieren.[146] Arbeiten mehrere Banken zusammen, hat jede nur eine erheblich geringere Anzahl von Kunden zu akquirieren.[147]

---

[144] Vgl. oben Zweites Kapitel A. II. Eine Ausnahme ist hier für die Aktien von Kreditinstituten zu machen; Kreditinstitute sind in der Regel berechtigt zum Börsenhandel und betreiben dann die Aktienplatzierung im Wege der Selbstemission, bemühen dafür also keine anderen Kreditinstitute.

[145] Damit ist gem. § 1 Abs. 2 HGB zugleich sichergestellt, dass natürliche Personen nur dann zum Handel zugelassen werden können, wenn sie Kaufleute sind, also in der Form des eingetragenen Kaufmanns. Für Personenhandelsgesellschaften folgt dann die Kaufmannseigenschaft aus § 105 Abs. 2 in Verbindung mit § 1 Abs. 2 HGB. Die Kapitalgesellschaften sind sämtlich bereits kraft Rechtsform Kaufmann, vgl. für die AG § 3 Abs. 1 AktG, für die GmbH § 13 Abs. 3 GmbHG.

[146] Vgl. hierzu auch BOSCH BuB Rn. 10/75, der auch bei dem von R. MÜLLER Bank- und Kapitalmarktrecht Rn. 15.82, als klassischen Fall der Selbstemission genannten Vertrieb von Pfandbriefen und Investmentanteilen von einer eigentlichen Fremddemission ausgeht, da auch in diesen Fällen immer die Absatzkanäle vermittelnder Banken genutzt würden, wenn auch als direkte Stellvertreter der Emittenten.

[147] Vgl. schon oben Zweites Kapitel A. III. 3.

3. Das Bankenkonsortium

Emissionsbegleiter für eine Emission kann grundsätzlich ein einzelnes Institut sein, solange es nur die zuvor angesprochenen Voraussetzungen erfüllt. Faktisch werden Emissionen aber nur von mehreren Banken gemeinsam durchgeführt, um das Risiko zu streuen und die Wahrscheinlichkeit des Absatzerfolges zu erhöhen.[148]

Den Zusammenschluss mehrerer Banken zur Durchführung von Wertpapier-Emissionen nennt man Konsortium.[149] Zivilrechtlich handelt es sich um eine Gesellschaft bürgerlichen Rechts nach § 705 BGB, wobei der Gesellschaftszweck in der Regel in der gemeinsamen Durchführung der Emission liegt.[150] Das Konsortium wird in der Regel von einem Kreditinstitut nach außen hin vertreten, dem sog. Konsortialführer. Im Innenverhältnis verpflichten sich die einzelnen Banken gegenseitig dazu, eine gewisse Quote der Emission bei ihren Kunden „unterzubringen", also für den Absatz der ihnen jeweils zugeteilten Wertpapiermenge zu sorgen. Die rechtlichen Beziehungen der einzelnen Banken untereinander, einschließlich der Gründung des Konsortiums, werden durch den Konsortialvertrag geregelt.[151]

Die Beziehung zwischen Emittent und Konsortium ergibt sich aus dem sogenannten Übernahme- und Platzierungsvertrag[152]. Zu unterscheiden sind hier vor allem zwei Vertragsgestaltungen für die Besorgung der Aktienemission durch die Banken:

a) Übernahmekonsortium (Festübernahme)

Der Vertrag zwischen Emittent und Konsortium kann eine fixe Übernahme aller Aktien zu einem bestimmten Preis vorsehen. Damit erwirbt das Konsortium zu-

---

[148] Vgl. BOSCH BuB Rn. 10/76, der insoweit aber nur vom Regelfall des Übernahmekonsortiums spricht. Beim Übernahmekonsortium ist eine Risikostreuung besonders von Nöten; dazu sogleich im Anschluss Zweites Kapitel A. III. 3. a).

[149] DE MEO S. 10; ULMER MK-BGB Vor § 705 Rn. 51, der zunächst das Konsortium allgemein als Gelegenheitsgesellschaft mit einem auf die Durchführung eines oder mehrerer Einzelgeschäfte beschränkten wirtschaftlichen Zweck definiert (Rn. 51) und sodann auf das hier gemeinte Emissionskonsortium zu sprechen kommt (Rn. 52).

[150] Der genaue Gesellschaftszweck hängt von den vertraglichen Beziehungen ab; vgl. ULMER MK-BGB Vor § 705 Rn. 54 ff., nach dem der Gesellschaftszweck in „der Schaffung der Voraussetzungen für die Übernahme und Platzierung der Wertpapiere" liege.

[151] Vgl. ULMER MK-BGB Vor § 705 Rn. 53 f.

[152] So ULMER MK-BGB Vor § 705 Rn. 53 und 56; diese pauschale Bezeichnung nimmt allerdings bereits den Vertragsinhalt vorweg, der aber unterschiedlich ausgestaltet sein kann; vgl. dazu sogleich die Ausführungen zum Übernahme-, Absatz- und Einheitskonsortium.

nächst selbst, im eigenen Namen und für eigene Rechnung, alle zu platzierenden Papiere, während der Emittent den dafür vereinbarten Preis erhält; die Banken agieren dann als sog. Übernahmekonsortium.[153] Das Konsortium veräußert die Effekten dann weiter an die Anleger und ein bei der Platzierung erzielter Mehrerlös fällt dem Konsortium zu. Dafür trägt das Konsortium aber auch das Risiko einer Fehlplatzierung.[154] Kann ein Konsortialpartner nämlich nicht alle von ihm übernommenen Papiere auf dem Markt unterbringen, so wird er selbst unfreiwillig zu einem „Daueraktionär" der Gesellschaft. Durch die Aufteilung des Emissionsvolumens auf mehrere Banken wird auch das Risiko geteilt.[155] Eine einzelne Bank traut es sich, wie bereits angesprochen, in der Regel nicht zu, eine Emission allein zu übernehmen, weshalb nur noch Konsortien üblich sind.[156] Die Festübernahme durch das Konsortium ist dabei der Normalfall.[157]

Wirtschaftlich auf das Gleiche hinaus läuft die Vereinbarung einer Absatzgarantie.[158] Hierbei übernimmt das sogenannte Garantiekonsortium die Wertpapiere nicht von vornherein – und bleibt dann bei mangelnder Nachfrage im übertragenen Sinne auf den nicht abgesetzten Papieren sitzen –, sondern es verpflichtet sich vielmehr dazu, die Papiere zu zeichnen, für die die Konsorten keine Abnehmer beibringen konnten.[159]

b)   Absatz- und Begebungskonsortium (Absatzvermittlung)

Nicht mehr üblich ist es mittlerweile, dass das Konsortium die Platzierung nur im Rahmen einer einem Kommissionsgeschäft ähnlichen Abrede vornimmt: In diesem Fall erhält das Konsortium eine Provision für die Geschäftsbesorgung, garantiert dem Emittenten aber gerade nicht – anders als bei der Festübernahme – den Absatzerfolg.[160] Den Erlös der Emission führt das Konsortium an den Emittenten ab;

---

[153] BOSCH BuB Rn. 10/74.

[154] LENENBACH Rn. 10.20. Die Übernahme des Absatzrisikos wird auch „Underwriting agreement" genannt, vgl. FREDEBEIL S. 21 und BOSCH BuB Rn. 10/81.

[155] DE MEO S. 72.

[156] BOSCH BuB Rn. 10/78 (dort Fußnote 2).

[157] Vgl. ULMER MK-BGB Vor § 705 Rn. 52; ebenso LENENBACH Rn. 10.23, der allerdings vom Einheitskonsortium spricht und somit zwischen der Pflicht zur Übernahme und der Pflicht zur Platzierung unterscheidet; diese beiden Verpflichtungen treffen aber in aller Regel zusammen, vgl. unten Viertes Kapitel C. III. 3.

[158] BOSCH BuB Rn. 10/81.

[159] BOSCH BuB Rn. 10/81, spricht von der bedingten Erwerbszusage im Gegensatz zum unbedingten Erwerb mit der Absicht der Weiterveräußerung beim Übernahmekonsortium.

[160] BOSCH BuB Rn. 10/78; ULMER MK-BGB Vor § 705, Rn. 52; dies wird auch als „best-effort underwriting" bezeichnet, vgl. LENENBACH Rn. 10.22.

es verbleibt dann allerdings auch das Risiko einer Fehlplatzierung beim Emittenten.[161]

Deshalb ist im Fall bloßer Absatzvermittlung der Zusammenschluss der Banken zu einem Konsortium gar nicht unbedingt erforderlich, da nicht die Notwendigkeit einer Risikostreuung besteht.[162] Die Bündelung der Absatzkanäle der verschiedenen Banken für eine befriedigende Platzierung liegt – abgesehen vom sogenannten Emissionsstanding[163] – dann nur im Interesse des Emittenten, weshalb in diesem Fall bilaterale Verträge zwischen den einzelnen Banken und dem Emittenten selbst völlig ausreichen, anstatt dass solche Verpflichtungen zwischen den einzelnen Banken mittels eines Konsortialvertrages zu vereinbaren wären.[164]

c) Einheitskonsortium

Neben den beiden soeben genannten Arten von Konsortien ist in der Literatur auch noch der Begriff des Einheitskonsortiums anzutreffen. Um ein Einheitskonsortium soll es sich handeln, wenn das Konsortium sowohl die Aktien übernimmt als auch die Verpflichtung eingeht, sich um den Absatz der Wertpapiere zu kümmern.[165] Ein Unterschied zum Übernahmekonsortium besteht auf den ersten Blick eigentlich nicht, da auch das Übernahmekonsortium die Wertpapiere zunächst übernimmt und dann im zweiten Schritt ebenfalls absetzt[166].

Die Unterscheidung von Übernahme- und Einheitskonsortium hat also nur für den Fall Sinn, dass sich der Gesellschaftszweck des Übernahmekonsortiums nach der festen Übernahme auf das Halten der Wertpapiere beschränkt, was aber ein faktisch seltener Fall ist.[167] Wenn in der Literatur von einem Übernahmekonsortium die Rede ist, ist zumeist ein Konsortium gemeint, das sich zur Übernahme und zugleich zur Platzierung verpflichtet, was man genau genommen als Einheitskonsortium bezeichnen müsste; die genaue Unterscheidung zum Einheitskonsortium erübrigt aber sich mangels tatsächlicher Relevanz der auf das bloße Halten von Aktien beschränkten Konsortien.

---

[161] ULMER MK-BGB Vor § 705, Rn. 52.
[162] Vgl. BOSCH BuB Rn. 10/78, der auf die Risikostreuung als Hauptmotiv der Konsortialbildung hinweist.
[163] S. dazu unten Zweites Kapitel A. III. 3. e).
[164] Vgl. BOSCH BuB Rn. 10/78.
[165] BOSCH BuB Rn. 10/80.
[166] BOSCH BuB Rn. 10/80.
[167] Vgl. BOSCH BuB Rn. 10/77, der als Regelfall die umgehende Weiterveräußerung der Wertpapiere sieht.

d)   Verpflichtung des Konsortiums zur Kurspflege

Zusammengefasst sind die Aufgaben des Konsortiums die folgenden: Es betreut für den Emittenten das Zulassungsverfahren und stellt den Zulassungsantrag, es akquiriert die Anleger, die die Wertpapiere zeichnen sollen, und haftet neben dem Emittenten für die Richtigkeit des Börsenprospekts[168].

Daneben ist auch eine Verpflichtung des Konsortiums zur Kurspflege möglich und üblich.[169] In der Regel wird eine der Konsortialbanken zum sogenannten „Stabilisation manager", also zum „Kurspflege-Beauftragten" bestimmt.[170] Häufig wird dabei zugleich eine Berechtigung zur Kurspflege der übrigen Konsorten ausgeschlossen, so dass der „Stabilisation manager" allein verpflichtet und auch berechtigt ist, derartige Maßnahmen durchzuführen.[171] Weitere gängige Bestimmungen der Kurspflegeabrede betreffen die zulässigen Maximalzeiträume[172] für Stabilisierungsmaßnahmen wie auch die zulässigen Maximalbeträge für die Käufe, die der „Stabilisation manager" dann auf eigene Rechnung, auf Rechnung des Emittenten oder des Konsortiums ausführen kann.[173]

e)   Das Interesse der Banken an einer erfolgreichen Platzierung

Für die Konsortialbanken ist die Betreuung von Emissionen oftmals ein zentraler Geschäftsbereich. Handelt es sich um ein Übernahme- oder Garantiekonsortium, so rührt das Interesse an der erfolgreichen Platzierung, also dem „restlosen" Absatz zum gewünschten Preis, von der Aussicht auf eine hohe Gewinnmarge her – also der Differenz zwischen dem Preis, zu dem das Konsortium die Wertpapiere übernommen hat, und dem späteren „Endabsatzpreis" – und von dem drohenden, un-

---

[168] Siehe §§ 44 ff. BörsG.

[169] Vgl. ULMER MK-BGB Vor § 705, Rn. 52, und BOSCH BuB Rn. 10/340, der zudem auf die überkommene Möglichkeit der Beauftragung eines Kurspflege- oder Stützungskonsortiums hinweist. Anders DE MEO S. 58 f., der die Kurspflege auch als gesellschaftsrechtliche Nebenpflicht erachtet, die die Konsortialpartner zum Erhalt eines guten Emissionsstandings gegenseitig trifft; als Hauptzweck des Konsortiums lehnt DE MEO die Stabilisierung gänzlich ab, weil die Dauer der Konsortialverbindung der einzelnen Partner dann nicht mehr überschaubar sei.

[170] BOSCH BuB Rn. 10/340.

[171] Vgl. BOSCH BuB Rn. 10/344, zumindest für die international übliche Praxis.

[172] Dies wohl bereits aufgrund der „Safe Harbour"-Regelungen für Kurspflege, die stets an einen fixen Zeitraum ab der Emission gebunden sind, vgl. nur Art. 8 Abs. 2 der EG-Verordnung 2273/2003.

[173] BOSCH BuB Rn. 10/344.

gewollten Verbleib der Wertpapiere bei der Bank, also der Verwirklichung des Absatzrisikos.

Abgesehen davon und auch im Fall des Absatzkonsortiums sind die Banken immer auch an einem guten „Emissionsstanding" interessiert. Hierbei handelt es sich um den Leumund, den ein Konsortium oder ein Konsortialpartner auf dem Gebiet der Emissionsbetreuung innehat.[174] Ein guter Ruf sorgt für neue Aufträge und somit für Umsatz; dass der wettbewerbswichtige gute Ruf in der Branche unter Fehlplatzierungen leidet, ist dabei selbstverständlich. Daher haben die Banken auch bei bloßen Begebungs- oder Absatzkonsortien ohne wie auch immer geartete Übernahmeverpflichtung ein eigenes Interesse an einer erfolgreichen Platzierung.

Es liegt also in jedem Fall auch im eigenen Interesse der Banken, die Wertpapiere zu einem stabilen Preis in Absprache mit dem Emittenten auszugeben. Somit gründet eine Motivation für legale und auch illegale Kurspflegemaßnahmen durch das Konsortium, dieses im Regelfall ausschließlich vertreten durch den sog. „Stabilisation manager"[175], nicht lediglich auf einer schuldrechtlichen Verpflichtung gegenüber dem Emittenten, sondern auch auf darüber hinausgehenden Ursachen.[176]

IV.   Festpreis- und „Bookbuilding"-Verfahren

Neben dem möglichst umfassenden Absatz der Emissionspapiere ist es für den Erfolg der Emission entscheidend, den richtigen Ausgabepreis für die Papiere zu ermitteln. „Richtig" ist der Preis dann, wenn er weder zu hoch noch zu niedrig ist, denn beides birgt eigene Risiken, entweder für den Emittenten oder für das Konsortium. Weiterhin ist die richtige Einschätzung des Ausgabepreises entscheidend zur Minimierung von Kurspflegeerfordernissen.

Zunächst einmal ist festzustellen, dass der Emittent bei der Effektenemission an einem möglichst hohen Ausgabewert interessiert ist, um möglichst viel Kapital in die Unternehmung zu bringen; dies ist zwar nicht der einzige Grund für eine Kapitalerhöhung, aber wohl der vornehmliche.[177]

---

[174] Vgl. DE MEO S. 59 und PFUNDT/VON ROSEN S. 72, die insoweit vom Emissionskredit oder der Platzierungskraft der Banken sprechen.

[175] BOSCH BuB Rn. 10/344.

[176] So auch DE MEO S. 58 f., der allerdings aus dem Interesse der Konsortialpartner zum Erhalt des Emissionsstandings sogar eine nebenvertragliche Pflicht zur Kurspflege konstruieren will.

[177] Zu den verschiedenen Möglichkeiten und Gründen für eine Kapitalerhöhung bei einer Aktiengesellschaft siehe nur HUECK/WINDBICHLER § 32 Rn. 8 ff.

Demgegenüber sind für die Anleger günstig ausgegebene Aktien attraktiv, da diese bei einem Kursanstieg auf den marktgerechten Wert mit einer hohen Rendite für die Käufer aufwarten können.[178]

Legt man den Regelfall des Übernahmekonsortiums zugrunde, bei dem das Konsortium das Absatzrisiko trägt, befinden sich die Banken in einem Konflikt: Auf der einen Seite bedeutet ein höherer Ausgabepreis einen höheren Gewinn für sie, da die Konsorten nach der Übernahme vom Emittenten die Wertpapiere auf eigene Rechnung weiterveräußern. Andererseits besteht aber bei einem zu hohen Preis die Möglichkeit, dass zu wenig Aktien abgesetzt werden können und sich das Übernahmerisiko verwirklicht.[179] Der Emittent ist durch den Übernahmevertrag zwar vom Absatzrisiko entlastet, muss aber gleichzeitig aufpassen, dass er dem Konsortium die Papiere nicht zu günstig überlässt und so dasjenige an neuem Kapital einbüßt, was das Konsortium als zusätzlichen Gewinn beim Verkauf an die Anleger zu einem höheren Preis als dem Übernahmepreis noch realisieren kann.[180]

Jedenfalls muss der kalkulierte Ausgabepreis unter demjenigen Preis für vergleichbare Finanzprodukte liegen, bei einer Kapitalerhöhung vor allem demjenigen der alten Aktien. Ansonsten steht zu befürchten, dass sich die Anleger am Sekundär- und nicht am Primärmarkt mit Wertpapieren eindecken und die Emission ein Misserfolg wird.[181]

Zur Ermittlung des Emissionspreises stehen hauptsächlich zwei Verfahren zur Wahl, das Festpreis- und das „Bookbuilding"-Verfahren.[182]

---

[178] Vgl. hierzu PFUNDT/VON ROSEN S. 74; SCHWINTOWSKI/SCHÄFER § 15 Rn. 71.

[179] Vgl. EKKENGA Claussen § 7 Rn. 346; anderer Ansicht offenbar SCHWINTOWSKI/SCHÄFER § 15 Rn. 71, die von einem Interesse an möglichst billigen Aktien sowohl der Anleger wie auch der Konsortien ausgehen.

[180] SCHWINTOWSKI/SCHÄFER § 15 Rn. 71.

[181] EKKENGA Claussen § 6 Rn. 346.

[182] Neben den hier vorgestellten Festpreis- und „Bookbuilding"-Verfahren existieren auch noch das Auktionsverfahren, bei dem der Ausgabepreis entsprechend einer Versteigerung ermittelt wird, wobei die Preisfestsetzung sich nach dem niedrigsten Kaufgebot richtet, zu dem noch eine Zuteilung erfolgen kann, vgl. hierzu SCHÄCKER/BREHM Unternehmensfinanzierung am Kapitalmarkt § 2 Rn. 41; SCHLITT/SINGHOF/SCHÄFER BKR 2005, 251, 260, und SCHANZ § 10 Rn. 90 ff. Dieses Verfahren hat sich jedoch weder international noch national durchsetzen können; eine diese Regel bestätigende, milliardenschwere Ausnahme ist der Börsengang der Google Inc. im Jahr 2004 mit einem Emissionsvolumen von 3,3 Milliarden US-Dollar, vgl. SCHANZ § 10 Rn. 71.

1. Festpreisverfahren

a) Verfahren

Die Bezeichnung Festpreisverfahren rührt daher, dass bei dieser Vorgehensweise der Emittent und das Übernahmekonsortium bereits lange vor dem öffentlichen Angebot den Ausgabepreis der Wertpapiere miteinander fest vereinbart haben.[183]

Besonders bietet sich das Festpreisverfahren dann an, wenn bereits Wertpapiere desselben Typs in Umlauf sind, zu denken ist vor allem an eine Erhöhung des Grundkapitals einer Aktiengesellschaft. Als Bewertungsmaßstab wird dann der Börsenwert der Altaktien herangezogen, von dem sodann unter Berücksichtigung verschiedener Faktoren ein Abschlag von 15 bis 25 % gemacht wird.[184] Als Resultat der Subtraktion bleibt dann der Neuemissionspreis übrig.

Daneben kann auch bei einer sonstigen Emission, bei der keine „Referenzpapiere" im Umlauf sind, dieses Verfahren zum Einsatz kommen. Die Preisfindung erfolgt dann aufgrund einer Unternehmensanalyse und -bewertung unter Berücksichtigung der Börsenbewertung vergleichbarer Gesellschaften sowie der allgemeinen Marktlage durch Verständigung zwischen den an der Emission beteiligten Banken, Emittenten und gegebenenfalls Altaktionären.[185] Entscheidend ist dabei die Verhandlung des Emittenten mit dem Konsortialführer über die Preisgestaltung.[186]

b) Probleme des Festpreisverfahrens

Das Problem des Festpreisverfahrens besteht darin, dass erhebliche Fehleinschätzungen bei der Preisfestsetzung nicht ausgeschlossen sind.[187]

---

[183] KOEHLER S. 49; KÜMPEL Bank- und Kapitalmarktrecht[3] Rn. 9.254.
[184] Vgl. LENENBACH Rn. 10.185: Zu berücksichtigende Faktoren für die Höhe des Abschlags seien die Volatilität des Kurses und die Zusammensetzung der Anlegerschaft. SCHWINTOWSKI/SCHÄFER § 15 Rn. 73, gehen von einem Abschlag in Höhe von 5 bis 25 % aus.
[185] Vgl. KÜMPEL Bank- und Kapitalmarktrecht[3] Rn. 9.254; LENENBACH Rn. 10.185; SCHANZ § 10 Rn. 72; VOIGT Die Bank 1995, 339. Zu zwei üblichen Bewertungsverfahren siehe PFUNDT/VON ROSEN S. 204 ff.; für Einzelheiten zu den verschiedenen Möglichkeiten der Unternehmensbewertung s. SCHULTZE Methoden der Unternehmensbewertung.
[186] KOEHLER, S. 49; KÜMPEL Bank- und Kapitalmarktrecht[3], Rn. 9.254; VOIGT Die Bank 1995, 339.
[187] Vgl nur LENENBACH Rn. 10.186, und VOIGT Die Bank 1995, 339.

Das Festpreisverfahren wurde daher ab Mitte der 90er Jahre fortlaufend durch das „Bookbuilding"-Verfahren ersetzt und findet nur noch bei sehr wenigen Emissionen Anwendung.[188] Grund für eine fehlerhafte Preisfestsetzung ist in der Regel, dass man mit der Unternehmensbewertung als Festsetzungsmaßstab nicht in ausreichendem Maße die tatsächliche Nachfrage auf dem Markt zu berücksichtigen vermag. Diese kann erst während der Verkaufsfrist und somit lange nach dem Zeitpunkt der Preisfestlegung im Festpreisverfahren ausgelotet werden[189]. Nachdem aber auch hier der Grundsatz „Angebot und Nachfrage bestimmen den Preis" seine Gültigkeit hat, kann eine Überschätzung der Nachfrage eine nachträgliche Anpassung des Preises erforderlich machen.

Übernimmt entsprechend der getroffenen Vereinbarung das Konsortium das Risiko für den Absatz der Wertpapiere (Übernahmekonsortium), so wird dieses bei der Vereinbarung des Übernahmepreises auf einen Abschlag gegenüber dem eigentlich angemessenen Preis hindrängen, um das Risiko abzudecken; für den Emittenten hat dies zur Folge, dass eine Maximierung des Emissionserlöses kaum erreichbar ist.[190]

Auch bei Emissionen ohne Absatzgarantie bleibt das Festpreisverfahren problematisch, sowohl für den Emittenten – hier besteht nach wie vor die Gefahr von nicht angemessenem Kapitalzufluss – wie auch für das Emissionskonsortium – dort droht zumindest Reputationsverlust in der Emissionsbetreuungsbranche.[191]

Angewandt wird das Festpreisverfahren allerdings bis heute im Rahmen von Kapitalerhöhungen, bei denen den Aktionären ein Bezugsrecht zusteht, und bei kleinen Platzierungen, bei denen die Aktien vor allem von Privatanlegern übernommen werden.[192] Hinsichtlich Kapitalerhöhungen, bei denen das Bezugsrecht der Aktionäre nicht ausgeschlossen war, war das Festpreisverfahren bis 2002 zwingend, da gemäß § 186 Abs. 1 AktG a. F. ein fixer Bezugspreis für die jungen Aktien vor Beginn der Bezugsfrist zu benennen war.[193] Die beim „Bookbuilding"-Verfahren

---

[188] EKKENGA Claussen § 6 Rn. 350; KOEHLER S. 49; KÜMPEL Bank- und Kapitalmarktrecht³ Rn. 9.258 – in der 4. Aufl. findet es bereits keine Erwähnung mehr, vgl. R. MÜLLER Bank- und Kapitalmarktrecht Rn. 15.88; PFUNDT/VON ROSEN S. 74.

[189] KOEHLER S. 49; VOIGT Die Bank 1995, 339.

[190] Vgl. SCHANZ Börseneinführung § 10 Rn. 74 f.

[191] Vgl. SCHANZ Börseneinführung § 10 Rn. 74 und Rn. 87 mit Fn. 154: Die bei Emissionen zu Tage tretende Platzierungskraft einer Bank hat für weitere Beteiligungen in Emissionskonsortien beträchtliche Bedeutung und damit Einfluss auf ein wichtiges Geschäftsfeld der Banken.

[192] Vgl. SCHANZ Börseneinführung § 10 Rn. 81.

[193] Vgl. LENENBACH Rn. 10.186, noch zu § 186 AktG a. F., also vor der Änderung des AktG durch das TransPuG. Das Bezugsrecht schützt die Aktionäre vor einer „Verwässerung" ihrer Beteiligung in der Aktiengesellschaft bei der Ausgabe neuer Aktien, nämlich zum einen vor einem Verlust von

(dazu sogleich) übliche Angabe einer Preisspanne genügte daher den gesetzlichen Anforderungen nicht.[194]

Durch die angesprochene Änderung des § 186 AktG im Jahr 2002 durch das TransPuG ist jedoch nunmehr auch bei Emissionen, bei denen ein Bezugsrecht der Aktionäre Beachtung finden muss, die Angabe der Berechnungsgrundlagen für den Ausgabepreis bis zu drei 3 Tage vor Ablauf der Zeichnungsfrist möglich, so dass auch hier nunmehr das „Bookbuilding"-Verfahren Anwendung finden kann.

2. „Bookbuilding"-Verfahren

Diese Schwäche des Festpreisverfahrens, dass der Nachfrage auf Seite der Investoren nicht ausreichend Berücksichtigung geschenkt werden konnte, führte nach Erprobung im angelsächsischen Ausland auch in Deutschland zur Einführung des „Bookbuilding"-Verfahrens.[195]

a) Verfahren

Dieses Verfahren soll durch die Einbindung der potentiellen Investoren eine bessere Einschätzung des marktgerechten Angebotspreises für Wertpapiere ermöglichen und somit zugleich der Emission nachfolgende Kurspflegemaßnahmen möglichst

---

Stimmrechtsmacht, zum anderen vor einer Minderung ihres Vermögensanteils an der Gesellschaft, der durch die von ihnen gehaltenen Aktien verkörpert wird; Genaueres zum Normzweck bei PEIFER MK-AktG § 186 Rn. 1 ff., und WIEDEMANN Großkommentar-AktG § 186 Rn. 13.

[194] § 186 AktG: (1) 1 Jedem Aktionär muss auf sein Verlangen ein seinem Anteil an dem bisherigen Grundkapital entsprechender Teil der neuen Aktien zugeteilt werden. [...] (2) 1 Der Vorstand hat den Ausgabebetrag oder die Grundlagen für seine Festlegung und zugleich eine Bezugsfrist gemäß Absatz 1 in den Gesellschaftsblättern bekannt zu machen. 2 Sind nur die Grundlagen der Festlegung angegeben, so hat er spätestens drei Tage vor Ablauf der Bezugsfrist den Ausgabebetrag [...] bekannt zu machen. [...]. Die Einschränkung, dass der tatsächliche Bezugspreis erst drei Tage vor Ablauf der Bezugsfrist veröffentlicht werden muss, wenn zuvor die Berechnungsgrundlagen bekannt gegeben waren, wurde erst durch das Gesetz zur weiteren Reform des Aktien- und Bilanzrechts, zu Transparenz und Publizität (TransPuG) v. 19.07.2002, BGBl. I 2002, S. 2681, in § 186 Abs. 1 AktG eingefügt. Zweck der Neuregelung war es dabei, auch gegen Ende der Ausübungsfrist noch die aktuelle Marktsituation berücksichtigen zu können, vgl. die Begründung der Bundesregierung zum Entwurf des TransPuG, BT-Drs. 14/8769, S. 23.

[195] KOEHLER S. 53.

überflüssig machen.[196] Es läuft üblicherweise nach dem folgenden Schema ab, wobei der genaue Ablauf variabel ist und vom Einzelfall abhängt:[197]

In einem ersten Schritt, der sogenannten „Pre-Marketing"-Phase oder „Investor Education", führt der Emissionsbegleiter – wie auch beim Festpreisverfahren – eine Unternehmensanalyse und -bewertung durch und erstellt sodann einen Bericht über das Unternehmen, das alle relevanten Informationen enthält, den sogenannten „Research"-Bericht. Auf der Basis der zusammengetragenen Informationen setzt das Konsortium eine Preisspanne fest, innerhalb deren der Ausgabepreis für die Aktien liegen wird (beispielsweise 95 EUR bis 110 EUR je Aktie).[198]

Sodann werden diese „Research"-Berichte, das Unternehmen selbst, die verfolgten Marktstrategien, die Wettbewerbssituation und die sich daraus ergebende Ertragsprognose (sog. „Equity story") den institutionellen Anlegern auf diversen Informationsveranstaltungen vorgestellt (sogenannte „Roadshows").[199] Diese Information der potentiellen Anleger wird auch als „Investor education" oder „Pre-Marketing"-Phase bezeichnet.[200] In den Verkaufsgesprächen wird dabei die Anlegerschaft, darunter insbesondere die großen Investoren, durch die informierenden Konsortialbanken dazu eingeladen, innerhalb der vorher festgelegten Preisspanne Kaufangebote (bestehend aus Preis und Volumen) für die Aktien abzugeben, wodurch die sogenannte „Order Taking"-Periode eingeleitet wird.[201] Für den Investor handelt es sich in zivilrechtlicher Hinsicht hierbei um eine *invitatio ad offerendum*, also einen Antrag auf Abschluss eines Vertrags, bei dem die rechtliche Bindung

---

[196] Vgl. BINGEL S. 34 f., der jedoch bezweifelt, dass „Punktlandungen" möglich sind, die Kursstabilisierung überflüssig machen.

[197] Der Zeitpunkt der Festsetzung der Preisspanne, innerhalb deren die Investoren ihre Angebote abgeben sollen, kann variieren; beim sogenannten „Decoupled Bookbuilding" erfolgt die Festsetzung der Preisspanne erst nach den sogenannten Roadshows, vgl. SCHANZ § 10 Rn. 86. Daher können die Darstellungen des Ablaufs von „Bookbuilding"-Verfahren insoweit voneinander abweichen.

[198] LENENBACH Rn. 10.190; nach VOIGT Die Bank 1995, 339, 340, beträgt die übliche „Bookbuilding"-Spanne etwa 10 bis 15 %.

[199] Vgl. LENENBACH Rn. 10.188; PFUNDT/VON ROSEN S. 75; VOIGT, Die Bank 1995, S. 339, 342.

[200] PFUNDT/VON ROSEN S. 75.

[201] PFUNDT/VON ROSEN S. 75; VOIGT, Die Bank 1995, S. 339, 340.

gemäß § 145 HS. 2 BGB abbedungen ist.[202] Die Annahme des Antrags durch den Emittenten erfolgt später durch Zuteilung der Wertpapiere.[203] Basierend auf den zuvor mitgeteilten Informationen über das Unternehmen und ihren eigenen Einschätzungen geben die Anlageinteressenten dann entsprechende Angebote ab. Dieser Order-Annahme-Zeitraum, währenddessen das Unternehmen die unverbindlichen Kaufangebote sammelt, beträgt zwischen zwei und zehn Arbeitstagen und kann als „Bookbuilding" im engeren Sinne verstanden werden.[204] Ist diese Zeichnungsfrist abgelaufen, werden alle eingereichten und im „Orderbook" gelisteten Angebote verglichen in Bezug auf Preisvorstellung, Investorentyp, Investitionsvolumen und Region.[205] Am Ende der Analyse wird anhand dieser Informationen der endgültige und einheitliche Emissionspreis festgesetzt. Weiterhin wird darüber entschieden, welcher Interessent welches Aktienvolumen erhalten soll.[206] Diejenigen Anleger, deren angebotener Kaufpreis unter dem schließlich festgelegten Preis liegt, erhalten dementsprechend keine Wertpapiere; die übrigen kaufen einheitlich zum Emissionspreis.

b)   Auswirkungen

Durch dieses gegenüber dem Festpreisverfahren ungleich aufwändigere Vorgehen sollen zugleich zwei Ziele erreicht werden, die eine erfolgreiche Emission zu einem stabilen Preis ermöglichen sollen, nämlich die Ermittlung des zutreffenden Marktwertes der Aktien sowie die Auswahl der richtigen – gemeint ist für die Kursentwicklung günstigen – Anleger.[207] Ist der Preis von vornherein marktgerecht, ist auch mit einer wesentlich geringeren Volatilität der Aktie unmittelbar nach der Emission zu rechnen, weil sich die

---

[202] Die Abbedingung von § 145 BGB kann ausdrücklich im öffentlichen Angebot oder konkludent erfolgen, vgl. LENENBACH Rn. 10.192. Üblicherweise ist es den Investoren während des „Bookbuilding" gestattet, ihre Angebote abzuändern oder auch ganz zurückzuziehen, damit sie nicht das Risiko des Ausgangs des Bookbuilding-Verfahrens tragen müssen, vgl. HEIN, WM 1996, 1, 4. Die Annahme eines auf eine *invitatio ad offerendum* hin unterbreiteten Antrags wird ausnahmsweise auch durch Schweigen erklärt gemäß dem Grundsatz von Treu und Glauben, da den Emittenten infolge seines unverbindlichen Angebots eine Erklärungspflicht trifft, weshalb auch ohne die Abgabe weiterer Angabebote in der „Order Taking"-Periode ein Vertragsschluss möglich ist. Zur *invitatio ad offerendum* vgl. ELLENBERGER Palandt § 145 Rn. 2.
[203] R. MÜLLER Bank- und Kapitalmarktrecht Rn. 15.87.
[204] Vgl. SCHANZ § 10 Rn. 84.
[205] PFUNDT/VON ROSEN S. 75.
[206] PFUNDT/VON ROSEN S. 76; zu den zivilrechtlichen Problemen im Zusammenhang mit dem Zustandekommen des Kaufvertrages beim „Bookbuilding"-Verfahren siehe LENENBACH Rn. 10.192.
[207] SCHLÜTER H. Rn. 97; VOIGT Die Bank 1995, 339, 340.

Anleger nicht zu einem sofortigen Abstoßen der Aktie veranlasst sehen, um einen Spekulationsgewinn zu erlösen.[208] Vor allem können die Aktien so durch eine Auslese der interessierten Anleger an diejenigen Interessenten vergeben werden, bei denen von einem langfristigen Investitionsinteresse und nicht der bloßen Hoffnung auf Spekulationsgewinne auszugehen ist. Angebote von Anlegern, die bloß zur Übernahme von Minipositionen bereit sind, können ebenfalls aussortiert werden; auch dies dient der Vermeidung eines alsbaldigen Preisdrucks, da gerade die Eigner kleinster Anteilspakete zu einer schnellen Wiederveräußerung neigen, um einen Spekulationsgewinn zu realisieren.[209] Entscheidender Faktor für die Auswahl ist eine langfristige Anlageorientierung.[210]

3. Fazit

Eine mangelhafte Emission zieht fast unweigerlich das Bedürfnis von Kurspflegemaßnahmen nach sich: Können nicht alle Wertpapiere an Anleger abgesetzt werden, hat dies für den Sekundärmarkt denkbar negative Auswirkungen. Ein Angebotsüberhang nach Abschluss der Emission hat einen erheblichen Verkaufsdruck bei den Anlegern verbunden mit einem raschen Kursverfall der Wertpapiere zur Folge. Um dem entgegen zu wirken wird der Stabilisierungsmanager die Nachfrage durch den Kauf der Wertpapiere steigern müssen. Eine erfolgreiche Emission, bei der die Anleger die Finanzinstrumente zu einem angemessenen Preis erwerben und dann halten, führt zu einer stabilen Preislage und macht eine Einwirkung auf den Preis überflüssig. Da das Festpreisverfahren weniger Möglichkeiten zur Ermittlung des marktgerechten Preises und bei der Auswahl der Anleger bietet, empfiehlt sich für die Börsengänge, insbesondere bei großen Gesellschaften, das „Bookbuilding"-Verfahren.

B. Kursstabilisierungsmaßnahmen

Da Kurspflege regelmäßig eine Hebung oder zumindest eine Vermeidung des Absinkens eines Wertpapierkurses zum Gegenstand hat, vollzieht sich Kurspflege in der Regel durch eine Verknappung des Angebots auf dem Markt.[211]

---

[208] Vgl. BINGEL S. 35, und KILLAT/BOHN IPO-Management S. 272.
[209] HAAG Unternehmensfinanzierung am Kapitalmarkt § 23 Rn. 22.
[210] VOIGT Die Bank 1995, 339, 341, wobei allerdings zu beachten ist, dass nicht nur langfristig orientierte (institutionelle) Anleger Anteile erhalten, sondern dass ein „Anleger-Mix" angestrebt ist.
[211] BINGEL S. 53; MOCK/STOLL/EUFINGER KK-WpHG § 20a Rn. 320.

Als Kursstabilisierungsmaßnahmen kommen mithin konkret in Betracht der mittelbare und der unmittelbare Erwerb von emittierten Finanzinstrumenten, das unmittelbare oder mittelbare Angebot zum Erwerb solcher Papiere sowie Marktschutz- oder Marktschonungsvereinbarungen.[212]

Nach der Diktion der EG-Verordnung 2273/2003 Art. 3 Nr. 7 ist die Kursstabilisierung jeder Kauf bzw. jedes Angebot zum Kauf sowie jede Transaktion mit vergleichbaren verbundenen Instrumenten[213]. Nach Nr. 12 sind ergänzende Stabilisierungsmaßnahmen die Überzeichnung sowie die Ausübung einer „Greenshoe"-Option. Weiterhin hält die EG-Verordnung noch einen „Safe Harbour"-Tatbestand für Rückkaufprogramme des Emittenten bereit; Rückkaufprogramme sind dabei als besondere Form des Erwerbs von Finanzinstrumenten auch als Kurspflegemaßnahme zu bewerten.

I. Erwerb und Erwerbsangebot von Finanzinstrumenten

Die offensichtlichste Möglichkeit zur Stützung eines Kurses ist der Kauf der betreffenden Wertpapiere. Durch die Verknappung des Angebots auf dem Markt und die angehobene Nachfrage nach dem Finanzinstrument wird ein höherer Preis etabliert und somit der Verkaufsdruck gemindert. Dies kann auch bereits durch die bloße Abgabe von Kaufangeboten der Fall sein, ohne dass diese tatsächlich zur Ausführung gelangen müssen.

II. Rückkaufprogramme des Emittenten

Der Erwerb emittierter Aktien durch die Aktiengesellschaft selbst hat entsprechend den vorangegangenen Ausführungen bei entsprechendem Volumen wie jedes andere Handelsgeschäft auch das Potential zur Beeinflussung des Börsenkurses.[214]

Allerdings ist bei solchen Erwerbsvorgängen durch den Emittenten selbst die Besonderheit zu beachten, dass diesbezüglich Spezialvorschriften im Aktienrecht vorhanden sind. Das AktG statuiert nämlich ein grundsätzliches Verbot für den Erwerb eigener Aktien durch die Gesellschaft selbst, da dies als Rückgewähr der

---

[212] VOGEL A/S § 20a Rn. 268.

[213] Gemeint sind damit insbesondere Optionen und andere Derivate, Art. 2 Nr. 8 EG-Verordnung 2273/2003.

[214] So auch MENNICKE Fuchs-WpHG § 14 Rn. 115, und SINGHOF/WEBER AG 2005, 549, 553.

Einlagen an die Aktionäre entgegen § 57 AktG gilt, die das Grundkapital der Gesellschaft vermindert, das jedoch den Gläubigern als Haftungsmasse stets erhalten bleiben soll.[215] § 71 AktG enthält jedoch gewisse Öffnungsklauseln, die einen Erwerb in einem gewissen Umfang zu bestimmten Zwecken erlauben.

Dabei bestehen neben dem Zweck einer Beeinflussung des Börsenkurses diverse andere ökonomische Gründe für den Kauf eigener Aktien: Optimierung der Eigenkapitalquote, Stabilisierung der Dividenden, Verwendung als Abfindung oder zur Weitergabe an die Belegschaft und die Verbesserung der Beteiligungsstruktur.[216]

Da ein Konflikt solcher Rückkaufprogramme mit dem Verbot der Marktmanipulation nach § 20a WpHG in Betracht kommt, sieht die EG-VO 2273/2003 diesbezüglich in Art. 4 – 6 spezielle „Safe Harbour"-Regelungen vor.[217]

III. Marktschutzvereinbarungen

Marktschutzvereinbarungen sind Abreden zwischen dem Emittenten und Inhabern der Wertpapiere des Emittenten, die eine negative Entwicklung des Papiers an der Börse verhindern sollen.[218] Eine besondere Rolle beim Börsengang spielt eine Vereinbarung des Emittenten mit den Altaktionären der Gesellschaft, die diese dazu verpflichtet, ihre Wertpapiere innerhalb eines bestimmten Zeitraums nach der Emission nicht zu veräußern, sondern zu halten.[219] Dies wird auch als „Lock-up-agreement" oder Haltevereinbarung bezeichnet. Bei Marktschonungsvereinbarungen verpflichten sich die Aktionäre, ihre Wertpapiere nur unter besonderen Bedingungen und nur mit Zustimmung des Emissionskonsortiums zu veräußern.[220]

Diese und ähnliche Vereinbarungen haben – je nach ihrer Ausgestaltung – durchaus das Potential zu einer Beeinflussung des Börsenkurses. Die EG-VO 2273/2003

---

[215] HÜFFER AktG § 71 Rn. 3.

[216] Eine geringe Eigenkapitalausstattung bedeutet geringe Sicherheiten für die Aufnahme von Fremdkapital, was vor allem während wirtschaftlicher Krisenzeiten zu Engpässen in der Liquidität der Gesellschaft führen kann, vgl. LÜKEN, S. 41.

[217] Zur Frage, ob § 71 AktG als Erlaubnissatz für Kurspflegemaßnahmen dienen kann, siehe unten Drittes Kapitel A. IV.

[218] MOCK/STOLL/EUFINGER KK-WpHG § 20a Rn. 322.

[219] In der Regel beträgt der Sperrzeitraum zwischen drei und sechs Monaten, vgl. SCHÄCKER/ BREHM Unternehmensfinanzierung am Kapitalmarkt § 2 Rn. 19.

[220] MOCK/STOLL/EUFINGER KK-WpHG § 20a Rn. 322.

sieht diesbezüglich keine Regelung vor. Daher sollen diese Möglichkeiten zur Kurspflege in der folgenden Untersuchung außer Betracht bleiben.[221]

IV. Mehrzuteilung mit „Greenshoe"-Option

Bei einer Mehrzuteilung[222] gibt das Emissionskonsortium mehr Aktien an die Anleger aus, als eigentlich im Emissionsvolumen enthalten sind;[223] es handelt sich um Leerverkäufe[224], wobei die Wertpapiere in den meisten Fällen der Emissionsbank vom Emittenten im Wege eines Wertpapierdarlehens (Sachdarlehen) bereitgestellt werden.[225] Die Mehrzuteilung führt zu einer unmittelbaren Verknappung des Angebots auf dem Markt, da mehr Aktien verkauft werden, als in Umlauf sind. Es besteht von Anfang an eine gewisse Nachfrage.

Für die Erfüllung der bestehenden Lieferverpflichtung aus den (Leer-)Verkäufen hat das Konsortium dann grundsätzlich zwei Möglichkeiten:

Es kann (1.) die Aktien auf dem Sekundärmarkt – also bei denjenigen Neuaktionären, die Aktien erhalten haben – wieder zurückkaufen oder es kann (2.) von der sogenannten „Greenshoe"[226]-Option Gebrauch machen. Dies ist eine Kaufoption, deren Stillhalter der Emittent ist; das Konsortium kann dann Aktien zu einem vorher festgelegten Preis vom Emittenten nachkaufen. Liegt der Kurs der emittierten Aktien zu dem Zeitpunkt, zu dem das Kreditinstitut seiner Lieferverpflichtung nachkommen muss, über dem Ausgabepreis, hat die Ausübung der Option Sinn; liegt der Kurswert dagegen unter dem Ausgabepreis, wird das Konsortium die Aktien auf dem Sekundärmarkt kaufen.[227] Sowohl im Fall einer Kursentwicklung „nach oben" wie auch „nach unten" können so Verluste bei den notwendigen Deckungskäufen vermieden werden.

---

[221] Lenenbach Rn. 10.160, geht allerdings davon aus, dass durch Marktschutzvereinbarungen kein künstliches Preisniveau geschaffen würde und mithin kein Verstoß gegen § 20a WpHG vorliegen könne.

[222] Üblich ist auch der Begriff „Überzeichnung", vgl. Fleischer Fuchs-WpHG § 20a Rn. 129.

[223] Fleischer Fuchs-WpHG § 20a Rn. 130; Vogel A/S § 20a Rn. 289.

[224] Bingel S. 36 f. Ist eine Wertpapierleihe vereinbart, steht dem auch der 2010 neu eingeführte § 30h WpHG nicht entgegen.

[225] Bingel S. 37; Fleischer Fuchs-WpHG § 20a Rn. 130; Vogel A/S § 20a Rn. 289.

[226] Der Begriff „Greenshoe" rührt von demjenigen Emittenten her, bei dem das erste Mal von diesem Verfahren Gebrauch gemacht wurde; dies war die Green Shoe Manufacturing Company, ein Unternehmen das u. a. Gummistiefel herstellte; vgl. Hein WM 1996, 1, 6, und Lüdiger S. 50.

[227] Lenenbach Rn. 10.224.

Nach der EG-VO Nr. 2273/2003 handelt es sich hierbei um eine sogenannte ergänzende Kursstabilisierungsmaßnahme (Art. 2 Nr. 12). Sie soll der Dämpfung von erwarteten Kursschwankungen bei einer Emission dienen.[228] In der Regel besteht vor allem die Gefahr eines plötzlichen Kursverfalls nach einer Emission. Oftmals versuchen spekulativ ausgerichtete Neuanleger die soeben zugeteilten Aktien sogleich wieder gewinnbringend weiterzuverkaufen, so dass es unmittelbar nach der Emission zu einem Angebotsüberhang und damit zu einem Kursverfall kommt.[229] In einem solchen Fall ist eine Inanspruchnahme der Option nicht von Nöten, sondern die Bank kauft die Aktien auf dem Sekundärmarkt ein, erfüllt so ihre zuvor eingegangenen Lieferverpflichtungen und begegnet zugleich einem unerwünschten Übermaß an Verkaufsangeboten. Die Option sichert dabei diejenigen Fallgestaltungen ab, bei denen der Preis stabil bleibt und somit weitere Stabilisierungsmaßnahmen unnötig sind oder bei denen der Kurs – wider Erwarten – direkt nach der Emission steigt.[230]

V. Mehrzuteilung ohne „Greenshoe"-Option

Eine Überzeichnung der emittierten Aktien kann auch erfolgen, ohne dass diese Leerverkäufe durch eine „Greenshoe"-Option abgedeckt sind, man spricht dann von einem „Naked Short". Auch hier führt die Überzeichnung der Aktien zu einer sofortigen Verknappung des Angebots. Allerdings besteht ohne eine „Greenshoe"-Option ein ungleich höheres Kursbeeinflussungspotential, denn das Konsortium muss seiner Lieferverpflichtung zwingend durch Aktienkäufe auf dem Sekundärmarkt nachkommen. Also unabhängig davon, ob der Börsenwert der Wertpapiere nach der Emission tatsächlich Anlass zu einer Stützung gibt – weil etwa der gewünschte Wert erreicht und gehalten wird – , wird das Konsortium die Nachfrage durch Käufe steigern.

---

[228] Vgl. EICHELBERGER S. 36; FLEISCHER Fuchs-WpHG § 20a Rn. 130; VOGEL A/S § 20a Rn. 289.
[229] VOGEL WM 2003, 2437, 2437.
[230] Vgl. LENENBACH Rn. 10.226 f. Dieser geht davon aus, dass die Emissionsbanken in der Regel nichts bei diesem Kurspflegemodell verdienen, Rn. 10.227: „Das Kapital, das sie [die Banken] für diese Mehrzuteilung erhalten, verwenden die Banken bei fallenden Kursen für Stützungskäufe und bei steigenden Kursen zahlen sie damit die Greenshoe-Aktien."

Drittes Kapitel:
Der Straftatbestand der Marktmanipulation im Allgemeinen (seine Tatbestandsvarianten und Voraussetzungen)

Der Straftatbestand der Marktmanipulation setzt sich aus einer Reihe von Normen zusammen, die für eine strafrechtliche Wertung zusammengelesen werden müssen. Insgesamt ist die Gesetzeslage unübersichtlich und verlangt dem Rechtsanwender erhebliche Detailkenntnisse ab.[231]

In diesem Kapitel sollen der Straftatbestand mit seinem Anwendungsbereich und die klassischen Manipulationstechniken dargestellt werden. Dabei werden auch die entsprechenden Vorschriften der MaKonV herangezogen, die dem Rechtsanwender mitteilen (sollen), an welche konkreten Handlungsweisen der Gesetzgeber bei der Formulierung des teilweise sehr abstrakt gehaltenen Gesetzestextes[232] gedacht hat. Insbesondere wird auf die Auslegung der unbestimmten Rechtsbegriffe und die daraus resultierende Bedeutung für Kurspflegemaßnahmen eingegangen.

A. Der Kerntatbestand

Als Kerntatbestand sind die in § 20a und §§ 38, 39 WpHG niedergelegten Regelungen zu sehen.

Wie im Nebenstrafrecht[233] nicht unüblich gibt es eine zentrale Verhaltensnorm[234], § 20a WpHG, mit einzelnen Verhaltensverboten und -befehlen, während die Straf- und Bußgeldbewehrung für die Nichtbeachtung dieser Verhaltensnorm in einem

---

[231] So schon SORGENFREI Park-Kapitalmarktstrafrecht Teil 3 Kap. 4 T1 Rn. 20, der zu Recht besonders die siebenstufige Prüfungsfolge bei Einbeziehung der MaKonV moniert. Mit ähnlichem Tenor auch SCHRÖDER Kapitalmarktstrafrecht Rn. 374 f.

[232] Vgl. nur die sehr allgemein gehaltene Formulierung von § 20a Abs. 1 S. Nr. 3 WpHG: „Es ist verboten, sonstige Täuschungshandlungen vorzunehmen […]".

[233] Gemeinhin wird als Nebenstrafrecht derjenige Teil der Strafbestimmungen bezeichnet, der sich nicht im StGB findet, vgl. MAURACH/ZIPF § 8 Rn. 26; kritisch zu diesem Begriff des Nebenstrafrechts TIEDEMANN Tatbestandsfunktionen S. 63 f.

[234] So bezeichnet von VOGEL A/S § 20a Rn. 2.

separaten Abschnitt des Gesetzes folgt, hier in § 38 und § 39 WpHG.[235] § 20a WpHG verbietet verschiedene Ausformungen aktiven täuschenden und irreführenden Verhaltens, die geeignet sind, auf den Börsen- oder Marktpreis einzuwirken (Unterlassungspflichten); zum anderen verpflichtet er dazu, bestimmte relevante Informationen anderen Marktteilnehmern mitzuteilen, wenn dieselbe Einwirkungseignung vorliegt (Handlungspflichten).[236] Die Verletzung dieser Verhaltenspflichten wird in § 39 WpHG mit Bußgeld bewehrt.[237] Tritt zur bloßen (vorsätzlichen) Nichtbeachtung der Verhaltensvorschriften eine tatsächliche Beeinflussung des Marktpreises hinzu, so ist eine Kriminalstrafe verwirkt.[238]

I. Anwendungsbereich der Verbotsvorschrift

1. Erfasste Finanzinstrumente und Märkte

Den Anwendungsbereich des Tatbestands definiert § 20a Abs. 1 Satz 2 WpHG: Gem. Nr. 1 sind alle Finanzinstrumente erfasst, die an einer inländischen Börse zum Handel zugelassen sind oder die in den regulierten Markt oder in den Freiverkehr einbezogen sind. Nr. 2 stellt diesen inländisch gehandelten Finanzinstrumenten diejenigen gleich, die an einem organisierten Markt in einem Mitgliedstaat der Europäischen Union (EU) oder in einem Vertragsstaat des Abkommens über den Europäischen Wirtschaftsraum (EWR)[239] zugelassen sind.

a) Märkte / Handelsplätze: Börse, Regulierter Markt, Freiverkehr und Organisierter Markt

In den Schutzbereich der Norm sind also mehrere Märkte/Handelsplätze einbezogen, womit nicht nur die Topographie gemeint ist, sondern dies ist auch in einem

---

[235] Vgl. TIEDEMANN Tatbestandsfunktionen S. 65.

[236] Vgl. VOGEL A/S § 20a Rn. 2.

[237] Ob Vorsatz erforderlich ist oder auch Leichtfertigkeit oder Fahrlässigkeit eine Ordnungswidrigkeit begründen, ist im Einzelnen jeweils in § 39 WpHG geregelt.

[238] Zu dem Problem des strafprozessualen Nachweises einer tatsächlich erfolgten Preiseinwirkung siehe unten Fünftes Kapitel B. I.

[239] Den EWR bilden die Staaten der EU und die der EFTA (European Free Trade Association, die Europäische Freihandelszone, bestehend aus Island, Norwegen, der Schweizerischen Eidgenossenschaft und Liechtenstein).

funktionalen Zusammenhang zu verstehen. Die Börse als Institution[240] ist ein Marktplatz, ein Ort, an dem Angebot und Nachfrage hinsichtlich eines bestimmten Gutes zusammengeführt werden.[241] Für den speziellen Marktplatz Börse gibt es seit der Neufassung des Börsengesetzes mit dem Finanzmarktrichtlinie-Umsetzungsgesetz (FRUG)[242] im Jahr 2007 eine Legaldefinition in § 2 Abs. 1 BörsG, die diesen Marktbegriff weiter einengt; sie lautet: „Börsen sind teilrechtsfähige Anstalten des öffentlichen Rechts, die nach Maßgabe dieses Gesetzes multilaterale Systeme regeln und überwachen, welche die Interessen einer Vielzahl von Personen am Kauf und Verkauf von dort zum Handel zugelassenen Wirtschaftsgütern und Rechten innerhalb des Systems nach festgelegten Bestimmungen in einer Weise zusammenbringen oder das Zusammenbringen fördern, die zu einem Vertrag über den Kauf dieser Handelsobjekte führt."

An der Börse werden zunächst einmal die offiziell zum Börsenhandel zugelassenen Wertpapiere gehandelt. Daneben werden aber auch Wertpapiere dort gehandelt – also in den gleichen Räumlichkeiten bzw. mithilfe derselben Computersysteme und Infrastruktur –, die nicht zum Börsenhandel zugelassen sind im Sinne von § 32 BörsG, sondern lediglich in den Regulierten Markt einbezogen sind (§ 33 BörsG) oder im Freiverkehr (§ 48 BörsG) gehandelt werden.

Diese unterschiedlichen Kategorien von Handelsgütern unterfallen allesamt dem Manipulationsverbot. Zur Erläuterung dieser Aufteilung des Marktes im Folgenden:

---

[240] Die Rechtsnatur der Börse war lange Zeit umstritten, bis mit dem FRUG eine Klarstellung zugunsten der herrschenden Meinung erfolgte: Gem. § 2 BörsG a. F. sollte es sich um eine nicht rechtsfähige Anstalt des öffentlichen Rechts handeln, wobei allerdings sämtliche dort getätigten Geschäfte privatrechtlichen Charakter haben sollten, vgl. PETERHOFF Schäfer-WpHG/BörsG/BörsZulV, BörsG § 1 Rn. 32 f; die Gesetzesmaterialien zum 4. FMFG haben jedoch mittlerweile klargestellt, dass die Börse eine „unselbständige öffentlich-rechtliche Anstalt" ist, siehe BR-Drucks. 936/01 (neu), S. 198.
[241] Vgl. Brockhaus Wirtschaft S. 388, Vahlens Großes Wirtschaftslexikon (Bd. 2) S. 1395, Handelsblatt Wirtschaftslexikon S. 3744 ff. unter „Der umgangssprachliche Marktbegriff". Von einer Legaldefinition des Begriffs Börse hatte der Gesetzgeber des 4. FMFG noch ausdrücklich abgesehen aufgrund der „sich rasch verändernden technischen Möglichkeiten", siehe die Stellungnahme des Bundesrates zum Entwurf des 4. FMFG, BT-Drucks. 14/8017 S. 146; seit dem FRUG findet sich nun eine Legaldefinition in § 2 Abs. 1 BörsG.
[242] BGBl. I 2007, S. 1330.

aa) Rechtslage bis zum FRUG

Bis zu den Änderungen durch das FRUG 2007 war der Handel an der Börse in drei verschiedene Marktsegmente unterteilt, den Amtlichen Markt, den Geregelten Markt und den Freiverkehr. Bei den beiden ersten Segmenten handelte es sich – im Gegensatz zum 3. Segment, dem Freiverkehr – um Börsenhandel im rechtlichen Sinn, bei denen der Preis amtlich durch die Skontroführer festgestellt wurde, § 29 BörsG a. F. Nur galten jeweils unterschiedlich strenge Zulassungsvoraussetzungen und Zulassungsfolgepflichten und damit auch unterschiedliche Standards hinsichtlich der Seriosität der Angebote. Denn nur Unternehmen mit einer gewissen Struktur, Größe und Organisation konnten bestimmte Anforderungen – insbesondere die des Amtlichen Marktes – auch erfüllen. Insoweit fand der Anleger ein Stufenverhältnis der Marktsegmente vor.[243]

aaa) Das Marktsegment des Amtlichen Markts

Auf der obersten Stufe war der Amtliche Markt angesiedelt, dessen Zulassungsvoraussetzungen und -folgepflichten dem Anleger die meisten Informationsmöglichkeiten und damit Sicherheiten boten.

Für den Handel im Amtlichen Markt waren gemäß § 16 Abs. 2 BörsG a.F. der Antrag des Emittenten zusammen mit einem Emissionsbegleiter (§ 30 Abs. 2 BörsG a. F.) erforderlich; der Emittent musste mindestens bereits drei Jahre als Unternehmen bestanden haben (§ 3 BörsZulV a.F.), über ein Eigenkapital von 1.250.000,- EUR verfügen können (§ 2 Abs. 1 BörsZulV a. F.)[244] und ein Wertpapierprospekt nach § 30 Abs. 3 Nr. 2 BörsG a. F. musste veröffentlicht worden sein. Mit der Zulassung verbunden waren die besonderen Publizitäts- und Verhaltenspflichten nach §§ 44 – 44d BörsG a. F., darunter u. a. die Pflicht des Emittenten, das Publikum und die Zulassungsstelle über sich angemessen zu unterrichten (§ 44 BörsG a. F.), jährliche, inhaltlich fest umrissene Berichte über die Finanzlage und den allgemeinen Geschäftsgang zu erstatten (§ 44b BörsG a. F.) sowie Auskünfte zu erteilen und unter Umständen auch zu veröffentlichen, nämlich wenn dies zum Schutz des Publikums erforderlich war (§ 44c BörsG a. F.). Darüber hinaus stellte die BörsZulV

---

[243] SCHLÜTER G. Rn. 476.
[244] Diese Eigenkapitalsumme ist im Übrigen auch heute noch Voraussetzung für die Zulassung zum regulierten Markt – dem Äquivalent zum Amtlichen Markt als Segment mit den umfangreichsten Zulassungsvoraussetzungen.

erhebliche Anforderungen an die Ausgestaltung der emittierten Wertpapiere, bspw. hinsichtlich der Handelbarkeit (§ 3 BörsZulV a. F.), der Stückelung (§ 6 BörsZulV a. F.) und der Streuung (§ 9 BörsZulV a. F.).

Bis zum 4. FMFG hieß der Amtliche Markt noch Amtlicher Handel. Der Name leitete sich aus dem Umstand ab, dass in diesem Marktsegment der Preis durch die Kursmakler „amtlich" festgestellt wurde, § 29 Abs. 1 S. 1 BörsG a. F.[245] Mit der Namensänderung wurde auch die Preisfeststellung derjenigen des Geregelten Marktes angeglichen. Sie erfolgte dann nur noch in sogenannter halb-amtlicher Notierung: Anstelle der Kursmakler stellten nunmehr die Skontroführer die Preise fest, und zwar nicht-amtlich, also privat, aber unter staatlicher Überwachung.[246]

bbb) Das Marktsegment des Geregelten Markts

Als mittlere Stufe der „Marktsegment-Treppe" konnte man den Geregelten Markt betrachten: dessen Organisation war ebenfalls öffentlich-rechtlich, nicht jedoch die Preisfeststellung.

Eine Zulassung für den Geregelten Markt unterlag im Gegensatz zum Amtlichen Markt grundsätzlich erheblich geringeren Anforderungen und sollte vor allem kleinen und mittleren Aktiengesellschaften die Börseneinführung erleichtern[247]. In makroökonomischer Hinsicht sollte damit die Eigenkapitalstruktur der mittelständischen Unternehmen und zugleich die Konkurrenzfähigkeit des Finanzmarktes Deutschland verbessert werden.[248] Zwar war ebenfalls ein von einem Emissionsbe-

---

[245] LENENBACH[1] Rn. 3.51.
[246] LENENBACH[1] Rn. 3.51, 3.55. Exkurs zur Feststellung der Börsenpreise: Bis zu den durch das 4. FMFG eingeführten Änderungen wurden die Börsenpreise im Amtlichen Handel durch Börsenmakler festgestellt. Börsenmakler konnten in mehreren Funktionen agieren: Zum einen traten sie als Handelsmakler im Sinne von §§ 93 ff. HGB auf und vermittelten rein privatrechtlich und im eigenen Interesse die Vertragsschlüsse der am Börsenhandel beteiligten Unternehmen (Tätigkeit als sog. Freimakler); als Aufwandsentschädigung erhielten die Makler hierfür ihre Courtage. Zugleich waren sie aber auch für die Feststellung der Kurse zuständig. Wurde im Amtlichen Handel der Preis festgestellt, so fungierten besonders ausgewählte (und staatlich zugelassene) Börsenmakler als Kursmakler und nahmen damit eine originär staatliche Aufgabe wahr; dies äußerte sich u. a. auch dadurch, dass sie gem. § 32 Abs. 1 S. 4 BörsG a. F. einen Amtseid abzulegen hatten. Bei der Vermittlung von Börsen-Geschäften handelten jedoch auch diese als Kursmakler zugelassenen Makler ausschließlich privatrechtlich. Mit der Preisfeststellung im Geregelten Markt und im Freiverkehr wurden Börsenmakler durch die Börsengeschäftsführung als Skontroführer beauftragt. Einer Bestellung durch die zuständigen Behörden bedurfte es im Gegensatz zum Kursmakler nicht. Weiterführend zur Tätigkeit der Börsenmakler LENENBACH[1] Rn. 3.26 ff.
[247] KÜMPEL Bank- und Kapitalmarktrecht[3] Rn. 8.202; SILLER S. 78; LENENBACH[1] Rn. 3.55.
[248] LENENBACH[1] Rn. 3.55.

gleiter mitgetragener Antrag auf Zulassung[249] zu stellen (§ 49 Abs.1 und Abs.2 BörsG a. F.) und ein Wertpapierprospekt zu veröffentlichen. Allerdings mussten die Wertpapiere nicht den einzelnen Anforderungen der BörsZulV a. F. entsprechen; diese statuierte lediglich für die Emittenten der Wertpapiere des Amtlichen Marktes Zulassungsanforderungen und Pflichten. Für den Geregelten Markt sollten gem. § 50 BörsG a. F. insofern lediglich die Bestimmungen der jeweiligen Börsenordnungen gelten.[250]

Durch die Einbindung des Geregelten Marktes in die staatliche Organisationsstruktur der Börse sollte sowohl bei den Emittenten als auch bei Anlegern Vertrauen in den Handelsplatz geweckt werden.[251] Die Preisfeststellung erfolgte, wie bereits erwähnt, in halb-amtlicher Notierung.

ccc) Das Marktsegment des Freiverkehrs

Auf der untersten Stufe rangierte der gänzlich privatrechtlich organisierte Freiverkehr.

Beim Freiverkehr (auch „Open Market" genannt) handelt es sich um einen nur tatsächlich, nicht aber rechtlich integrierten Bestandteil des Börsenhandels. Der Anlegerschutz beschränkt sich mangels umfassender Zulassungsvoraussetzungen und Folgepflichten auf ein Minimum. Für die Einbeziehung von Wertpapieren in den Freiverkehr, die die Möglichkeit zur Abwicklung der Transaktionen in den Einrichtungen der Börse eröffnete, war nach § 57 BörsG a. F. lediglich Voraussetzung, dass „durch Handelsrichtlinien eine ordnungsgemäße Durchführung des Handels und der Geschäftsabwicklung gewährleistet [erschien]".[252] Diese Handelsrichtli-

---

[249] Daneben war auch die Einbeziehung in den Handel am Geregelten Markt möglich nach § 56 BörsG a.F.; dabei handelte es sich aber nicht etwa um eine Alternative zum Durchlaufen des aufwändigen Zulassungsverfahrens, sondern diese setzte eine Zulassung des jeweiligen Wertpapiers an einer anderen Börse im Inland, in der EWR, in der EU oder einem sonstigen Drittstaat voraus und ersparte somit nur das Erfordernis einer weiteren Zulassung.
[250] Dieses gestufte System der Anforderungen wurde bereits zur Zeit seiner Gültigkeit teilweise völlig konterkariert: die größte deutsche Börse, die Frankfurter Wertpapierbörse, verwies in ihrer Börsenordnung für den Geregelten Markt bis auf wenige Ausnahmen auf die Bestimmungen für den Amtlichen Markt, so dass sich nur marginale Unterschiede ergaben; vgl. hierzu SILLER S. 78.
[251] LENENBACH[1] Rn. 3.55.
[252] Die Ordnungsgemäßheit musste also nur gewährleistet erscheinen, und nicht tatsächlich sichergestellt sein; vgl. SILLER S. 80, 81.

nien[253] wurden von jeder Börse für ihren eigenen Geschäftsbereich erlassen. Im Übrigen handelte und handelt es sich noch immer um einen rein privat-rechtlich organisierten Handel ohne eine behördliche Feststellung des Handelspreises.[254]

bb)   Die Rechtslage nach dem FRUG

Mit der EU-Finanzmarktrichtlinie[255] aus dem Jahr 2004 waren die Zulassungsfolgepflichten bei Zulassungen zum Regulierten Markt[256] umfassend geregelt worden. Die notwendige Umsetzung dieser Richtlinie sowie der zugehörigen Durchführungsrichtlinie[257] in Deutschland erfolgte durch das Finanzmarktrichtlinie-Umsetzungsgesetz (FRUG). Dieses fasste nach den zahlreichen großen und kleinen Änderungen der letzten Dekaden[258] das Börsengesetz wieder einmal neu.

---

[253] Nicht klar war, ob damit privatrechtliche Allgemeine Geschäftsbedingungen oder öffentlich-rechtliche Regelungen gemeint waren, vgl. GROß Kapitalmarktrecht BörsG § 48 Rn. 1a.

[254] GROß Kapitalmarktrecht BörsG § 48 BörsG Rn. 2: Die Kaufverträge der Marktteilnehmer, die über die am Amtlichen Markt gehandelten Finanzinstrumente geschlossen werden, sind auch rein privatrechtlicher Natur und enthalten kein öffentlich-rechtliches Element; sie sind aber dennoch Börsenpreise.

[255] Richtlinie 2004/39/EG über Märkte für Finanzinstrumente, zur Änderung der Richtlinien 85/611/EWG des Europäischen Parlaments und des Rates und zur Aufhebung der Richtlinie 92/22/EWG des Rates (engl.: Markets in Financial Instruments Directive, MiFID).

[256] Die EU-Finanzrichtlinie spricht vom „geregelten Markt". Dieser Begriff ist nicht mit dem Begriff des Geregelten Marktes in der Diktion des deutschen Gesetzgebers identisch, sondern mit demjenigen des Organisierten Marktes im Sinne von § 2 Abs. 5 WpHG. Der europäische Gesetzgeber gibt in Art. 4 Abs. 1 Nr. 14 der Richtlinie die Definition: „Geregelter Markt: ein von einem Marktbetreiber betriebenes und/oder verwaltetes multilaterales System, das die Interessen einer Vielzahl Dritter am Kauf und Verkauf von Finanzinstrumenten innerhalb des Systems und nach seinen nicht-diskretionären Regeln in einer Weise zusammenführt oder das Zusammenführen fördert, die zu einem Vertrag in Bezug auf Finanzinstrumente führt, die gemäß den Regeln und/oder den Systemen des Marktes zum Handel zugelassen wurden, sowie eine Zulassung erhalten hat und ordnungsgemäß und gemäß den Bestimmungen des Titels III funktioniert."

[257] Richtlinie 2006/73/EG vom 21.04.2006 zur Durchführung der Richtlinie 2004/39/EG; Abl. EU Nr. L 241 v. 2.9.2006, S. 26.

[258] Größere oder kleinere Änderungen erfuhr das BörsG nach seiner grundlegenden Reform im Jahre 1975 u. a. 1986 durch das Börsenzulassungsgesetz (BGBl. I 1986, S. 2478), 1989 durch das Gesetz zur Änderung des Börsengesetzes (BGBl. I 1989, S. 1412), 1994 durch das Zweite Finanzmarktförderungsgesetz (2. FMFG, BGBl. I 1994, S. 1749), 1998 durch das Dritte Finanzmarktförderungsgesetz (3. FMFG, BGBl. I 1998, 529), 2002 durch das Vierte Finanzmarktförderungsgesetz (4. FMFG, BGBl. I 2002, S. 2010), 2004 durch das Anlegerschutzverbesserungsgesetz (AnSVG, BGBl. I 2004, 2630), 2005 durch das Prospektrichtlinien-Umsetzungsgesetz (BGBl. I 2005, S. 1698) und Anfang 2007 durch das Transparenzrichtlinien-Umsetzungsgesetz (BGBl. I 2007, S. 10). Seit der Neufassung durch das FRUG sind vier weitere Änderungen des Börsengesetzes in Kraft getreten, nämlich durch das Investmentänderungsgesetz (InvÄndG, BGBl. I 2007, S. 2089), durch das Freiwillige Gerichtsbarkeit-Reformgesetz (FGG-RG, BGBl. I 2008, S. 2586), durch das Beitreibungs-

Bei der Umsetzung der Richtlinien wurden (zwangsläufig) die beiden Segmente des Organisierten Marktes in Deutschland, der Amtliche und der Geregelte Markt, zu einem gesetzlichen Markt zusammengefasst: In §§ 32 ff. BörsG finden sich nun die einheitlich maßgeblichen Vorschriften für den Regulierten Markt. Eine Aufteilung des Marktes in Wertpapiere mit höherem und niedrigerem Eintrittsstandard war aufgrund des gesamtverbindlichen europäischen Anforderungsprofils nicht mehr möglich. Schon durch die EU-Transparenz-Richtlinie[259] aus dem Jahr 2004 waren die Unterschiede der beiden Regelungen ohnehin stark aufgeweicht worden.

Im Übrigen wurde das deutsche System von Marktteilen mit unterschiedlichen Zulassungsfolgepflichten unter anderem auch durch die tatsächliche Ausführung an den einzelnen Handelsplätzen konterkariert und zu einem großen Teil eine faktische Gleichstellung hergestellt[260]. Die Aufgabe dieser Trennung und die Einführung eines einheitlichen gesetzlich geregelten Marktes war eine längst fällige Anpassung der gesetzlichen Grundlagen an die tatsächlichen Verhältnisse an den deutschen Märkten.[261]

Festzuhalten ist, dass die Börse heute nur noch zwei Marktsegmente anbietet, den Regulierten Markt und den Freiverkehr.

aaa)   Der Regulierte Markt

Für den Regulierten Markt gelten die vorangegangenen Ausführungen zum Amtlichen Markt weitestgehend entsprechend, nur dass die Regelungen nun in §§ 32 ff. des Börsengesetzes zu finden sind. Die Zulassungsfolgepflichten sind vor allem im WpHG geregelt, zum Teil jedoch auch in anderen Gesetzen.[262]

Voraussetzung für einen Handel in diesem Segment ist die Zulassung oder die Einbeziehung durch die Geschäftsführung der jeweiligen Börse, § 32 Abs. 1 BörsG.

---

richtlinie-Umsetzungsgesetz (BetRLUmsG, BGBl. I 2009, S. 470) und durch das Pfandbrieffortentwicklungsgesetz (PfandBFortentwG, BGBl. I 2009, S. 607).

[259] Richtlinie zur Harmonisierung der Transparenzanforderungen in Bezug auf Informationen über Emittenten, deren Wertpapiere zum Handel auf einem Geregelten Markt zugelassen sind, und zur Änderung der Richtlinie 2001/34/EG; Abl. 2004, Nr. L 390/38 vom 15.12.2004.

[260] Vgl. BRÖCKER Claussen § 6 Rn. 44, und SILLER S. 78.

[261] So schon BRÖCKER Claussen § 6 Rn. 44.

[262] Unter anderen sind die Emittenten am Regulierten Markt zur Ad-hoc-Publizität verpflichtet, § 15 WpHG; sie haben ein Insider-Verzeichnis zu führen, § 15b WpHG; private Geschäfte von Personen der Führungsebene eines Emittenten am Markt müssen veröffentlicht werden (Directors' Dealings), § 15a WpHG. Näheres hierzu in BRÖCKER Claussen § 6 Rn. 51.

Die Modalitäten ähneln sehr den oben zum Segment des früheren Amtlichen Marktes dargestellten: erforderlich sind ein Emissionsbegleiter und ein zu bestimmten, gesetzlich genau festgelegten, Gesichtspunkten Stellung nehmender Börsenprospekt; die Preisfeststellung erfolgt durch von der Börsengeschäftsführung bestellte Skontroführer.[263]

Wie schon vor der Zusammenführung durch das FRUG können im Regulierten Markt durch die Börsenordnung der jeweiligen Börse noch interne Teilbereiche („Qualitätssegmente"[264]) eingerichtet werden; dabei erfolgt jedoch keine börsenrechtliche Unterteilung.[265] Neben den gesetzlichen Zulassungsfolgepflichten können sich Emittenten hier freiwillig weiteren Zulassungsfolgepflichten unterwerfen, um in diesen Segmenten ihre Finanzinstrumente handeln zu lassen, § 42 BörsG. An der Frankfurter Wertpapierbörse existieren der General Standard (§§ 45 ff. der Börsenordnung an der FWB[266]) und der Prime Standard (§§ 48 ff. der Börsenordnung an der FWB). Dabei erfolgt der Handel bei Zulassung zum Regulierten Markt automatisch im General Standard, wobei neben den gesetzlichen Zulassungsfolgepflichten dann keine weiteren Pflichten zu erfüllen sind. Für den Handel im Prime Standard müssen jedoch erhöhte Transparenz-Anforderungen erfüllt werden, wie Jahres-/Konzernabschlüsse nach IAS/IFRS[267] und die Veröffentlichung von Quartalsberichten und Ad-hoc-Mitteilungen in deutscher und englischer Sprache, §§ 48 ff. der Börsenordnung der FWB.[268] Interessant ist dieser Mehraufwand für international orientierte Unternehmen, die Anleger weltweit ansprechen wollen und deren Aktien an internationalen Börsen gehandelt werden.[269]

---

[263] BRÖCKER Claussen § 6 Rn. 50.

[264] LEPCZYK JuS 2007, 985, 988.

[265] BUCK-HEEB Rn. 115.

[266] Stand: 01.10.2012. Abrufbar im Internet unter http://deutsche-boerse.com/dbg/dispatch/de/binary/dbg_nav/ metanavigation/30_Regulations?object_id=84XHGZ360NSGDDE (abgerufen am 14.10.2012).

[267] Die International Financial Reporting Standards sind die international anerkannten Regeln zur Rechnungslegung von Unternehmen. Bis 2001 hießen sie „International Accounting Standards", vgl. S. MÜLLER IFRS: Grundlagen und Erstanwendung S. 17. Nach der EG-Verordnung 1606/2002, L 243/1 sind diese jedoch für gewisse kapitalmarktorientierte Unternehmen ohnehin vorgeschrieben. Zu den Auswirkungen der IFRS auf deutsche Strafbestimmungen s. LINDHEIM Der Einfluss der IFRS auf das deutsche Bilanzstrafrecht – Geschichtliche Entwicklung, verfassungs- und europarechtliche Grenzen sowie Irrtumsproblematik.

[268] BUCK-HEEB Rn. 117.

[269] BUCK-HEEB Rn. 117. Vgl. hierzu auch W. MÜLLER Rechnungswesen S. 1: „Die Börsenaufsichtsbehörden sind u. a. für die Informationsversorgung potentieller Anleger zuständig. Sie stellen sicher, daß bei der jeweiligen Börsenaufsicht ein Jahresabschluß und meistens auch drei Quartalsabschlüsse eingereicht werden, die mit denen anderer Unternehmen vergleichbar sind. Bei einer international an den Börsen notierten Aktiengesellschaft ist es immer weniger hinnehmbar, wenn für

bbb) Der Freiverkehr

Die Einbeziehung von Wertpapieren in den Freiverkehr ist gem. § 48 Abs. 1 BörsG nach wie vor lediglich von den Allgemeinen Geschäftsbedingungen[270] der Börsen abhängig. Ein Zulassungsverfahren, die Veröffentlichung eines Prospekts und etwaige Pflichten sind nicht gesetzlich vorgeschrieben. Aufgrund des Verweises von § 48 Abs. 3 S. 2 BörsG ist das Börsengesetz auf diese Handelsvariante entsprechend anwendbar mit Ausnahme der Regelungen zu den Zulassungsvoraussetzungen und -folgepflichten (§§ 32-47 BörsG) sowie den Regelungen zur Skontroführung[271] (§§ 27-29 BörsG).

cc)   Der Organisierte Markt

Wertpapieren am Regulierten Markt und im Freiverkehr sind Wertpapiere gleichgestellt, die an einem Organisierten Markt in der EU oder im EWR zugelassen sind.

Der Begriff Organisierter Markt ist in § 2 Abs. 5 WpHG legaldefiniert; es handelt sich um ein „im Inland, in der EU oder im EWR betriebenes oder verwaltetes, durch staatliche Stellen genehmigtes, geregeltes und überwachtes multilaterales System, das die Interessen einer Vielzahl von Personen am Kauf und Verkauf von dort zum Handel zugelassenen Finanzinstrumenten innerhalb des Systems und nach festgelegten Bestimmungen in einer Weise zusammenbringt oder das Zusammenbringen fördert, die zu einem Vertrag über den Kauf dieser Finanzinstrumente führt".

---

jede Börsenaufsichtsbehörde eines anderen Landes das Zahlenwerk des Rechnungswesens neu aufbereitet, Bilanzpositionen anders bewertet und jeweils andere Jahres- und Quartalsabschlüsse erstellt werden müssen."

[270] Hier erfolgte aufgrund einer Beschlussempfehlung des Finanzausschusses, BT-Drs. 16/4883, S. 13, eine sprachliche Klarstellung, dass diese Einbeziehungsbedingungen der Börsen zivilrechtlicher – und nicht etwa öffentlich-rechtlicher – Natur sind. Vgl. hierzu auch GROß Kapitalmarktrecht BörsG § 48 Rn. 1a.

[271] Skontroführer sind von der Börse mit der amtlichen Preisfeststellung betraute Unternehmen, vgl. BRÖCKER Claussen § 6 Rn. 50.

dd) Handel auf dem grauen Kapitalmarkt / Telefonhandel

Nicht zu dem vom Manipulationsverbot des § 20a WpHG erfassten Formen des Handels gehört derjenige in solchen Wertpapieren, der sich *ausschließlich* über den Telefonverkehr oder im sogenannten grauen Kapitalmarkt[272] abspielt.[273] Dort gehandelt werden beispielsweise Unternehmensbeteiligungen an Personenhandelsgesellschaften mit dem Ziel der Steuerersparnis (sog. Abschreibungsgesellschaften), Anteile an geschlossenen Immobilienfonds, GmbH-Anteile, GbR-Anteile, Genossenschaftsanteile, Anteile an Unternehmen bestimmter ausländischer Rechtsformen, Investitionen zur Finanzierung von Filmen, Flugzeugen und Schiffen oder auch Anteile an Rinderherden.[274] Kennzeichnend sind die oftmals sehr hohen Renditeversprechen bei den Spekulationsgeschäften. In der Regel handelt es sich um direkte Kreditbeziehungen zwischen Unternehmen und Privathaushalten.[275] Der Grund, warum hier das Verbot der Marktmanipulation nicht eingreift, liegt nicht nur in der mangelnden tatsächlichen Überwachung der Handelsabläufe durch behördliche Stellen und dem damit verbundenen Mangel an tatsächlichen Möglichkeiten zur Feststellung von Manipulationen. Vielmehr soll das Verbot der Marktmanipulation die Funktionsfähigkeit und damit die makroökonomischen Aufgaben des Kapitalmarktes schützen.[276] Diese bedeutenden und daher schützenswerten Aufgaben erfüllen aber nur die überwachten Märkte[277]. Dabei ist allerdings zu bedenken, dass die Aufgabe des Marktes, das Geld der institutionellen Anleger und

---

[272] Es handelt sich um einen rein deskriptiven Begriff, der keine gesetzliche Grundlage findet; dementsprechend wird er auch nicht einheitlich verwendet: LENENBACH Rn. 12.3 plädiert dafür, den Handel mit seriösen Kapitalanlagen außerhalb überwachter Märkte als „Freien Kapitalmarkt" zu bezeichnen und den Begriff „grauer Kapitalmarkt" für unseriöse Produkte und Vertriebsweisen zu reservieren. Dies ist jedoch keinesfalls gängige Praxis in der Literatur. VON KEUSSLER S. 38 ff. verwendet daneben noch die Begriffe „Weißer Kapitalmarkt" für den staatlich überwachten Markt und „Schwarzer Kapitalmarkt" für denjenigen Teil des Grauen Kapitalmarkts, der darauf abzielt, den Anleger „durch Straftaten wie Veruntreuung, Betrug und andere Formen kriminellen Verhaltens, um seinen Kapitaleinsatz zu bringen".

[273] Vgl. FLEISCHER Fuchs-WpHG § 20a Rn. 8 f.

[274] Vgl. SCHLITT Grunewald/Schlitt § 1 II. 2 (S. 5); KÜBLER/ASSMANN S. 465 f.; LENENBACH Rn. 12.1 f.; SILLER S. 96; SORGENFREI Park-Kapitalmarktstrafrecht Teil 3 Kap. 4 T1Rn. 32; Bericht der Bundesregierung zum „Grauen Kapitalmarkt", BT-Drs. 14/1633, S. 3.

[275] Online Börsenlexikon der Frankfurter Allgemeinen Zeitung, http://boersenlexikon.faz.net/grauerka.htm, abgerufen am 17.04.2009.

[276] Zutreffend ZIOUVAS ZGR 2003, 113, 125; vgl. ebenfalls die Begründung des Regierungsentwurfs zum 4. FMFG, BT-Drucks. 14/8017 S. 89. Siehe zu den Funktionen und Aufgaben des Kapitalmarktes oben Erstes Kapitel B. KÜBLER/ASSMANN S. 465 f., merkt zudem an, dass bei Erlass der jeweiligen EU-Richtlinien in anderen EU-Staaten ein dem deutschen Grauen Kapitalmarkt vergleichbares Phänomen nicht existierte und sich demzufolge die Vorgaben der EU-Gesetzgebung auf den überwachten Kapitalmarkt beschränkten.

[277] Vgl. ZIOUVAS/WALTER WM 2002, 1483, 1488.

Privathaushalte den gesamtwirtschaftlich nützlichsten Unternehmungen zuzuleiten, zum Teil durch die konkurrierenden Angebote auf dem Grauen Kapitalmarkt umgangen wird.[278] Da jedoch der Handel jenseits staatlicher Überwachung nicht untersagt werden kann und darf aufgrund der liberalen Rechtsordnung der Bundesrepublik – zu denken ist an die verfassungsrechtlich garantierte allgemeine Vertragsfreiheit, die aus der Gewährleistung der Privatautonomie nach Art. 2 Abs. 1 GG folgt[279] –, ist dies zu tolerieren und es dem Bürger zu überlassen, ob er sich auf den risikoreichen Handel ohne staatliche Regulierung einlassen möchte. Schließlich darf diesem Kapitalmarkt nicht in jeglicher Hinsicht die Berechtigung abgesprochen werden; dementsprechend ist auch das Vertrauen der Anleger in die Wahrheit und Zuverlässigkeit der Preisbildung – nach herrschender Meinung ohnehin nur ein „Rechtsreflex"[280] – überhaupt nur auf überwachten Märkten besonders schützenswert, denn dem Grauen Kapitalmarkt haftet oftmals ohnehin – im Einzelfall gerechtfertigt oder ungerechtfertigt – der Makel mangelnder Seriosität an.[281]

Der strafrechtliche Schutz in diesem Geschäftsbereich beschränkt sich auf die Tatbestände des Betrugs und des Kapitalanlagebetrugs gemäß den §§ 263, 264a StGB.[282] Zu beachten ist aber, dass der Handel per Erscheinen (dazu sogleich), also der Handel in Finanzinstrumenten vor deren Einführung[283], dann in den Anwendungsbereich der Verbotsnorm fällt, wenn der Antrag auf Zulassung oder Einbeziehung in die überwachten Märkte gestellt oder öffentlich angekündigt ist, § 20a Abs. 1 S. 3 WpHG.

---

[278] Vgl. LENENBACH Rn. 12.4 und 12.5: „Der Graue Kapitalmarkt stört folglich die allokative Funktion des Marktes." Ebenso ZIMMER Der Betrieb 1998, 969, 970.

[279] Siehe nur KRAMER MK-BGB Vor § 145 Rn. 6 m. w. N.

[280] Vgl. oben Erstes Kapitel B. IV.

[281] Vgl. LENENBACH Rn. 12.1 und 12.3; Bericht der Bundesregierung zum „Grauen Kapitalmarkt", BT-Drs. 14/1633, S. 3: „Es ist davon auszugehen, dass ein erheblicher Teil der von den Initiatoren und Vermittlern der verschiedenen Anlageangebote vereinnahmten oder vermittelten Gelder für die Investoren ganz oder teilweise verloren geht. Dabei sind die Grenzen zwischen Verlusten aufgrund eines mit der Anlage verbundenen hohen Risikos und mangelnder Information der Anleger einerseits und dem Verlust des Geldes aufgrund betrügerischer Verhaltensweisen andererseits häufig fließend und für viele Anleger nicht selten schwer zu erkennen."

[282] Vgl. hierzu ZIOUVAS/WALTER WM 2002, 1483, 1488, die diese Beschränkung des Anwendungsbereichs des Manipulationsverbots von § 88 BörsG a. F. zu § 20a WpHG unter Verweis auf diese Tatbestände für sachgerecht erachten.

[283] Legaldefinition der Einführung in § 38 Abs. 1 S. BörsG; bei der „Einführung" handelt es sich um die Aufnahme der Notierung zugelassener Wertpapiere im Regulierten Markt.

2. Zeitlicher Anwendungsbereich / Handel per Erscheinen

Der Handel per Erscheinen ist ein spezieller Bereich des Graumarkthandels. Im Gegensatz zur Großzahl der Handelsobjekte im Grauen Markt, die nie dem Handel im Regulierten Markt oder dem Freiverkehr zugeführt werden können, geht es beim Handel per Erscheinen um Finanzinstrumente, deren Börseneinführung kurz bevorsteht. Genauer gesagt geht es um den Handel mit Wertpapieren vor deren Einführung im Sinne von § 38 BörsG, also der Handel vor der ersten Aufnahme der Börsennotierung.[284] Gemeint sein kann damit aber nur derjenige Handel, der noch vor der Zulassung oder Einbeziehung[285] der Wertpapiere gem. § 32 BörsG bzw. § 33 BörsG vorgenommen wird, denn nach dem Wortlaut des § 20a Abs. 1 S. 2 WpHG[286] ist grundsätzlich die Zulassung oder Einbeziehung der relevante Zeitpunkt für die Anwendbarkeit des Verbotstatbestands. Dies galt jedoch schon vor den Änderungen durch das AnSVG.[287] Demnach ist für Manipulationen nach der Zulassung, aber vor der Einführung die Gleichstellungsklausel nicht heranzuziehen, sondern § 20a Abs. 1 S. 2 WpHG direkt anwendbar.

Attraktiv ist diese Form des Handels für Anleger, die bei einer anstehenden Emission unbedingt ein gewisses Wertpapiervolumen erwerben wollen, aber aufgrund der Überzeichnung der Wertpapiere (bei einer besonders aussichtsreichen Emission) nicht sicher sein können, dass sie in der Zuteilung auch ausreichend berücksichtigt werden.[288]

Üblich sind Aktienverkäufe durch Altaktionäre der an die Börse gehenden Gesellschaft, die ihre Anteile noch vor dem Börsengang abstoßen wollen, aber auch

---

[284] Der Begriff ist nicht legaldefiniert, sondern lediglich deskriptiv, wird aber generell im Sinne der oben wiedergegebenen Definition verwendet, vgl. ASSMANN A/S § 12 Rn. 8; HAMANN Schäfer-WpHG/BörsG/BörsZulV BörsG § 42 Rn. 11; PFÜLLER/KOEHLER WM 2002, 781; SORGENFREI Park-Kapitalmarktstrafrecht Teil 3 Kap. 4 T1 Rn. 32. Ebenso gebräuchlich sind die Begriffe Neuemissionshandel, Pre-IPO-Handel, vorbörslicher Handel oder Telefonverkehr.

[285] Siehe zu diesen Begriffen bereits oben Drittes Kapitel B. II.

[286] § 20a Abs. 1 S. 2 WpHG: „Satz 1 gilt für Finanzinstrumente, die [...] zugelassen oder [...] einbezogen sind [...].“

[287] Text von § 20a Abs. 1 S. 2 WpHG i. d. F. des 4. FMFG vom 21.06.02: „Vermögensinstrumente im Sinne des Satzes 1 sind Wertpapiere [...], die [...] zum Handel zugelassen oder [...] einbezogen sind [...].“; insofern ungenau die Ausführungen von SORGENFREI Park-Kapitalmarktstrafrecht Teil 3 Kap. 4 T1 Rn. 32 unter Berufung auf FLEISCHER ZIP 2003, 2045, 2052, und ZIOUVAS/WALTER WM 2002, 1483, 1485, der pauschal davon ausgeht, dass der Handel per Erscheinen zuvor nicht vom Tatbestand erfasst war.

[288] Besonders während der Popularität des Wertpapierhandels auf dem Neuen Markt im Jahr 2002 war eine enorme Überzeichnung von neuen Wertpapieren Gang und Gäbe, Vgl. PFÜLLER/KOEHLER WM 2002, 781, 782, mit diversen Beispielen.

Leerverkäufe, die in der Hoffnung getätigt werden, dass man sich später günstiger mit den bereits verkauften Aktien werde eindecken können.[289] Dies war vor dem AnSVG nicht möglich.[290]

Dieser sogenannte Handel per Erscheinen ist vom Schutzbereich des Marktmanipulationsverbots bereits umfasst, wenn der Antrag auf Zulassung oder Einbeziehung gestellt ist oder jedenfalls öffentlich angekündigt wurde, § 20a Abs. 1 S. 3 WpHG. Man kann insoweit von einer zeitlichen Vorverlagerung des strafrechtlichen Schutzes sprechen – wenn es sich auch technisch um eine Ausdehnung der Strafbestimmung auf einen Teil des Grauen Kapitalmarkts handelt.

Eingefügt wurde diese Gleichstellungsklausel des § 20a Abs. 1 S. 3 WpHG erst durch das AnSVG, das damit das WpHG an die Anforderungen der Marktmissbrauchsrichtlinie[291] anpasste und zugleich den Schutzbereich des Verbots der Marktmanipulation an denjenigen des Insiderhandelsverbots anglich. Durch die Erfassung der Instrumente ab Antragstellung wurde der deutsche Gesetzgeber zum einen seiner europarechtlichen Umsetzungsverpflichtungen gerecht und durch die Einbeziehung ab öffentlicher Antragstellung eliminierte er zum anderen den innergesetzlichen Wertungswiderspruch der beiden kapitalmarktrechtlichen Straftatbestände.[292]

In materieller Hinsicht hat diese Gleichstellung durchaus Sinn, denn auch und gerade unmittelbar vor einer Emission sind Verhaltensweisen zur Beeinflussung des Ausgabepreises und der Nachfrage denkbar und zielführend. Zum einen können anlässlich des „Bookbuilding"-Verfahrens[293] bereits falsche Informationen mit Bezug zu dem Unternehmen gestreut werden, die zu einem höheren Ausgabepreis führen – vor dem AnSVG lag insoweit noch kein geschütztes Wertpapier im Sinne des § 20a WpHG vor.[294] Zum anderen können kriminelle Handlungsweisen im sogenannten Handel per Erscheinen nun auch nach §§ 20a, 38, 39 WpHG geahndet werden.[295]

---

[289] PFÜLLER/KOEHLER WM 2002, 781, 782.

[290] SORGENFREI Park-Kapitalmarktstrafrecht Teil 3 Kap. 4 Tl Rn. 32.

[291] Richtlinie 2003/6/EG Art. 1 S. 1 Nr. 3 letzter Spiegelstrich: „Finanzinstrumente sind alle sonstigen Instrumente, die zum Handel auf einem geregelten Markt in einem Mitgliedstaat zugelassen sind oder für die ein Antrag auf Zulassung zum Handel auf einem solchen Markt gestellt wurde."

[292] Vgl. SORGENFREI Park-Kapitalmarktstrafrecht Teil 3 Kap. 4 Tl Rn. 30; VOGEL A/S[4] § 20a Rn. 28.

[293] Soweit der Antrag auf Zulassung bereits gestellt oder öffentlich angekündigt ist; vgl. zum „Bookbuilding"-Verfahren oben Drittes Kapitel B. IV. 2.

[294] Für die Rechtslage des WpHG i. d. Fassung des 4. FMFG vgl. ZIOUVAS ZGR 2003, 113, 123.

[295] SORGENFREI Park-Kapitalmarktstrafrecht Teil 3 Kap. 4 Tl Rn. 32.

a) Markt- und Börsenpreis

Das Verbot der Marktmanipulation untersagt ein Verhalten, das auf den Börsen- oder Marktpreis eines Finanzinstruments einzuwirken geeignet ist. Der Unterscheid zwischen diesen Begriffen soll im Folgenden kurz aufgezeigt werden.

aa) Börsenpreis

Für den Begriff des Börsenpreises findet sich in § 24 Abs. 1 BörsG die Legaldefinition; sie lautet: „Preise, die während der Börsenzeit an einer Börse festgestellt werden, sind Börsenpreise. Satz 1 gilt auch für Preise, die während der Börsenzeit im Freiverkehr an einer Wertpapierbörse festgestellt werden".

Für die bereits oben angesprochenen Segmente der Börse „Regulierter Markt" und „Freiverkehr" und die an ihnen gehandelten Wertpapiere wird gemäß § 24 BörsG mithin ein Börsenpreis ermittelt. Fraglich ist, ob der Freiverkehr auch im Übrigen § 20a WpHG unterfällt. *Prima facie* ist dies nicht der Fall, da nach VOGEL und SORGENFREI[296] nur solche Finanzinstrumente von § 20a WpHG erfasst sind, die börsenüberwacht sind, und die Einbeziehung in den Freiverkehr nach den vorherigen Ausführungen gerade keine besonderen Voraussetzungen erfordert und keine Folgenpflichten für die Emittenten und die Wertpapiere selbst nach sich zieht. Die Handelsobjekte sind rechtlich nicht in die Börsenorganisation integriert[297] und bedürfen zur Handelbarkeit lediglich einer privatrechtlichen Zulassung durch die Börsen auf Basis der jeweiligen börseneigenen Allgemeinen Geschäftsbedingungen. § 20a WpHG findet aber Anwendbarkeit auf den Freiverkehr und dies steht auch nicht in Widerspruch zu obigen Aussagen. Verständlich wird dies, wenn man diese Aussagen nicht auf die Transparenzregelungen, sondern auf die tatsächliche börsenmäßige Überwachung durch die Einrichtungen der Börse bezieht. Dies sind die Börsenaufsichten (§ 3 BörsG) und insbesondere die Handelsüberwachungsstellen (§ 7 BörsG). Gemäß § 48 BörsG sind diese Vorschriften auch entsprechend auf den Freiverkehrshandel anzuwenden, da diese Regelungen mit gewissen Ausnahmen auf das gesamte Börsengesetz verweisen.[298]

---

[296] SORGENFREI Park-Kapitalmarktstrafrecht Teil 3 Kap. 4 T1 Rn. 30, und VOGEL A/S § 20a Rn. 35 ff., beide jeweils mit weiteren Nachweisen.

[297] S. oben Drittes Kapitel A. I. 1. a) aa) ccc).

[298] Im Übrigen lassen sich dafür auch die jeweiligen Börsenordnungen heranziehen; die Börsenordnung der größten deutschen Börse, der Frankfurter Wertpapierbörse (FWB), enthält in § 175 Abs. 3 folgenden Verweis: „Die im Freiverkehr ermittelten Preise sind Börsenpreise im Sinne des § 24

bb)   Exkurs: Das System der Börsenaufsicht

Das System der Börsenaufsicht ist dreistufig: Auf Bundesebene ist die Bundesanstalt für Finanzdienstleistungsaufsicht (BaFin) zuständig, auf Landesebene sind es die Landeswirtschafts- oder -finanzministerien als oberste Landesbehörden; bei jeder Börse als deren integraler Bestandteil ist schließlich eine Handelsüberwachungsstelle (HÜSt) eingerichtet.

aaa)   Aufgaben und Befugnisse der BaFin

Die BaFin übernimmt zentrale Aufsichtspflichten, wie sie in § 4 WpHG beschrieben sind: Sie überwacht die Einhaltung der Ver- und Gebote des WpHG und kann Maßnahmen zur Erfüllung dieser Aufgabe ergreifen, unter anderem den Handel in einzelnen Finanzinstrumenten untersagen oder an bestimmten Märkten aussetzen, Auskünfte und Unterlagen verlangen, Personen vernehmen und sogar unter Einschränkung des Art. 13 GG die Räumlichkeiten der Auskunftspflichtigen betreten, § 4 Abs. 4 WpHG. Mit der Überwachung der Ver- und Gebote des WpHG sind insbesondere die Verfolgung von Verstößen gegen das Verbot von Insidergeschäften (§ 14 WpHG) und von Verstößen gegen das Verbot der Marktmanipulation gemeint.[299] Außerdem ist die BaFin zuständig für die Verfolgung der Ordnungswidrigkeiten, § 40 WpHG in Verbindung mit § 36 Abs. 1 Nr. 1 OWiG.

bbb)   Aufgaben und Befugnisse der Börsenaufsichtsbehörden der Länder

Dagegen sind die Aufgaben der obersten Landesbehörden als Börsenaufsichtsbehörden – in der Regel sind dies die Wirtschafts- oder Finanzministerien der einzelnen Länder[300] – auf die einzelnen Handelsplätze beschränkt. Gemäß § 3 Abs. 1 BörsG haben diese die Aufsicht über die einzelnen Börsenorgane (Börsenrat, Börsengeschäftsführung, Handelsüberwachungsstelle) im Hinblick auf die ordnungsgemäße Durchführung des Handels an der Börse sowie die ordnungsgemäße Erfül-

---

BörsG. Sie unterliegen der Aufsicht der Börsenaufsichtsbehörde und der Handelsüberwachungsstelle. §§ 78 – 98, §§ 116 – 170 gelten sinngemäß".

[299] Vgl. hierzu auch die Informationspflicht der Handelsüberwachungsstellen gem. § 7 Abs. 5 BörsG.

[300] Für die Börse München beispielsweise ist das Staatsministerium für Wirtschaft, Infrastruktur, Verkehr und Technologie des Freistaats Bayern die Börsenaufsichtsbehörde, § 3 der Börsenordnung für die Börse München, abrufbar im Internet unter www.boerse-muenchen.de.

lung der Börsengeschäfte. Die Befugnisse der Börsenaufsichtsbehörden gleichen jedoch im Wesentlichen denjenigen der BaFin: Auch sie können Auskünfte und die Vorlage von Unterlagen verlangen, Personen laden und vernehmen und die Geschäftsräume von auskunftspflichtigen Personen betreten, vgl. § 3 Abs. 4 BörsG. Die Marktaufsicht bezieht sich nach § 3 Abs. 1 S. 3 im Wesentlichen darauf, dass der Handel an der Börse und die Geschäftsabwicklung ordnungsgemäß erfolgen.[301] Dabei hat die Börsenaufsicht nicht nur auf die Einhaltung der Börsenordnungen und Geschäftsbedingungen zu achten, sondern darüber hinaus auch auf die Ordnungsgemäßheit der Preisbildung.[302]

ccc) Aufgaben und Befugnisse der Handelsüberwachungsstellen

Die Handelsüberwachungsstellen (HÜSt) sind Organe der Börse in ihrer Eigenschaft als öffentlich-rechtliche Anstalten[303] und somit auch selbst Behörden[304]. Sie sind in erster Linie gegenüber der Börsenaufsichtsbehörde weisungsgebunden, in zweiter Linie und in geringerem Umfang auch gegenüber der Börsengeschäftsführung (Beauftragung mit der Durchführung von Untersuchungen), § 7 Abs. 1 BörsG. Die Weisungsabhängigkeit gegenüber der Aufsichtsbehörde ergibt sich dabei bereits aus der Rechtsstellung der Börse an sich.[305] Sie haben als „vorderste Front der Überwachung"[306] im Rahmen der Börsenselbstverwaltung in eigener Verantwortung alle relevanten Daten des Börsenhandels zu erfassen, auszuwerten und gegebenenfalls an die Geschäftsführung, die Aufsichtsbehörde oder gar an die BaFin weiterzuleiten, § 7 Abs. 5 BörsG. Zu ihren Aufgaben gehört vor allem die Überwachung der Preisfindung und der Handelsvolumina, die ständige Kontrolle der Einhaltung von Geschäftsbedingungen und Handelsusancen, die Beobachtung der Eigengeschäfte der Skontroführer, der Vergleich der Preise mit anderen Börsenplätzen und – insbesondere wegen des Zusammenspiels von Kassa- und Terminmarkt – auch der Preisvergleich mit anderen Handelssystemen. Zu den Hauptauf-

---

[301] So wörtlich GROß Kapitalmarktrecht BörsG § 3 Rn. 11.

[302] GROß Kapitalmarktrecht BörsG § 3 Rn. 12; Beschlussempfehlung und Bericht des Finanzausschusses des deutschen Bundestags, BT-Drs. 12/7918, S. 171.

[303] Vgl. zur Rechtsnatur der Börse bereits oben Drittes Kapitel A. I. 1. a).

[304] BROCKHAUSEN WM 1997, 1924 ff., der besonders heraushebt, dass nicht der Börsenträger als beliebige Privatperson für die Einrichtung zuständig ist, sondern die Börse als Anstalt. Der Börsenaufsicht kommen insofern aber keine weitergehenden Rechte zu bei der Aufsicht über die HÜSt als über die übrigen Organe der Selbstverwaltungseinheit Börse.

[305] Begründung der Regierung zum 2. FMFG, BT-Drs. 12/6679, S. 33 (S. 60); im Übrigen hat die Aufsichtsbehörde auch ein Devolutivrecht und kann Vorgänge an sich ziehen, § 7 Abs. 1 BörsG.

[306] FOELSCH BuB Rn. 7/556; GROß Kapitalmarktrecht BörsG § 7 Rn. 2.

gaben gehört es ferner, Auffälligkeiten aufgrund außergewöhnlicher, vom üblichen Marktgeschehen abweichender, deutlicher Preisbewegungen oder im Verhältnis zu den sonst durchschnittlichen Handelsvolumina merklich abweichender Umsätze in bestimmten Titeln im Einzelfall nachzugehen.[307] Daneben obliegt ihnen auch die Aufrechterhaltung der Ordnung im Börsensaal.[308] Um diese Aufgaben erfüllen zu können, haben die HÜSt in rechtlicher Hinsicht per Verweisung in § 7 Abs. 3 BörsG dieselben Befugnisse wie die Börsenaufsichtsbehörden; in tatsächlicher Hinsicht können sie sich elektronischer Börsenüberwachungssysteme bedienen, die bei der Überschreitung bestimmter Preis- und Umsatzauffälligkeiten automatisch Meldung machen und so dem Personal Anhaltspunkte für erforderliche Nachforschungen liefern.[309]

Im Kern lässt sich die Aufgabe der HÜSt als „umfassende Kontrolle des Tagesgeschäfts vor Ort"[310] beschreiben.

Die von § 20a WpHG geschützten Finanzinstrumente müssen also sämtlich der tatsächlichen Handelsüberwachung durch die Börse unterliegen; die mangelnden Transparenzanforderungen für die Freiverkehrspapiere sind insoweit irrelevant. Es muss sich – anders gewendet – um Handel an einem Organisierten Markt im Sinne von § 2 Abs. 5 WpHG drehen, ein durch staatliche Stellen genehmigtes, geregeltes und überwachtes System.[311] Wertpapiere, die ausschließlich auf dem nicht staatlich überwachten und geregelten Markt, dem sog. Grauen Kapitalmarkt gehandelt werden, sind somit nicht von § 20a WpHG erfasst.[312]

cc)   **Marktpreis**

Beim Marktpreis handelt es sich im Gegensatz zum Börsenpreis um einen Durchschnittspreis von Finanzinstrumenten auf einem Markt, der nicht den rechtlichen Status einer Börse besitzt. Dieser wird auf der Grundlage der während eines bestimmten Zeitraumes tatsächlich am Markt abgeschlossenen Geschäfte ermittelt

---

[307] FOELSCH BuB Rn. 7/559.
[308] GROß Kapitalmarktrecht, BörsG § 7 Rn. 2; Begründung der Regierung zum 2. FMFG, BT-Drs. 12/6679, S. 33 (S. 36, 60).
[309] Vgl. FOELSCH BuB Rn. 7/560.
[310] GROß Kapitalmarktrecht BörsG § 7 Rn. 2; Begründung der Regierung zum 2. FMFG, BT-Drs. 12/6679, S. 33 (S. 36, 60).
[311] Ähnlich SORGENFREI Park-Kapitalmarktstrafrecht Teil 3 Kap. 4 T1 Rn. 30, und VOGEL A/S § 20a Rn. 35 ff.
[312] SORGENFREI Park-Kapitalmarktstrafrecht Teil 3 Kap. 4 T1 Rn. 32.

und von der zuständigen Stelle entsprechend festgesetzt.[313] Dem Manipulationsverbot des § 20a WpHG unterfallen – wie bereits festgestellt – grundsätzlich nur
von der Börse überwachte Finanzinstrumente[314]. Dies sind ausschließlich solche,
die zum Regulierten Markt zugelassen oder in diesen einbezogen sind oder im
Freiverkehr an der Börse gehandelt werden oder einen entsprechenden Status in
einem Land der EG oder des EWR haben – andere Finanzinstrumente kommen
nicht in Betracht. Da für all diese Handelsobjekte nach § 24 Abs. 1 BörsG Börsenpreise festgestellt werden, wenn der Handel an der Börse stattfindet, können sich
die Marktpreise nur auf ebendiese Wertpapiere beziehen, wenn sie (ausnahmsweise) einmal nicht an einer Börse gehandelt werden. Das WpHG schützt somit alle im
Grundsatz von der Börse überwachten Papiere, verlangt aber nicht zugleich, dass
diese auch nur an der Börse gehandelt werden, also beim Handel stets der Überwachung durch die zuständigen Stellen unterliegen.[315] Sie unterliegen vielmehr auch
dann dem Manipulationsverbot, wenn sie an einem anderen Marktplatz gehandelt
werden, sofern sie nur ebenfalls an einer Börse gehandelt werden.

Dies mag erstaunen, hält man sich vor Augen, dass soeben als Kriterium für die
tatbestandliche Reichweite des Manipulationsverbots noch die tatsächliche Überwachung durch börsliche Stellen genannt wurde, während eine Bindung an die unter Transparenzgesichtspunkten entscheidenden Zulassungsvoraussetzungen und
Folgepflichten nach dem Willen des Gesetzgebers nicht erforderlich ist: Auch die
im Freiverkehr gehandelten Instrumente sind vom Manipulationsverbot erfasst.
Wenn aber das entscheidende Kriterium für den Anwendungsbereich der Norm die
tatsächliche Überwachung ist, ist zu fragen, warum andererseits wiederum auf sie
verzichtet werden kann. Die Überlegungen des Gesetzgebers hierzu lassen sich in
der Begründung des Regierungsentwurfs zum 4. Finanzmarktförderungsgesetz folgendermaßen nachlesen[316]: „Nicht maßgeblich ist [...], ob das Geschäft in dem
zugelassenen oder einbezogenen Vermögenswert an der Börse abgeschlossen wird
oder der Abschlusskurs außerbörslich erfolgt, das Verbot erstreckt sich auf beide
Fälle. Dies ist erforderlich, da auch außerbörslich vorgenommene Manipulationen
die Funktionsfähigkeit der Wertpapiermärkte beeinträchtigen können".

---

[313] Grundlegende Definition bei MEYER/BREMER § 88 Rn. 1; erweiterte Definition bei SORGENFREI
Park-Kapitalmarktstrafrecht Teil 3 Kap. 4 T1 Rn. 65; ebenso bei LEDERMANN Schäfer-
WpHG/BörsG/BörsZulV BörsG § 11 Rn. 6.
[314] VOGEL A/S § 20a Rn. 35 ff.
[315] SCHRÖDER Kapitalmarktstrafrecht Rn. 382; SCHWARK S/Z-KMRK § 20a Rn. 9.
[316] Begründung des Regierungsentwurfs zum 4. FMFG, BT-Drs. 14/8017, S. 89.

b)   Finanzinstrumente

§ 20a WpHG in der Fassung des 4. FMFG sprach noch von den zu schützenden „Vermögenswerten".[317] Mit dem AnSVG wurde der Text des Paragraphen an die Anforderungen der Marktmissbrauchsrichtlinie – immerhin bereits seit dem 12.4.2003 in Kraft – angeglichen. Diese hat in ihrem deutschen Wortlaut die Unterbindung von Marktmissbrauch bei *Finanzinstrumenten* zum Gegenstand, definiert in Art. 1 Nr. 3 der Richtlinie. Diese Definition wurde auf das WpHG übertragen und niedergelegt in § 1 Abs. 2 und § 2 Abs. 2b WpHG, der wiederum auf § 2 Abs. 1, 1a und 2 WpHG verweist. Demnach erfasst der Schutzbereich unter anderem[318]: als Wertpapiere insbesondere Aktien, andere Anteile an juristischen Personen, Personengesellschaften und sonstigen Unternehmen, soweit sie mit Aktien vergleichbar sind, Schuldtitel, insbesondere Genussscheine, Inhaberschuldverschreibungen und Orderschuldverschreibungen, Anteile an Investmentvermögen, die von einer Kapitalanlagegesellschaft ausgegeben werden; als Geldmarktinstrumente alle Gattungen von Forderungen, die keine Wertpapiere im Sinne des WpHG sind und keine Zahlungsinstrumente; als Derivate Termingeschäfte, also Fest- oder Optionsgeschäfte, die zeitlich verzögert zu erfüllen sind und deren Wert sich unmittelbar oder mittelbar vom Preis oder Maß eines Basiswerts ableitet, wenn der Basiswert ein Wertpapier oder Geldmarktinstrument ist, Devisen oder Rechnungseinheiten, Zinssätze oder andere Erträge, Indices der soeben genannten Basiswerte, Termingeschäfte mit Bezug auf Waren, Frachtsätze, Emissionsberechtigungen, Klima- oder andere physikalische Variablen, Inflationsraten oder andere volkswirtschaftliche Variablen oder sonstige Vermögenswerte, Indices oder Messwerte als Basiswerte, finanzielle Differenzgeschäfte, Kreditderivate und Rechte auf Zeichnung von Wertpapieren.

Die Bundesrepublik Deutschland erfüllt damit die Anforderungen der EU an die Umsetzung der Marktmissbrauchsrichtlinie. Diese schreibt den Mitgliedstaaten in Art. 5 die Untersagung von Marktmanipulation vor, die in Art. 1 Nr. 2 als bestimmte Handlungen mit Bezug auf den Kurs von Finanzinstrumenten definiert werden.

---

[317] Wortlaut des § 20a Abs. 1 WpHG a. F.: „Es ist verboten, 1. Unrichtige Angaben über Umstände zu machen, die für die Bewertung eines Vermögenswertes erheblich sind, oder solche Umstände entgegen bestehenden Rechtsvorschriften zu verschweigen, wenn die Angaben oder das Verschweigen geeignet sind, auf den inländischen Börsen- oder Marktpreis eines Vermögenswertes [...] einzuwirken, oder 2. Sonstige Täuschungshandlungen vorzunehmen, um auf den inländischen Börsen- oder Marktpreis eines Vermögenswertes [...] einzuwirken."

[318] Der Legaldefinition von Wertpapieren und Finanzinstrumenten unterfallen auch diverse unbestimmte handelbare Rechte, insofern kann die obige Aufzählung nicht abschließend sein.

Die Definition des Begriffs der Finanzinstrumente für die Bestimmungen der Richtlinie findet sich in Art. 1 Nr. 3. Dieser verweist zunächst in Spiegelstrich 1 auf die Definition des Wertpapiers der Richtlinie 93/22/EWG[319], deren Aufzählung sich inhaltlich mit § 2 Abs. 1 deckt; daneben sind nach der Richtlinie als Finanzinstrumente anzusehen: Anteile an Organismen für gemeinsame Anlagen in Wertpapieren, Geldmarktinstrumente, Finanzterminkontrakte (Futures) einschließlich gleichwertiger bar abgerechneter Instrumente, Zinsausgleichsvereinbarungen (Forward Rate Agreement), Zins- und Devisenswaps[320] sowie Swaps auf Aktien oder Aktienindexbasis (Equity Swaps), Kauf- und Verkaufsoptionen auf alle unter diese Kategorie fallenden Instrumente (insbesondere Devisen- und Zinsoptionen), Warenderivate und alle sonstigen Instrumente, die zum Handel auf einem geregelten Markt zugelassen sind oder für die der entsprechende Antrag gestellt wurde.

Auch wenn Richtlinie und WpHG nicht in ihren Aufzählungen der insbesondere erfassten Finanzinstrumente völlig deckungsgleich sind, so sind sie es in ihrem tatsächlich umfassten Schutzbereich doch aufgrund der offenen, nicht abschließenden Definitionen: „Wertpapiere sind alle Gattungen von übertragbaren Wertpapieren [...], die ihrer Art nach auf den Finanzmärkten handelbar sind" (§ 2 Abs. 1 S. 1 WpHG); „Finanzinstrumente sind [...] alle sonstigen Instrumente, die zum Handel [...] zugelassen sind oder für die ein Antrag [...] gestellt wurde" (2003/6/EG Art. 1 Nr. 3 Spiegelstrich 9).

Nach der vorangegangenen Aufzählung wird klar, dass die Anzahl und Eigenarten von Finanzinstrumenten lediglich in der Kreativität der Bankhäuser ihre Grenze finden. Durch die Verwendung dieser nicht abschließenden Definitionen soll die Gefahr ausgeräumt werden, dass neuartige Finanzinstrumente außerhalb der Definition liegen und somit weder unter die Regelungen des verbotenen Insiderhandels (vgl. § 12 WpHG) noch unter diejenigen des Verbots der Marktmanipulation fallen könnten.[321] Für den Rechtsanwender ist der Anwendungsbereich aber klar, da er sämtliche Handelsobjekte im börslichen Handel erfasst.[322]

---

[319] ABl. 1993, Nr. L 141/27 vom 11.06.1993.

[320] Zum Begriff des Swaps s. BÜSCHGEN Das kleine Börsen-Lexikon S. 975. Swaps sind Tauschgeschäfte über Objekte, Rechte usw. mit dem Ziel der Arbitrage, also dem Ausnutzen des unterschiedlichen Preises für gleichartige Handelsobjekte an unterschiedlichen Handelsplätzen im selben Zeitpunkt. Grundprinzip ist der Austausch von Forderungen und Verbindlichkeiten für einen gewissen Zeitraum mit dem Ziel, Kostenvorteile zu erlangen.

[321] Vgl. SCHRÖDER Kapitalmarktrecht Rn. 384.

[322] SCHRÖDER Kapitalmarktstrafrecht Rn. 384.

Im weiteren Verlauf der Arbeit liegt das Hauptaugenmerk auf den Kurspflegemaßnahmen und verbotenen Manipulationen im Hinblick auf den Börsenpreis von Aktien. Diese sind als klassisches Finanzinstrument am leichtesten zu verstehen und
daher als Beispielsobjekt am besten dienlich.

II.   Tatbestandsvarianten

Im Folgenden werden die Tatbestandsvarianten des § 20a WpHG dargestellt. Dabei
sollen insbesondere die Auslegungsmöglichkeiten der unbestimmten Rechtsbegriffe und die daraus resultierenden Konsequenzen für die Kurspflegemaßnahmen erörtert werden.

Das Gesetz kennt drei übergeordnete Varianten der verbotenen Marktmanipulation
und listet diese in § 20a Abs. 1 S. 1 Nr. 1-3 WpHG auf.

1.   § 20a Abs. 1 S. 1 Nr. 1 WpHG

§ 20a Abs. 1 S. 1 Nr. 1 WpHG verbietet es, „unrichtige oder irreführende Angaben
über Umstände zu machen, die für die Bewertung eines Finanzinstruments erheblich sind, oder solche Umstände entgegen bestehenden Rechtsvorschriften zu verschweigen, wenn die Angaben oder das Verschweigen geeignet sind, auf den inländischen Börsen- oder Marktpreis eines Finanzinstruments [...] einzuwirken".
Verboten sind damit alle Arten informationsgestützter Manipulation, gleichgültig
ob für den Emittenten positive Nachrichten den Preis des jeweiligen Finanzinstruments steigen oder negative Nachrichten den Preis fallen lassen sollen.[323]

a)   Machen unrichtiger oder irreführender Angaben

aa)   Angaben über Umstände

Was genau das Tatbestandsmerkmal „Angaben über Umstände" erfasst, steht seit
langem im Streit. Mit der Neufassung des Verbots- und Straftatbestands im WpHG

---

[323] SCHRÖDER Kapitalmarktstrafrecht Rn. 387; näher zu informationsgestützten Manipulationen s.
EICHELBERGER S. 18 ff.

hat sich im Vergleich zur alten Rechtslage diesbezüglich nichts geändert, da § 88 BörsG a. F. dieselbe Formulierung enthielt.[324]

Die wohl herrschende Meinung versteht darunter Tatsachen im Sinne von § 263 StGB, also solche Umstände, die einem Beweis zugänglich sind[325] – also auch Absichten als innere Tatsachen – und zusätzlich Werturteile sowie Prognosen, soweit sie auf einem Tatsachenkern fußen.[326] Ob in Letzterem tatsächlich ein „mehr" gegenüber dem Tatsachenbegriffs des Betrugs liegt, darf allerdings bezweifelt werden, da auch dort Bewertungen mit einem objektivierbaren Tatsachenkern als Gegenstand der Täuschung in Betracht kommen.[327] Aus dem Anwendungsbereich der Markmanipulation ausgeschieden werden sollen damit bloße Kaufs- und Verkaufsempfehlungen ohne Angabe von Gründen sowie schönfärberische Anpreisungen, soweit diese eben keinen Tatsachenkern enthalten.[328] Diese könnten bei einem verständigen Anleger ohnehin nicht zu einer falschen Vorstellung über den Wert eines Anlageproduktes führen, da solche rein subjektiven Aussagen von vornherein nicht in die Bewertung eingestellt würden.[329]

Diesem Ausschluss von Äußerungen ohne Tatsachenkern aus dem Anwendungsbereich des § 20a WpHG stellen sich jedoch EICHELBERGER und LENZEN entgegen. EICHELBERGER[330] spaltet dabei einmal das Tatbestandsmerkmal in die beiden Bestandteile Angaben und Umstände auf und legt diese Begriffe jeweils zunächst für sich aus. Angaben selbst seien erst einmal nur Erklärungen, gleichgültig in welcher Form; sie könnten mündlich, schriftlich oder auch in elektronischer Form (E-mail) sein, jedenfalls erforderten sie einen kommunikativen Akt.[331] Über den Inhalt der Angabe sei damit noch nichts gesagt und dies sei auch nur möglich unter Hinzuziehung des Merkmals „über Umstände". Diesen Begriff habe der Gesetzgeber be-

---

[324] § 88 Abs. 1 BörsG i. d. F. des 2. WiKG von 1986 lautete: „Wer zur Einwirkung auf den Börsen- oder Marktpreis von Wertpapieren [...] 1. unrichtige Angaben über Umstände macht, die für die Bewertung der Wertpapiere [...] erheblich sind [...] wird bestraft."

[325] Vgl. nur FISCHER StGB, § 186 Rn. 2 f.

[326] Für die h. M. SCHWARK S/Z-KMRK WpHG § 20a Rn. 12 ff. und SORGENFREI Park-Kapitalmarktstrafrecht Teil 3 Kap. 4 T1 Rn. 33, jeweils m. w. N. Missverständlich SCHRÖDER Kapitalmarktstrafrecht Rn. 387 – das Erfordernis eines Tatsachenbezugs ergibt sich dort erst aus Rn. 390.

[327] Vgl. zur Grenze zwischen Tatsache und Werturteil BGHSt 48, 331, 345; CRAMER/PERRON S/S § 263 Rn. 9; WALTER Betrugsstrafrecht in Frankreich und Deutschland S. 63 ff.

[328] SCHWARK S/Z-KMRK WpHG § 20a Rn. 12.

[329] SCHWARK S/Z-KMRK WpHG § 20a Rn. 12.

[330] EICHELBERGER S. 238 ff.

[331] EICHELBERGER S. 239. Ebenso für diesen Teilaspekt SCHWARK S/Z-KMRK WpHG § 20a Rn. 11, SORGENFREI Park-Kapitalmarktstrafrecht Teil 3 Kap. 4 T1 Rn. 35, und VOGEL A/S § 20a Rn. 59.

wusst verschieden gewählt von demjenigen der Tatsache in § 263 StGB, über den allseits Einverständnis herrsche dahingehend, dass es sich um Umstände handele, die einem Beweis zugänglich seien. Somit sei eindeutig, dass alle Arten von Umständen dem Tatbestand unterfielen und eben nicht nur solche, die beweisbar seien – denn ansonsten hätte man den Gesetzeswortlaut mit dem Wort „Tatsache" versehen. Wenn man nun aber nur solche Werturteile, Meinungen und Prognosen gelten lassen wollte, die einen Tatsachenkern enthielten, dann sei diese Intention des Gesetzgebers durchkreuzt: Der Begriff „Angaben über Umstände" wäre dann nämlich weitgehend inhaltsgleich mit dem der Tatsache und der Tatbestand wäre im Ergebnis insofern nicht weiter gefasst als der des Betrugs.[332]

LENZEN[333] führt an, jedem Werturteil mit ökonomischem Bezug liege zwangsweise ein zumindest implizierter Tatsachenkern zugrunde, so dass auch bei Meinungen und Prognosen diese einschränkende Anforderung jederzeit erfüllt sei. Die Prognose, eine Aktie werde im Wert steigen, weil das Unternehmen gesund sei und von einer starken Wirtschaftsgruppe gestützt werde, enthalte bereits einen Tatsachenkern. Außerdem würde wohl in den meisten Fällen ein Tatsachenbezug hergestellt, um den größtmöglichen Beeinflussungserfolg erzielen zu können. Mit LENZEN nimmt man also an, das Erfordernis eines Tatsachenkerns sei in Wahrheit ein „Nullkriterium", weil es bei jeder subjektiven Äußerung zur Manipulation des Börsen- oder Marktpreises zwingend erfüllt sei.

VOGEL[334] differenziert demgegenüber. Seiner Meinung nach sollen die „übertreibenden Anpreisungen und verkehrsüblichen Schönfärbereien", die jeglichen Tatsachenkerns in Bezug auf das in Rede stehende Wertpapier entbehren, nicht unter § 20a WpHG fallen. Im Übrigen setze die herrschende Ansicht in unzulässiger Weise die Umstands- mit der Tatsachentäuschung gleich, was aber angesichts des Wortlauts von § 20a WpHG gerade nicht gewollt sei. Mit dem Gebrauch des Wortes Umstand anstatt Tatsache sei bezweckt, die Suche nach verdeckten Tatsachen hinter Werturteilen und die innere Tatsache des Überzeugtseins von den Werturteilen überflüssig zu machen. Vielmehr sollten Prognosen und Werturteile dann als Angaben über Umstände zu betrachten sein, wenn diese den begründeten Anspruch innehätten, ernst genommen zu werden, also insbesondere dann, wenn sie von Au-

---

[332] EICHELBERGER S. 240.
[333] LENZEN S. 233 f.
[334] VOGEL A/S § 20a Rn. 70.

toritäten auf dem fraglichen Gebiet geäußert würden. In einem solchen Fall würden sie nämlich so vermittelt, als ob sie auf einem Tatsachenkern beruhten.[335]

Zieht man zur Klärung dieser Frage die Verordnung zur Konkretisierung des Verbotes der Marktmanipulation[336] heran, bringt das nicht den erhofften und erwarteten Erfolg: § 2 Abs. 1 MaKonV erklärt lediglich, dass bewertungserhebliche Umstände im Sinne des § 20a Abs. 1 S. 1 Nr. 1 WpHG Tatsachen und Werturteile sind, die ein verständiger Anleger bei seiner Anlageentscheidung berücksichtigen würde. Hinsichtlich des Verhältnisses der Werturteile zu etwaigen zugrundeliegenden Tatsachen findet sich keine Aussage.

Die Argumente, die gegen das Erfordernis eines gewissen Tatsachenkerns für die Bejahung des Merkmals „Angaben über Umstände" sprechen, verfangen allerdings nicht. Mit Aussagen ohne jeden Tatsachenbezug kann wohl nur eine von einer breiten Masse anerkannte „Börsenkapazität" tatsächlich Einfluss auf den Preis eines Wertpapiers nehmen. Bei einer Beeinflussung durch eine solche Persönlichkeit ist aber nicht einzusehen, warum ohne Not die Tatbestandsvariante § 20a Abs. 1 S. 1 Nr. 1 WpHG bejaht werden müsste, wenn man solches Verhalten auch unter den Auffangtatbestand des Abs. 1 Nr. 3 fassen könnte.[337] Damit entginge man dann auch der misslichen Beweisproblematik, die man zu gewärtigen hat, wenn man eine Meinungsäußerung auf ihre Richtigkeit überprüfen möchte: dann wäre nämlich zu klären, wann ein subjektives Werturteil als richtig oder unrichtig einzuordnen ist.[338]

Festzuhalten ist, dass jedenfalls Erklärungen im Zusammenhang mit der ökonomischen Bewertung eines Wertpapiers entweder als Angaben über Tatsachen oder zumindest als Angaben mit Tatsachenbezug und somit als tatbestandsmäßig im Sinne von § 20a Abs. 1 S. 1 Nr. 1 WpHG zu werten sind. Weiterhin muss man in Betracht ziehen, solche Angaben über den Auffangtatbestand des § 20a. Abs. 1 Nr. 3 als sonstige Täuschungshandlungen zu betrachten.

---

[335] Ähnlich hierzu auch LENZEN S. 234, die anführt, dass „nur Personen, denen ein hohes Maß an Fachkompetenz zugesprochen wird, die Möglichkeit haben, durch derartige Verhaltensweisen auf die Meinungsbildung der Anleger und damit den Börsenkurs Einfluss zu nehmen".

[336] MaKonV, BGBl. I 2005, S. 515.

[337] So schon SCHWARK S/Z-KMRK WpHG § 20a Rn. 12. Zu denken ist hierbei insbesondere an die „klassische" Manipulationsmethode des sogenannten „Scalping", s. dazu unten Viertes Kapitel A. II. 2.

[338] Ähnlich SCHWARK S/Z-KMRK WpHG § 20a Rn. 13: „Ein Werturteil ist grundsätzlich weder falsch noch richtig. Es enthält vielmehr eine persönliche Einschätzung, die in der Regel innerhalb eines objektiv nicht nachprüfbaren Beurteilungsspielraums gefällt wird."

bb)   Bewertungserheblichkeit der Umstände

Die Angaben müssen zu Umständen erfolgen, die für die Bewertung eines Finanz-instruments erheblich sind. Dieses unbestimmte Tatbestandsmerkmal wird von § 2 Abs. 1 MaKonV dahingehend konkretisiert, dass es sich um Umstände handeln muss, die ein verständiger Anleger bei seiner Anlageentscheidung berücksichtigen würde.[339] Ebenfalls bewertungserheblich sollen solche Umstände sein, bei denen mit hinreichender Wahrscheinlichkeit davon ausgegangen werden kann, dass sie in Zukunft eintreten werden. Damit wird der Begriffsinhalt an die Legaldefinition der Insiderinformation aus § 13 Abs. 1 WpHG[340] angeglichen.

cc)   Unrichtig

Die Angaben müssen irreführend oder unrichtig sein, wobei letztere Alternative der Hauptanwendungsfall ist.[341] Unrichtig sind Angaben dann, wenn sie nicht der Wahrheit entsprechen.[342] Bei Erklärungen zu Tatsachen ist deren Übereinstimmen mit der Wirklichkeit zu überprüfen. Bei subjektiven Erklärungen, die sich zumin-dest auf einen Tatsachenkern stützen, sind die Kriterien für die Feststellung der Unrichtigkeit nicht so eindeutig. Nach herrschender Meinung liegt eine unrichtige Aussage dann vor, wenn der in das Werturteil eingeflossene Tatsachenkern nicht mit der Wahrheit übereinstimmt; eine Angabe ist daher trotz ihres subjektiven Cha-rakters gleichwohl als unrichtig zu erachten, wenn die daraus gezogene Schlussfol-gerung nicht mehr als vertretbar gelten kann.[343]

---

[339] Eine nicht abschließende Aufzählung von bewertungserheblichen Umständen enthält § 2 Abs. 3 MaKonV, u. a. ist dort zu finden: Liquiditätsprobleme, bedeutende Erfindungen, Rechtsstreitigkei-ten oder strategische Unternehmensentscheidungen.

[340] § 13 Abs. 1 WpHG: „Eine Insiderinformation ist [...] geeignet [...], im Fall ihres öffentlichen Bekanntwerdens den Börsen- oder Marktpreis der Insiderpapiere erheblich zu beeinflussen. Eine solche Eignung ist gegeben, wenn ein verständiger Anleger die Information bei seiner Anlageent-scheidung berücksichtigen würde. Als Umstände im Sinne des Absatzes 1 gelten auch solche, bei denen mit hinreichender Wahrscheinlichkeit davon ausgegangen werden kann, dass sie in Zukunft eintreten werden. [...]“.

[341] So SCHRÖDER Kapitalmarktstrafrecht Rn. 389.

[342] Allg. Meinung, vgl. EICHELBERGER S. 242; JOECKS wistra 1986, 142, 145; SCHRÖDER Kapital-marktstrafrecht Rn. 390; SCHWARK S/Z-KMRK WpHG § 20a Rn. 13; SORGENFREI Park-Kapitalmarktstrafrecht Teil 3 Kap. 4 Tl Rn. 34; VOGEL A/S § 20a Rn. 60.

[343] SCHRÖDER Kapitalmarktstrafrecht Rn. 390; SORGENFREI Park-Kapitalmarktstrafrecht Teil 3 Kap. 4 Tl Rn. 34; VOGEL A/S § 20a Rn. 60. Anderer Ansicht SCHWARK S/Z-KMRK WpHG § 20a Rn. 13.

Das wohl berühmteste und zugleich eines der ältesten bekannten Beispiele für die Manipulation mittels falscher Information ist der Fall von De Berenger aus dem Jahr 1814[344]: Auf dem europäischen Festland wüteten zwischen Napoleons Frankreich und den damaligen europäischen Koalitionären die sogenannten Befreiungskriege.[345] Die Londoner Börse reagierte sensibel auf jedwede Botschaft von den Auseinandersetzungen, was sich De Berenger und seine Komplizen zu Nutze machten. Verkleidet als französische Offiziere kolportierten sie die Nachricht, dass Napoleon im Krieg zu Tode gekommen sei und die Truppen der Koalition in Paris einmarschiert seien – der Krieg sei zu Ungunsten Frankreichs beendet. Als daraufhin die Kurse erwartungsgemäß stark anstiegen, konnten die an dem Komplott Beteiligten ihre Wertpapiere mit großem Gewinn absetzen.

Die (eigentlich nicht mehr so) neuen Kommunikationsformen im Internet eröffnen Tätern hervorragende Manipulationsmöglichkeiten, da sie zum einen nur minimalen Aufwand erfordern und zum anderen – aufgrund der aktuellen datenschutzrechtlichen Regelungen – Anonymität und somit Sicherheit vor Strafverfolgung gewährleisten. Dementsprechend lässt sich im Jahresbericht der BaFin für 2007[346] folgender Fall nachlesen: „Am 28. November 2006 verbreitete ein „User" eines Internetforums eine gefälschte Ad-hoc-Meldung, wonach der Insolvenzverwalter der Arndt AG einen Insolvenzplan eingereicht habe und die Entschuldung sowie eine neue operative Tätigkeit des Unternehmens geplant seien. Hierzu solle ein bereits am Markt etabliertes Unternehmen eingebracht werden. Diese Falschmeldung führte dazu, dass am selben Tag der Börsenpreis der Aktien der Arndt AG an der Frankfurter Wertpapierbörse bei erhöhtem Umsatz um mehr als 30% stieg. Die Staatsanwaltschaft Frankfurt stellte das Ermittlungsverfahren gegen Unbekannt am 4. Mai 2007 ein, weil der Verfasser der Internetbeiträge beim Internetprovider nicht ermittelbar war. Der Provider speichert Verkehrsdaten nur, solange und soweit sie für Abrechnungszwecke benötigt werden. Dies war jedoch nicht der Fall, weil der genutzten IP-Adresse ein Flat-Rate-Vertrag zugrunde lag." Ohne eine gesetzliche Regelung zu Lasten des berechtigten Datenschutzes aller Internetnutzer und der

---

[344] The King v. De Berenger, 3 Maule & S. 67, 105 Eng. Repr. 536 (K. B. 1914), berichtet nach HOPT Kapitalanlegerschutz, S. 491.

[345] Sie sind der abschließende Teil der Koalitionskriege oder Napoleonischen Kriege; dies waren die Kämpfe von Koalitionen verschiedener europäischer Mächte gegen die Hegemonie Frankreichs unter der Führung Napoleons im Anschluss an die Französische Revolution in den Jahren 1792 bis 1815.

[346] Abrufbar im Internet unter der Adresse http://www.bafin.de/SharedDocs/Downloads/DE/ Jahresbericht/dl_jb_2007.pdf;jsessionid=E5B15182618182718C8F79CB88701437.1_cid248?__ blob=publicationFile&v=6 (abgerufen am 25.09.2012).

Arbeitsbelastung der Internetserviceprovider (Speicherung und Archivierung sämtlicher Verbindungsdaten aller Kunden) kann hier nur die Aufklärung der Anleger solche Manipulationen verhindern. Gerade Ad-hoc-Meldungen sollten nur bei Bestätigung durch die gesetzlich vorgeschriebenen Informationskanäle auch für bare Münze genommen werden.[347]

dd) Irreführend

Angaben, die zwar für sich genommen objektiv der Wahrheit entsprechen, aber aufgrund der Art ihrer Präsentation falsch verstanden werden (und so zu nachteiligen Anlageentscheidungen führen) können, sind irreführend.[348] Die Täuschung der Erklärungsempfänger ergibt sich hier aus dem Kontext, in dem die Erklärung steht. In Betracht kommen insbesondere unvollständige, jedoch inhaltlich korrekte Angaben, da solchen Teilinformationen, die den Eindruck der Vollständigkeit erwecken, ein erhebliches Täuschungspotential zukommt.[349]

Die Tatbestandsvariante des Machens irreführender Angaben ergänzt erst seit dem Anlegerschutzverbesserungsgesetz[350] die Hauptvariante der aktiven Täuschung durch unrichtige Angaben. Damit entspricht der deutsche Gesetzgeber der Vorgabe von Art. 1 Nr. 2 lit. c S. 1 der Marktmissbrauchsrichtlinie[351], auch Manipulationen mittels irreführender Informationen zu unterbinden. Für Erklärungen von Journalisten ist die spezielle Regelung des § 20a Abs. 6 WpHG zu beachten, die diese Aussagen nach den spezifischen berufsständischen Regeln auf die Eigenschaften „unrichtig" und „irreführend" geprüft wissen will. Dieses sogenannte Journalisten-Privileg soll die Einhaltung der grundgesetzlich geschützten Medienfreiheit (Art. 5 Abs. 1 S. 2 GG) gewährleisten und ersetzt den normalen bei § 20a Abs. 1 S. 1

---

[347] Gemäß § 3a Abs. 1 WpAIV (Verordnung zur Konkretisierung von Anzeige-, Mitteilungs- und Veröffentlichungspflichten sowie der Pflicht zur Führung von Insiderverzeichnissen nach dem Wertpapierhandelsgesetz; Wertpapierhandelsanzeige- und Insiderverzeichnisordnung) müssen die veröffentlichungspflichtigen Informationen den Medien zugeleitet werden; gemäß § 5 Nr. 1 WpAIV muss über ein elektronisch betriebenes Informationsverbreitungssystem, das bei zum Börsenhandel zugelassenen Kreditinstituten und Versicherungsgesellschaften verbreitet ist, die Information in der Öffentlichkeit verlautbart werden; Nr. 2 schreibt eine Veröffentlichung auf der Internetseite des Informationspflichtigen vor.

[348] Allgemeine Meinung, vgl. FLEISCHER Fuchs-WpHG § 20a Rn. 22; SCHRÖDER Kapitalmarktstrafrecht Rn. 391; SORGENFREI Park-Kapitalmarktstrafrecht Teil 3 Kap. 4 T1 Rn. 36; MOCK/STOLL/EUFINGER KK-WpHG § 20a Rn. 163.

[349] MOCK/STOLL/EUFINGER KK-WpHG § 20a Rn. 163; VOGEL A/S § 20a Rn. 62.

[350] AnSVG BGBl. I 2004, S. 2630.

[351] Richtlinie 2003/6/EG, ABl. 2003, Nr. L 96/16.

WpHG anzulegenden Prüfungsmaßstab durch einen besonderen, bevorrechtenden Beurteilungsmaßstab: Maßgeblich sind dann die Regeln des Pressekodex[352] (hier insbesondere Ziffer 7 und Ziffer 7.4 der zugehörigen Kodexrichtlinie) oder die „Journalistischen Verhaltensgrundsätze und Empfehlungen des deutschen Presserats zur Wirtschafts- und Finanzmarktberichterstattung"[353].[354] Die Regelung des Abs. 6 hat nur deklaratorischen Charakter und höchstens eine klarstellende Funktion, denn die verfassungsmäßig verbürgten Ausformungen der Meinungsfreiheit sind ohnehin zu beachten.[355]

b)   Verschweigen von Angaben entgegen Rechtsvorschriften

Zum gleichen Ergebnis wie die Täuschung durch aktive Handlungen führt das Verschweigen von Informationen, die aber entsprechend den gesetzlichen Vorgaben zwingend hätten mitgeteilt werden müssen. Diese Informationspflichten können sich aus allen möglichen gesetzlichen Regelungen mit Bezug zu Handel, Börse und Unternehmensbewertung ergeben, insbesondere sind aber die Regelungen zur Ad-hoc-Publizität aus § 15 WpHG relevant.[356] Nicht öffentlich bekannte Informationen, die ein verständiger Anleger bei seiner Anlageentscheidung berücksichtigen würde – kursrelevante Nachrichten also –, muss der Emittent unverzüglich veröffentlichen, § 15 WpHG in Verbindung mit § 13 WpHG. Dies soll die informationelle Chancengleichheit der Anleger gewährleisten, Insiderhandel und Marktmanipulation unterbinden und so zur Wahrheit der Preisbildung beitragen, letztendlich

---

[352] Nach eigenen Angaben des Presserats, abrufbar im Internet unter www.presserat.info/27.0.html (abgerufen am 23.04.2009), soll der Pressekodex als Aufstellung der allgemeinen publizistischen Grundsätze zur Wahrung der Berufsethik der Journalisten beitragen; dies vor allem deshalb, weil nicht alles, was rechtlich erlaubt auch moralisch vertretbar sei. Insofern könnte man annehmen, eine Beurteilung anhand dieses Maßstabs sei strenger als anhand des originären, gesetzlich geregelten.

[353] Abrufbar im Internet unter http://presserat.info/fileadmin/download/Finanzberichterstattung.pdf (abgerufen am 23.04.2009); SORGENFREI Park-Kapitalmarktstrafrecht Teil 3 Kap. 4 Tl Rn. 79 spricht von „Journalistischen Verhaltensgrundsätzen des Presserats zu Insider- und anderen Informationen mit potentiellen Auswirkungen auf Wertpapierkurse", gemeint sein dürfte aber oben genannte Aufstellung.

[354] Vgl. SORGENFREI Park-Kapitalmarktstrafrecht, Teil 3 Kap. 4 Tl Rn. 79; VOGEL A/S § 20a Rn. 131 und 136.

[355] Aus diesem Grund wollte der Gesetzgeber die Regelung des Abs. 6 zunächst auch gar nicht in den Text des § 20a WpHG aufnehmen, tat es dann aber doch aufgrund der Beschlussempfehlung und des Berichts des Finanzausschusses zum AnSVG, vgl. BT-Drs. 15/3493, S. 2 und S. 52: „Der Finanzausschuss empfiehlt [...] insbesondere folgende Änderungen: Für das Verbot der Marktmanipulation [...] das Verbot bei der Berufsausübung von Journalisten grundsätzlich unter Berücksichtigung ihrer berufsständischen Regeln zu beurteilen."

[356] Näher zu den übrigen Offenbarungspflichten statuierenden Normen SORGENFREI Park-Kapitalmarktstrafrecht Teil 3 Kap. 4 Tl Rn. 72.

also zur Funktionsfähigkeit der Märkte.[357] Werden solche Informationen verschwiegen, kommt zivilrechtlich eine Haftung nach §§ 37b, 37c WpHG in Betracht, strafrechtlich auch eine Ahndung nach § 20a Abs. 1 S. 1 Nr. 1 in Verbindung mit §§ 38, 39 WpHG.

c) Eignung zur Einwirkung auf den Börsen- oder Marktpreis

Falsche/irreführende Angaben über Umstände müssen nach dem Wortlaut von § 20a Abs. 1 S. 1 Nr. 1 WpHG nicht nur bewertungserheblich für das jeweilige Finanzinstrument sein, sondern darüber hinaus auch die Eignung haben, auf den Preis des betreffenden Finanzinstruments einzuwirken. Dieses explizite Erfordernis überrascht, da man durchaus davon ausgehen könnte, dass das Kriterium der Preiseinwirkungseignung bereits durch dasjenige der Bewertungserheblichkeit vollständig erfasst und somit überflüssig sei: Ist eine Angabe bewertungserheblich, so ist sie auch geeignet zur Preiseinwirkung.[358]

Die übrigen Stimmen in der Literatur definieren die Preiseinwirkungseignung als ein konkret-generelles Kriterium der Angaben.[359] Tatsächlich eröffnet dieses Tatbestandsmerkmal eine Differenzierung dergestalt, dass zwischen dem Inhalt der Angaben einerseits (Bewertungserheblichkeit) und der Art ihrer Äußerung (Preiseinwirkungseignung) unterschieden werden muss. Die Angaben müssen somit nicht nur eine bewertungserhebliche Information enthalten, sondern sie müssen auch auf eine Art und Weise geäußert werden, die eine tatsächliche Einwirkung auf den Preis ermöglicht.[360] Während beispielsweise einer Kundgabe gegenüber Vertretern von Massenmedien ein erhebliches Preisbeeinflussungspotential innewohnen wird, darf dies für eine Kundgabe gegenüber einer einzelnen Privatperson bezweifelt werden.

[357] Statt aller ASSMANN A/S § 15 Rn. 7, 27 ff. und VOGEL A/S §§ 37b, 37c Rn. 4.
[358] So wörtlich ALTENHAIN BB 2002,1874, 1877. Im Ergebnis ebenso MOCK/STOLL/EUFINGER KK-WpHG § 20a Rn. 180, die von einer theoretischen Trennbarkeit, aber von einem praktischen Gleichlauf der Merkmale ausgehen, und SCHÖNHÖFT S. 81.
[359] So FLEISCHER Fuchs-WpHG § 20a Rn. 33 f., MOCK/STOLL/EUFINGER KK-WpHG § 20a Rn. 180, 182 und SORGENFREI Park-Kapitalmarktstrafrecht Teil 3 Kap. 4 T1 Rn. 70.
[360] EICHELBERGER S. 277; MOCK/STOLL/EUFINGER KK-WpHG § 20a Rn. 182; VOGEL A/S § 20a Rn. 113.

d) § 39 Abs. 2 Nr. 11, § 38 Abs. 2 WpHG / Strafbestimmungen

Allein der Verstoß gegen die soeben dargelegte Verbotsbestimmung des § 20a Abs. 1 S. 1 Nr. 1 WpHG hat nicht unbedingt eine Strafbarkeit zur Folge, sondern mag auch nur zivilrechtliche Folgen für den Betreffenden auslösen. Eine Ahndung des Verhaltens verlangt das Vorliegen weiterer Tatbestandsmerkmale.

Zunächst einmal muss es sich bei der Handlung um eine Ordnungswidrigkeit im Sinne von § 39 Abs. 2 Nr. 11 WpHG handeln. Dazu muss der Tatbestand vorsätzlich oder zumindest leichtfertig verwirklicht worden sein. Direkter Vorsatz (*dolus directus* 2. Grades) liegt vor, wenn der Täter erkennt, dass sein Handeln mit Sicherheit den tatbestandlichen Erfolg eintreten lassen wird, auch wenn er dessen Verwirklichung gar nicht beabsichtigt.[361] Leichtfertigkeit ist die erhöhte Form der Fahrlässigkeit, ein die Sorgfaltspflicht in dem Maße verletzendes Verhalten, dass sich dem Täter der Eintritt des tatbestandlichen Erfolges förmlich aufdrängen muss.[362] Wie schon bei § 20a WpHG in der Fassung des vierten Finanzmarktförderungsgesetzes ist eine besondere Absicht nicht erforderlich.[363]

e) Zulässige Kurspflegemaßnahmen trotz Tatbestandsmäßigkeit im Sinne von § 20a Abs. 1 S. 1 Nr. 1 WpHG?

Schwer lässt sich eine Fallgestaltung konstruieren, in der falsche oder irreführende Informationen herausgegeben oder mitteilungspflichtige Informationen verschwiegen werden und ein legitimer Grund diesen offenbaren Verstoß gegen das Prinzip der Wahrheit der Preisbildung rechtfertigt. Vielmehr drängen sich lediglich betrügerische Szenarien auf, bei denen die Täuschenden zum Schaden der übrigen Anleger mit Verkäufen oder Käufen mit anschließendem Verkauf „Kasse machen". Nicht unzutreffend wurde die Vorgängervorschrift zum jetzigen Straftatbestand der Marktmanipulation in § 88 BörsG unter der gesetzlichen Überschrift „Kursbetrug" geführt. Wie MAILE[364] richtig anführt, handelt es sich bei der Tatbestandsvariante Nr. 1 für jedermann erkennbar um den Unrechtskern der Strafvorschrift.

---

[361] Allgemeine Meinung, vgl. ROXIN AT 1 § 12 Rn. 18.

[362] Vgl. nur WESSELS/BEULKE Rn. 662, und FISCHER StGB § 15 Rn. 20. Eingehender Roxin AT 1 § 24 Rn. 81 ff. mit einem Überblick der vertretenen Definitionsansätze.

[363] Vgl. VOGEL A/S § 20a Rn. 126 und 128.

[364] MAILE S. 48.

Zwar ist es theoretisch nicht ausgeschlossen, dass falsche oder irreführende Angaben gemacht werden mit dem Ziel, einem Kursverfall entgegenzutreten, und dass dafür auch legitime Gründe bestehen. Jedoch widerspricht dies einem Prinzip der zulässigen Kursstabilisierung: Wie aus den „Safe Harbour"-Vorschriften ersichtlich, ist eine Maxime der Freistellungstatbestände Transparenz, also die Offenlegung sämtlicher Maßnahmen und Umstände. Kursbeeinflussung durch falsche/irreführende Angaben widerspricht diesem Grundsatz eklatant. Für den weiteren Fortgang der Arbeit soll die Tatbestandsvariante Nr. 1 daher keine Bedeutung mehr haben, da eine reguläre Kurspflege insoweit mit der herrschenden Meinung als ausgeschlossen anzusehen ist. Zudem sehen auch die „Safe Harbour"-Bestimmungen keine Ausnahme vom informationsbedingten Manipulationsverbot vor, deren Untersuchung im Mittelpunkt dieser Arbeit steht.

2. § 20a Abs. 1 S. 1 Nr. 3 WpHG / Sonstige Täuschungen

Für eine Vielzahl unbestimmter und unbestimmbarer Fälle[365] im Rahmen des Verbots der Marktmanipulation fungiert § 20a Abs. 1 S. 1 Nr. 3 WpHG als Auffangtatbestand[366], der neben den besonders herausgegriffenen Manipulationshandlungen mittels gezielter Fehl- oder Desinformation (Nr. 1) oder der handelsgestützten Objektmanipulation[367] (Nr. 2) als besonders weit und unbestimmt gilt.[368] Mit einem Urteil zu § 20a Abs. 1 S. 1 Nr. 2 WpHG i. d. F. des 4. FMFG – also noch bevor die Manipulationen mittels Geschäften und Geschäftsaufträgen in der neuen Nr. 2 aus der Tatbestandsvariante der Sonstigen Täuschungshandlungen ausgegliedert wurde – hat der BGH[369] allerdings dem Tatbestand eine ausreichende Bestimmtheit attestiert: „Zunächst stellt die Vorschrift durch das Merkmal der ‚sonstigen' Täuschungshandlungen einen Bezug zu § 20a Abs. 1 S. 1 Nr. 1 WpHG her, der einzelne Täuschungshandlungen näher konkretisiert und damit Hinweise für die Auslegung des § 20a Abs. 1 S. 1 Nr. 2 WpHG bietet. Zudem ist der Begriff der Täuschungshandlung ungeschriebenes Tatbestandsmerkmal des § 263 Abs. 1 StGB, das aus den dort im Tatbestand beschriebenen Tatmodalitäten (Vorspiegelung, Entstellung, Unterdrückung von Tatsachen) abgeleitet wird. § 20a Abs. 1 S. 1 Nr. 2 WpHG geht von keinem anderen Verständnis des Begriffs der Täuschung aus

---

[365] Vgl. die Begründung des Regierungsentwurfs zum 4. FMFG, BT-Drucks. 14/8017, S. 64 und 89.
[366] Statt aller FLEISCHER Fuchs-WpHG § 20a Rn. 58.
[367] Dazu sogleich Drittes Kapitel A. II. 3.
[368] FLEISCHER Fuchs-WpHG § 20a Rn. 72; VOGEL A/S § 20a Rn. 207.
[369] BGH NJW 2004, 302, 304.

[...]". Durch die Umstellung der Tatbestandsvariante in die jetzige Nr. 3 kann sich an dieser Einschätzung des BGH nichts geändert haben, da eine inhaltliche Veränderung hierdurch nicht erfolgt ist. Im Übrigen hält die MaKonV mit § 4 einen eigenen Abschnitt zur Konkretisierung der sonstigen Täuschungshandlungen bereit, wodurch die Unbestimmtheit der Norm reduziert werden soll.

Unter den Tatbestand der sonstigen Täuschungshandlungen fällt unter anderem insbesondere das sogenannte „Scalping", das hier zum besseren Verständnis der Tatbestandsvariante erläutert werden soll. Dieses vollzieht sich normalerweise in drei Schritten: Jemand mit einem gewissen Einfluss auf die Meinungsbildung des Marktes, vor allem bekannte und in den Medien präsente Finanzanalysten – in Ermangelung eines besseren Ausdrucks oftmals als „Börsengurus" bezeichnet –, kauft Finanzinstrumente. Im zweiten Schritt macht er von seiner Prominenz in Börsenkreisen Gebrauch und empfiehlt der Anlegerschaft mehr oder weniger deutlich das bewusste Wertpapier als günstiges Investitionsobjekt, ohne seine eigentliche Intention der Gewinnerzielung dabei zu offenbaren. Reagieren die Marktteilnehmer in der erwarteten Weise und kaufen das Papier, steigt zwangsläufig aufgrund erhöhter Nachfrage und Umsätze auch der Preis. Im dritten und letzten Akt des Geschehens kann der Täter nun seine zuvor günstig erworbenen Finanzinstrumente zu dem jetzt erhöhten Kursniveau verkaufen.[370] Den Gewinn, den er aufgrund des selbst herbeigeführten Kursanstiegs zu Lasten der seiner Empfehlung folgenden Investoren macht, kann man im übertragenen Sinne als das Fell ansehen, das den Anlegern über die Ohren gezogen wird; denn im Normalfall wird sich der Kurs des betreffenden Papiers im Anschluss an den Vorgang wieder normalisieren und zu einem Vermögensverlust bei denjenigen Leuten führen, die sich im Zuge des Kauf-Aufrufs mit den Wertpapieren eingedeckt haben. Ob die Empfehlung der manipulierenden Börsenkapazität dabei inhaltlich zutreffend ist, ob also aufgrund der wirtschaftlichen Situation eine Investition tatsächlich lohnend ist, ist für die Tatbestandsmäßigkeit unerheblich, solange der bestehende Interessenkonflikt durch den Manipulator nicht auf angemessene Art und Weise offengelegt wird.[371] Genau dieses Musterbeispiel der Gewinnabschöpfung durch Personen mit Einfluss auf das breite Anlegerverhalten liefert § 4 Abs. 3 Nr. 2 MaKonV als verbindlichen Anwendungsfall: „Sonstige Täuschungshandlungen sind insbesondere auch die Nutzung eines gelegentlichen oder regelmäßigen Zugangs zu traditionellen oder elektronischen Medien durch Kundgabe einer Stellungnahme oder eines Gerüchts zu

---

[370] LENZEN S. 28 f.; VOGEL A/S § 20a Rn. 235.
[371] VOGEL A/S § 20a Rn. 234.

einem Finanzinstrument oder dessen Emittenten, nachdem Positionen über dieses Finanzinstrument eingegangen worden sind, ohne dass dieser Interessenkonflikt zugleich mit der Kundgabe in angemessener und wirksamer Weise offenbart wird". Rechtssicherheit bringt die Verordnung damit allerdings gerade bei den Zweifelsfällen des Scalping nicht mit sich, in denen nicht so eindeutig von einer Straftat auszugehen ist. Nach dem Wortlaut der MaKonV nicht eindeutig als Straftat zu werten ist etwa der Fall, dass der „Börsenguru" zunächst einen Kursrückgang herbeiführt und sich sodann mit den Finanzinstrumenten eindeckt, was bei einer Normalisierung des Preises einen Kursgewinn herbeiführt. In diesem Fall werden die Positionen nämlich nicht *nach* der zu beanstandenden Information durch den Handelnden eingegangen. Ein solches Verhalten kann nicht zwangsläufig als informationsgestützte Manipulation nach § 20a Abs. 1 S. 1 Nr. 1 WpHG gewertet werden, da dies unrichtige oder irreführende Angaben über Umstände voraussetzt. Gerade für den Bereich bloßer subjektiver Meinungskundgaben ist dies jedoch umstritten, es stellt sich die Problematik des Erfordernisses eines Tatsachenkerns.[372] Ebenfalls keine Rechtssicherheit besteht in Fällen, in denen die Handlung nicht vom Anfang bis zum Ende von Vorsatz getragen war. Spricht der Börsen-Meinungsführer eine (objektiv gerechtfertigte) Kaufempfehlung aus, ohne in diesem Zeitpunkt daran zu denken, dass er – womöglich neben vielen anderen Papieren – auch solche in seinem Portfolio hat, handelt er zunächst insoweit vorsatzlos. Wenn er sich nun nach einem Anziehen der Börsenkurse seiner Wertanlage entsinnt und diese gewinnbringend abstößt, ist fraglich, ob man auch bei einem solchen Ausnutzen der vorsatzlos geschaffenen Lage von einer strafbaren Marktmanipulation ausgehen kann.[373] Als Parallele ließe sich die Problematik der finalen Verknüpfung von Gewalthandlung und Wegnahme beim Raub nach § 249 StGB heranziehen, wenn der Täter zum Zeitpunkt der qualifizierten Nötigung noch keinen Wegnahmevorsatz hat, die Lage des Opfers im Anschluss aber zu einer Wegnahme ausnutzt.[374] Insofern wird auch hier die Konkretisierungsverordnung ihrem Namen nur sehr bedingt gerecht.

Auch für diese Tatbestandsvariante hält die EG-Verordnung 2273/2003 keinen „Safe Harbour"-Tatbestand bereit, der den sonstigen Täuschungshandlungen zumindest nahestehende Verhaltensweisen vom Manipulationsverbot ausnimmt und

---

[372] Vgl. oben Drittes Kapitel A. II. 1. a) aa).

[373] Anderer Ansicht VOGEL A/S § 20a Rn. 235, der hierin offenbar lediglich ein Beweisproblem sieht und darauf abstellt, dass im Hinblick auf Art. 5 Abs. 1, 12 Abs. 1 GG eine sachgerechte Empfehlung nie deshalb unzulässig und strafbar sein könne, weil der Empfehlende Wertpapiere solcher Art besitze.

[374] Zum Streitstand s. FISCHER StGB § 249 Rn. 8 ff.

klarstellt, dass insoweit keine verbotene Manipulation vorliegt. Dementsprechend soll auch diese Verbotsvariante im Folgenden außen vor bleiben. Kurspflegemaßnahmen im herkömmlichen Sinn beschränken sich in der Regel auf den Kauf der jeweiligen Wertpapiere und führen dadurch die gewünschte Kursveränderung herbei. Täuschungen der Anleger über den Wert eines Papiers gehörten hingegen noch nie zur anerkannten Kurspflege.

3. § 20a Abs. 1 S. 1 Nr. 2 WpHG

Schließlich folgt diejenige Tatbestandsvariante, die das höchste Konfliktpotential im Hinblick auf mögliche Kurspflegemaßnahmen mit sich bringt: das Verbot handelsbedingter Manipulation.

§ 20a Abs. 1 S. 1 Nr. 2 WpHG untersagt es, „Geschäfte vorzunehmen oder Kauf- oder Verkaufsaufträge[375] zu erteilen, die geeignet sind, falsche oder irreführende Signale für das Angebot, die Nachfrage oder den Börsen- oder Marktpreis von Finanzinstrumenten zu geben oder ein künstliches Preisniveau herbeizuführen". Damit werden die sogenannten handelsgestützten Manipulationsformen verboten und bei tatsächlicher Einwirkung auf den Preis unter Strafe gestellt.[376]

Jede Transaktion von Wertpapieren – ja bereits die Abgabe von Transaktionsangeboten – hat Einfluss auf den Preis des jeweiligen Handelsobjekts, da sich zwingend Angebot und Nachfrage hinsichtlich des betroffenen Finanzinstruments verschieben.[377] Selbstverständlich ist damit nicht zugleich auch immer der Tatbestand der Marktmanipulation verwirklicht, da es sich insoweit um das ganz normale marktmäßige Zustandekommen des jeweils aktuellen Preises handelt.[378] Verboten ist aber jedenfalls eine Handelsbetätigung, die nur zum Schein erfolgt (sogenannte fiktive Geschäfte, dazu sogleich) oder ausschließlich dazu dient, Angebot, Nachfrage oder den Börsen-/Marktpreis zu beeinflussen oder ein künstliches Preisniveau herbeizuführen. Wie bereits eingangs dieser Arbeit erläutert, müssen zur Sicherung

---

[375] Der Begriff „Auftrag" ist nicht zivilrechtlich, sondern kapitalmarktrechtlich im Sinne von Wertpapierorders zu verstehen, vgl. FLEISCHER Fuchs-WpHG § 20a Rn. 45.

[376] § 20a Abs. 1 S. 1 Nr. 3 WpHG kann allerdings als Auffangtatbestand für Fälle handelsgestützter Manipulation dienen, die nicht von Nr. 2 erfasst sind, vlg. MOCK/STOLL/EUFINGER KK-WpHG § 20a Rn. 209.

[377] EICHELBERGER S. 24; LENZEN S. 7; SORGENFREI Park-Kapitalmarktstrafrecht Teil 3 Kap. 4 T1 Rn. 86.

[378] VOGEL A/S § 20a Rn. 150 spricht sogar davon, dass der Gesetzeswortlaut zum Teil „ans Unsinnige" grenze.

der Funktionsfähigkeit des Kapitalmarkts Vorkehrungen dafür getroffen werden, um die Wahrheit der Preisbildung weitestgehend zu gewährleisten. Diese kann aber eben bereits durch die bloße Abgabe von Handelsangeboten (das Gesetz spricht von Aufträgen) oder durch den Abschluss von Geschäften beeinträchtigt werden. Damit sind zugleich auch die Kurspflegemaßnahmen vom Anwendungsbereich dieser Vorschrift erfasst, die ja vor allem im Kauf der jeweiligen Wertpapiere bestehen.

Vor Inkrafttreten des AnSVG konnten diese handelsgestützten Manipulationen lediglich unter das Merkmal der sonstigen Täuschungshandlungen (§ 20a Abs. 1 S. 1 Nr. 2 WpHG a. F.) subsumiert werden. 2004 wurden diese speziellen Manipulationen aus dem Auffangtatbestand ausgegliedert und in der neuen Nr. 2 kodifiziert, womit vor allem ein weiter reichendes Verbot der Manipulationen durch effektive Geschäfte herbeigeführt wurde, die zuvor lediglich in Ausnahmefällen als sonstige Täuschungshandlung von § 20a Abs. 1 S. 1 Nr. 2 WpHG a. F. erfasst waren.[379]

a) Objektive Tatbestandsvoraussetzungen

Im Folgenden sind die Tatbestandsvoraussetzungen im Einzelnen zu klären.

aa) Geschäfte und Geschäftsaufträge

Geschäfte sind alle Transaktionen mit Finanzinstrumenten, nicht nur Erwerb (Kauf) oder Veräußerung (Verkauf), sondern zum Beispiel auch Sicherungsgeschäfte wie Sicherungszession, -übereignung, Treuhandschaften oder Verpfändungen.[380] Auf eine Veränderung der Inhaberschaft durch die Geschäfte kommt es also nicht an.[381]

Kauf- oder Verkaufsaufträge sind keine Aufträge im Sinne des Zivilrechts (§§ 662 BGB ff.), sondern der Begriff ist kapitalmarktrechtlich zu verstehen. Gemeint ist

---

[379] So schon VOGEL A/S § 20a Rn. 140 und 143, dort Fn. 3; anderer Ansicht ist SORGENFREI Park-Kapitalmarktstrafrecht Teil 3 Kap. 4 T1 Rn. 84, der davon ausgeht, dass lediglich eine Annäherung des Wortlauts des WpHG an die Marktmissbrauchsrichtlinie erreicht werden sollte, ohne dass sich hierdurch der Schutzbereich geändert habe.

[380] FLEISCHER Fuchs-WpHG § 20a Rn. 45; MOCK/STOLL/EUFINGER KK-WpHG § 20a Rn. 187; SCHRÖDER Kapitalmarktrecht Rn. 480; VOGEL A/S § 20a Rn. 145.

[381] Vgl. auch MOCK/STOLL/EUFINGER KK-WpHG § 20a Rn. 187.

eine Beauftragung der Bank oder des Skontroführers, Finanzinstrumente für den Anleger zu erwerben oder aus seinem Portfolio zu veräußern.[382]

Die handelsgestützte Tatbestandsvariante erfordert nicht, dass tatsächlich Transaktionen durchgeführt werden, sondern lässt bereits den Auftrag zu einem Wertpapiergeschäft ausdrücklich genügen. Dies ist sinnvoll, da es für manche Manipulationstechniken nicht notwendig ist, dass es überhaupt zu einem Geschäftsabschluss kommt. Vielmehr ist es oftmals ausreichend, überhaupt Aufträge in den Markt zu geben, da bereits diese das Gefüge von Angebot und Nachfrage verschieben. Von einer Erteilung der Orders ist bereits dann auszugehen, wenn sie den Adressaten zugegangen sind, nicht erst wenn sie in das Orderbuch eingetragen sind – allerdings ist fraglich, wie in einem solchen Fall die Eignung zur Einwirkung auf den Preis zu bejahen sein sollte, da der Markt dann von der neuen Auftragslage eigentlich noch keine Kenntnis nimmt.[383]

In Betracht kommt vor allem das in § 3 Abs. 1 Nr. 2 MaKonV beschriebene Manipulationsverhalten, bei dem Aufträge in den Markt gegeben werden, vor ihrer Ausführung aber zurückgenommen werden. Der unverbindliche Hinweis der Verordnung auf Anzeichen für manipulatives Verhalten lautet: „Anzeichen für falsche oder irreführende Signale oder die Herbeiführung eines künstlichen Preisniveaus [...] können insbesondere auf Finanzinstrumente bezogene Kauf- oder Verkaufsaufträge sein, die auf die den Marktteilnehmern ersichtliche Orderlage, insbesondere auf die zur Kenntnis gegebenen Preise der am höchsten limitierten Kaufaufträge oder der am niedrigsten limitierten Verkaufsaufträge, einwirken und vor der Ausführung zurückgenommen werden". Werden Orders gegeben, die von vornherein tatsächlich nie zur Ausführung gelangen sollen, so liegt darin eine Täuschung der übrigen Marktteilnehmer, die die jeweilige Auftragslage zur Kenntnis nehmen und dabei davon ausgehen, dass auch jeder Auftrag der Umsetzung einer Investitionsidee dienen soll.[384] Diese Art der Täuschung funktioniert lediglich im elektronischen Handel, da dort das Orderbuch[385] für alle Marktteilnehmer offen

[382] FLEISCHER Fuchs-WpHG § 20a Rn. 45; MOCK/STOLL/EUFINGER KK-WpHG § 20a Rn. 187; VOGEL A/S § 20a Rn. 147. Zivilrechtlich handelt es sich um Kauf-, Kommissions- oder Vermittlungsaufträge.
[383] VOGEL A/S § 20a Rn. 148.
[384] Vgl. MOCK/STOLL/EUFINGER KK-WpHG § 20a Anh. I - § 3 MaKonV.
[385] Auch Maklerskontro oder nur Skontro: Die Privatanleger erteilen ihren Kreditinstituten Kauf- und Verkaufsaufträge, die diese dann zumeist auf elektronischem Wege dem für die Kursfeststellung des jeweiligen Wertpapiers zuständigen Skontroführer (früher: Börsenmakler) zuleiten, wo sie automatisch in das Orderbuch aufgenommen und – wenn sich zwei Aufträge korrespondierend einander gegenüberstehen – gegeneinander ausgeführt werden.

und einsehbar ist. Die zehn höchst-limitierten (teuersten) Kaufaufträge und die zehn niedrigst-limitierten (billigsten) Verkaufsaufträge, die jeweils noch nicht zur Ausführung gelangt sind, sind für alle in das System eingebundenen Personen sichtbar. Damit können die Teilnehmer die Differenz zwischen Preisvorstellungen der Käufer und der Verkäufer genau einschätzen.

Legitime Gründe für die Stornierung von Orders können in einer anfänglichen Fehleingabe liegen, einem sog. „Mistrade", oder wenn reelle wirtschaftliche Erwägungen, die erst nach der ursprünglichen Investitionsentscheidung aufgekommen sind, das Handelsinteresse entfallen lassen. Ein besonders deutlicher Fall ist eine nach Auftragserteilung eingehende Ad-hoc-Mitteilung, die das in Frage stehende Finanzinstrument betrifft.[386] Gerade bei der Frage, ob tatsächliche Investitionsüberlegungen zur Rücknahme der Aufträge geführt haben oder ob ein Manipulationsvorsatz vorgelegen hat, wird – wie meist – von den Indizien auf den Vorsatz zu schließen sein; ob bei dieser in der Praxis unentbehrlichen Sachverhaltswürdigung die Niederlegung von gewissen Indizien in der Verordnung weiterhilft, ist zweifelhaft. Sie zeigt dem Rechtsanwender vielmehr diejenigen verbotenen Verhaltensweisen auf, auf die die abstrakt gehaltenen Formulierungen des Gesetzes eigentlich zugeschnitten waren.

bb) Eignung zur Abgabe von falschen oder irreführenden Signalen

aaa) Die (wohl) herrschende Meinung

Nach allgemeiner Meinung sind Signale dann falsch im Sinne des Gesetzes, wenn sie nicht mit der tatsächlichen Marktsituation hinsichtlich des betreffenden Finanzinstrumentes übereinstimmen.[387] Als Faktoren der tatsächlichen Marktsituation

---

[386] MOCK/STOLL/EUFINGER KK-WpHG § 20a Anh. I - § 3 MaKonV.
[387] So übereinstimmend EICHELBERGER S. 290; FLEISCHER Fuchs-WpHG § 20a Rn. 47; MOCK/STOLL/EUFINGER KK-WpHG § 20a Rn. 191; VOGEL A/S § 20a Rn. 150. Auf die Heranziehung des § 3 MaKonV zur Auslegung des Merkmals kann getrost verzichtet werden, da dieser lediglich eine nicht abschließende Aufzählung von möglichen Indizien bereit hält, ohne eine Definition zu geben: „Anzeichen für falsche oder irreführende Signale oder die Herbeiführung eines künstlichen Preisniveaus […] können 1. Geschäfte oder Kauf- oder Verkaufsaufträge sein, die an einem Markt einen bedeutenden Anteil am Tagesgeschäftsvolumen dieser Finanzinstrumente ausmachen, insbesondere wenn sie eine erhebliche Preisänderung bewirken".

sind dabei insbesondere zu berücksichtigen das marktgerechte Angebot, die markt-gerechte Nachfrage, die Marktliquidität und der marktgerechte Preis.[388]

Darüber, wann ein Signal irreführend ist, gehen die Meinungen hingegen auseinan-der: Eine Mehrheit in der Literatur geht davon aus, dass ein Signal irreführend ist, wenn es geeignet ist, einen verständigen Anleger über die tatsächliche Marktsitua-tion betreffend das jeweilige Wertpapier zu täuschen.[389] Anderer Ansicht sind hier lediglich MOCK/STOLL/EUFINGER, die davon ausgehen, dass die Begriffe falsch und irreführend sachlich gleichbedeutend und nur deshalb nebeneinander gestellt wor-den seien, „um dem breit gefassten Geltungsanspruch des Manipulationsverbots Ausdruck zu verleihen".[390] Dem ist zunächst zuzustimmen. Die Vorstellung des Gesetzgebers, dass im einen Fall auf den Markt selbst (falsche Signale) und im anderen Fall auf die Vorstellung der Anleger (irreführende Signale) eingewirkt wird, lässt sich nur auf den ersten Blick nachvollziehen. Tatsächlich ist aber eine Unterscheidung zwischen beiden Fällen nicht möglich, da der Markt als Abstrak-tum immer abhängig ist von den Vorstellungen der einzelnen Anleger und ihren Reaktionen auf die in Rede stehenden Signale.

Bei näherer Betrachtung zeigt sich, dass durch diese Definitionen die Schwierigkei-ten der Gesetzesanwendung keineswegs ausgeräumt sind, sondern dass weiterhin eine erhebliche rechtliche Unsicherheit verbleibt: mit der herrschenden Meinung wird ein unbestimmter Rechtsbegriff („falsch/irreführend") lediglich in einen ande-ren unbestimmten Begriff („nicht marktgerecht" im Sinne „von der wirklichen Marktsituation nicht entsprechend") aufgelöst. Unter Berücksichtigung dieser De-finitionen muss sich der Rechtsanwender dann bei der Prüfung eines konkreten Sachverhalts im Hinblick auf eine strafbare Marktmanipulation zwei Fragen stel-len:

1. Sind die Transaktionen oder Transaktionsaufträge des Marktteilnehmers dazu geeignet, bei den übrigen Marktteilnehmern Vorstellungen zu wecken, die – bezo-gen auf das jeweilige Finanzinstrument – nicht marktgerecht sind, § 20a Abs. 1 S. 1 Nr. 2 WpHG?

---

[388] VOGEL A/S § 20a Rn. 150.
[389] FLEISCHER Fuchs-WpHG § 20a Rn. 47, und VOGEL A/S § 20a Rn. 150. Ebenso EICHELBERGER S. 290, der aber auf den maßgeblichen Beurteiler abstellt.
[390] MOCK/STOLL/EUFINGER KK-WpHG § 20a Rn. 191.

2. Haben die Transaktionen oder Transaktionsaufträge auch tatsächlich dazu geführt, dass der Marktpreis durch sie beeinflusst wurde, § 38 Abs. 2 WpHG? Auf diese Frage wird unten Viertes Kapitel B. I. eingegangen.

Zur Beantwortung der ersten Frage müsste dabei in jedem Fall zunächst einmal festgestellt werden, was hinsichtlich des in Rede stehenden Finanzinstruments noch als marktgerechte Form von Angebot, Nachfrage, Liquidität und Preis anzuerkennen wäre. Diese notwendigen Feststellungen sind aber tatsächlich nicht zu treffen.[391] Auf die Gründe weist insbesondere EICHELBERGER hin, dessen Ansicht sogleich im Folgenden dargestellt wird.

bbb) Die Ansicht EICHELBERGERS

Zwar stimmt EICHELBERGER mit dem grundsätzlichen Definitionsansatz der herrschenden Meinung überein, zugleich weist er aber zutreffend auf dieses Dilemma der Feststellung des Bezugsgegenstands hin.[392]

Insbesondere wäre als Bezugspunkt der wahre Wert des Finanzinstruments in Betracht zu ziehen. Dieser sei jedoch als Anknüpfungspunkt tatsächlich nicht tauglich. Die Feststellung des wahren Werts eines Finanzinstruments sei zum einen nur näherungsweise möglich, da dieser von vielen verschiedenen Faktoren bestimmt werde; zum anderen korrespondiere auch der wahre Wert eines Unternehmens nicht zwangsläufig mit dem Preis der von ihm emittierten Finanzinstrumente. Auch geht EICHELBERGER davon aus, dass ebenfalls weder die vom Geschäft oder Auftrag ausgehende Information über Angebot und Nachfrage noch das mit dem Geschäft oder Auftrag verbundene wirtschaftliche Interesse als Anknüpfungspunkt in Betrachte kämen; die Signale seien auf dieser Grundlage nämlich stets wahr, da beispielsweise ein Kaufauftrag stets eine Nachfrage zutreffend signalisiere, da er die Nachfrage selbst hervorrufe.[393] Beidem ist zuzustimmen. Insbesondere ist der Wert einer Sache überhaupt nur bedingt objektiv bestimmbar, denn viele der maßgeblichen Faktoren unterliegen lediglich der subjektiven Einschätzung des jeweiligen Betrachters. Werden Aktien eines Unternehmens auf den Markt gebracht, das gewisse neue Technologien erforscht und dann vermarkten möchte, so wird sich

---

[391] So schon MOCK/STOLL/EUFINGER KK-WpHG § 20a Rn. 191, und VOGEL A/S § 20a Rn. 150.
[392] Vgl. EICHELBERGER S. 291: „Problematisch ist in diesem Zusammenhang allein, was Bezugsgegenstand dieses Urteils ist, wonach sich also beurteilt, ob ein Signal falsch oder irreführend ist". Ebenso VOGEL A/S § 20a Rn. 150.
[393] Eichelberger S. 291 f.

113

die Nachfrage nach diesen neuen Wertpapieren unter anderem danach richten, ob der jeweilige Investor an ein Gelingen der Umsetzung der Forschungsergebnisse in ein erfolgreiches Produkt und somit an einen wirtschaftlichen Erfolg glaubt oder nicht. Der wahre Wert des Finanzinstruments bestimmt sich in diesem Moment nach dem Interesse der Investoren an dem durch sie verkörperten Unternehmen. Ob das Vertrauen in das Unternehmen und in das zugehörige Finanzinstrument gerechtfertigt war, lässt sich aber nur aus einer Ex-*post*-Betrachtung heraus feststellen, wenn man die Entwicklung von Unternehmen und Aktie kennt. Aus dieser Sicht wird man auch die Bewertung der Finanzinstrumente als *im Nachhinein* zutreffend oder unzutreffend kommentieren können. *Ex-ante* ist dies jedoch auch theoretisch nicht möglich[394]; gleichwohl wird man aber annehmen müssen, dass es auch zu diesem Zeitpunkt bereits einen wahren Wert des Finanzinstruments geben muss. Dieser bestimmt sich dann nach der subjektiven Wertschätzung eines jeden Anlegers, so dass sich der wahre Wert für jeden Anleger unterschiedlich darstellt.

EICHELBERGER schlägt daher vor, die unbestimmten Rechtsbegriffe an der subjektiven Einstellung des Handelnden festzumachen und nicht an – tatsächlich nicht ermittelbaren – objektiven Merkmalen auszurichten.[395] Dieses subjektive Kriterium könne nur in der Beantwortung der Frage liegen, ob der Marktakteur mit Manipulationsabsicht handle oder nicht. Dabei müsse diese Manipulationsabsicht in den auf rein objektiven Merkmalen basierenden Tatbestand hineininterpretiert werden. Tatsächlich mutet dies etwas paradox an, wenn man bedenkt, dass die Entfernung der Manipulationsabsicht aus dem Manipulationstatbestand als langpostulierte Innovation gepriesen wurde, die den Straftatbestand endlich praktisch anwendbar machen sollte:[396] Durch das AnSVG wurde im Jahr 2004 das höchstumstrittene[397] Erfordernis der Manipulationsabsicht (§ 20a Abs. 1 S. 1 Nr. 2 WpHG i. d. F. des 4. FMFG: „Es ist verboten, [...] sonstige Täuschungshandlungen vorzunehmen, um auf den [...] Börsen- oder Marktpreis [...] einzuwirken.") aus dem subjektiven Tatbestand der Strafnorm für handelsgestützte Manipulationen gestrichen; ausreichend sollte nunmehr bloßer Vorsatz nach § 15 StGB sein, mithin also auch Even-

---

[394] Die Entwicklung eines Unternehmens und seines Wertes, der durch die ausgegebenen Aktien verkörpert wird, wird nicht nur von unternehmensinternen Faktoren sondern auch von äußeren Faktoren bestimmt, bspw. die politische (Krieg/Frieden) und wirtschaftliche (Rezession/„Boom") Entwicklung am Standort und in den Absatzmärkten, der Entwicklung von Konkurrenzunternehmen etc.

[395] Vgl. EICHELBERGER S. 292. Ebenso OECHSLER MK-AktG § 71 Rn. 345, für Manipulation durch Rückkaufprogramme von Aktiengesellschaften.

[396] Vgl. dazu bereits oben Erstes Kapitel D. I.

[397] TRIPMAKER wistra 2002, 288, 291, und ZIOUVAS ZGR 2003, 113, 142, forderten lediglich eine Absicht im untechnischen Sinne, also dolus directus 2. Grades, und nicht dolus directus 1. Grades.

tualvorsatz. Somit wäre nach dem bloßen Gesetzeswortlaut eine Unterscheidung von zulässigem, straflosem Handeln (zulässige Kurspflege) und verbotenem, strafbarem Handeln (Manipulation) gerade nicht mehr anhand subjektiver Kriterien möglich. Zu genau dieser Abgrenzung hatte man allerdings ursprünglich das bereits als überholt abgetane Absichtserfordernis im Tatbestand belassen.[398] Dies tat man ungeachtet dessen, dass der Nachweis einer Absicht bereits zuvor erhebliche Probleme in der Praxis mit sich brachte.[399]

Dennoch ist EICHELBERGER darin zuzustimmen, dass die objektiven, aber unbestimmten Rechtsbegriffe sich nicht in objektivierbare Begriffe auflösen lassen. Das Problem wird dabei jeweils nur auf eine andere Ebene verlagert.

Ganz ähnlich gestaltet sich die Diskussion um das Tatbestandsmerkmal der Eignung zur Herbeiführung eines künstlichen Preisniveaus.

cc) Eignung zur Herbeiführung eines künstlichen Preisniveaus

aaa) Die herrschende Meinung

Nach der wohl herrschenden Ansicht ist ein Preisniveau künstlich, „wenn es die wahren wirtschaftlichen Verhältnisse oder den marktgerechten Preis verfehlt, weil es sich nicht mehr als Ergebnis unmanipulierten Marktgeschehens darstellt".[400] Dabei weisen die meisten Vertreter dieser Auffassung jedoch zu Recht gleichermaßen darauf hin, dass auch diese Definition das Problem nur auf eine andere Frage verlagere und daher dem Rechtsanwender nicht wirklich weiterhelfe.[401] Denn stell-

---

[398] Siehe den Bericht des Finanzausschusses zum Entwurf des 4. FMFG, BT-Drs. 14/8601, S. 19: „Durch die Änderung in § 20a Abs. 1 Satz 1 Nr. 2 WpHG wird für den Tatbestand der Kurs- und Marktpreismanipulation durch sonstige Täuschungshandlungen darauf abgestellt, dass der Täter eine Täuschungshandlung vornimmt, um auf den Börsen- oder Marktpreis einzuwirken. Zielrichtung des Handels ist somit die Preisbeeinflussung. Damit wird eine Abgrenzung zwischen legitimen Transaktionen, die ebenfalls die Preisbildung beeinflussen können, und unerwünschten Manipulationen vorgenommen. Dabei ist nicht allein auf objektive Kriterien abzustellen. Vielmehr liegt der Unrechtsgehalt auf der subjektiven Seite des Handelnden. Der Kauf oder Verkauf eines Vermögenswertes wird in diesen Fällen mit dem Ziel vorgenommen, eine unzutreffende Information in den Markt zu geben."
[399] KAISER WM 1997, 1557, 1563; VOGEL A/S³ § 20a Rn. 98.
[400] So vertreten von FLEISCHER Fuchs-WpHG § 20a Rn. 48, MOCK/STOLL/EUFINGER KK-WpHG § 20a Rn. 194, SCHÖNHÖFT S. 111, und VOGEL A/S § 20a Rn. 151.
[401] Stellvertretend MOCK/STOLL/EUFINGER KK-WpHG § 20a Rn. 194: „Derartige Begrifflichkeiten belassen den Rechtsanwender nahe an der Grenze zu unauflöslichen Zirkelschlüssen".

te man einen gewissen Preis auf den Prüfstand zur Klärung der Frage, ob er marktgerecht und somit „natürlich" sei, so wäre zunächst einmal Voraussetzung, dass man den „natürlichen", marktgerechten Preis auch wirklich ermitteln könnte. In einem zweiten Schritt müsste man dann darüber befinden, ob nur dieser punktgenau bestimmte Preis als Maßstab herangezogen werden dürfe oder ob man einen Toleranzbereich akzeptieren und festlegen müsste, innerhalb dessen man von einem „natürlichen" Preis sprechen könne. Dass dies sich als schwierig – wenn nicht gar unmöglich – erweisen dürfte, wird von den meisten Autoren erkannt. [402]

bbb) Die Ansicht EICHELBERGERS

EICHELBERGER[403] ist daher anderer Ansicht: Ihm zufolge kann Maßstab für den Begriff des künstlichen Preisniveaus nicht sein, ob der Preis dem wahren Wert des Vermögensgegenstandes entspricht, da der wahre Wert nicht ermittelbar sei.[404] Vielmehr müsse man – entsprechend seinen bereits oben vorgestellten Überlegungen zu den Tatbestandsmerkmalen der „falschen/irreführenden Signale" – auf das subjektive Element des Handelnden bei der Tätigung der Geschäfte abstellen. Nur wenn der Handelnde mit Absicht zur Manipulation im Sinne von *dolus directus* 1. Grades agiere, sei das Ergebnis des grundsätzlich strafrechtlich neutralen Verhaltens auf dem Markt ein künstliches Preisniveau.[405] Dies hatte auch der Finanzausschuss seinerzeit in seinem Bericht[406] zum Vierten Finanzmarktförderungsgesetz erklärt.

---

[402] Bspw. BINGEL S. 150, und SORGENFREI Park-Kapitalmarktstrafrecht Teil 3 Kap. 4 Tl Rn. 90, der zugleich zu dem Schluss kommt, dass es kein natürliches Preisniveau gebe und daher das Merkmal völlig unbestimmt sei; ebenso VOGEL A/S § 20a Rn. 151.

[403] EICHELBERGER S. 294 f.

[404] Im Ergebnis ebenso VOGEL A/S § 20a Rn. 150.

[405] Vgl. EICHELBERGER S. 294 f., der eindrucksvoll darlegt, wie lange sich die Kette von Definitionen fortsetzen lässt, ohne dem Anwender eine praktisch anwendbare Prüfungsmöglichkeit an die Hand zu geben.

[406] BT-Drs. 14/8601, S. 19: „Zielrichtung des Handels ist somit die Preisbeeinflussung. Damit wird eine Abgrenzung zwischen legitimen Transaktionen, die ebenfalls die Preisbildung beeinflussen können, und unerwünschten Manipulationen vorgenommen. Dabei ist nicht allein auf objektive Kriterien abzustellen. Vielmehr liegt der Unrechtsgehalt auf der subjektiven Seite des Handelnden. Der Kauf oder Verkauf eines Vermögenswertes wird in diesen Fällen mit dem Ziel vorgenommen, eine unzutreffende Information in den Markt zu geben."

dd) Stellungnahme

aaa) Subjektive Auslegung der unbestimmten Tatbestandsmerkmale

Der Ansicht EICHELBERGERS, die von einem zwingend in den Tatbestand hineinzulesenden subjektiven Element ausgeht, ist zuzustimmen. Die Feststellung eines
subjektiven Merkmals beim Täter ist in der Rechtspraxis nie frei von Schwierigkeiten, so dieser nicht diesbezüglich ein glaubhaftes Geständnis ablegt. Jedoch ist zumindest aufgrund äußerer Umstände ein Rückschluss auf die innere Tatseite möglich und auch zulässig; dies unterliegt der freien Beweiswürdigung des Gerichts.[407]

Ähnlich dem vom Großen Senat für Strafsachen des BGH[408] 1956 zur Restriktion des § 211 StGB entwickelten und daher ungeschriebenen Tatbestandsmerkmal
des Heimtückemords, dass der Täter die auf der Arglosigkeit beruhende Wehrlosigkeit des Opfers auch „in feindlicher Willensrichtung" ausnutzen müsse, wäre
auch hier eine solche einschränkende Begriffsauslegung angebracht, bei der die
Gesinnung der Handelnden einbezogen wird. Der Große Senat für Strafsachen zog
bei der Entscheidungsbegründung explizit auch den allgemeinen deutschen
Sprachgebrauch heran[409]. Für den Begriff der Manipulation gilt Ähnliches; in der 4.
Auflage des Duden aus dem Jahr 2007 heißt es zum Begriff Manipulation (auszugsweise): „1. Bewusster u. gezielter Einfluss auf Menschen ohne deren Wissen
(z. B. mithilfe der Werbung). 2. Absichtliche Verfälschung von Informationen
durch Auswahl, Zusätze od. Auslassungen. 3. (meist Plural) Machenschaft, undurchsichtiger Kniff".[410] Auch der Manipulation ist somit nach dem Sprachgebrauch ein subjektives Element immanent.

Unerlässlich ist es dann aber, zu klären, wann genau die von EICHELBERGER geforderte Manipulationsabsicht zu bejahen ist. *Dolus directus* 1. Grades ist nach
allgemeiner Definition dann gegeben ist, „wenn es dem Täter gerade darauf an-

---

[407] BGH bei Dallinger, MDR 1970, S. 198; GOLLWITZER Löwe-Rosenberg StPO § 261 Rn. 62.
Ausführlicher hierzu unten Fünftes Kapitel B I.
[408] BGHSt 9, 385, 390.
[409] „Der Begriff der ‚Heimtücke' hat nach allgemeinem Sprachgebrauch eine feindliche Willensrichtung des Täters gegen das Opfer zum Inhalt", s. BGHSt 9, 385, 390.
[410] Duden Fremdwörterbuch S. 846. Der Eintrag zur Gänze: „1. Bewusster u. gezielter Einfluss auf
Menschen ohne deren Wissen (z. B. mithilfe der Werbung). 2. Absichtliche Verfälschung von Informationen durch Auswahl, Zusätze od. Auslassungen. 3. (meist Plural) Machenschaft, undurchsichtiger Kniff. 4. Handhabung, Verfahren (Techn.) 5. Das Anpassen der Ware an die Bedürfnisse
des Verbrauchers durch Sortieren, Mischen, Veredeln (z. B. bei Tabak) 6.a) (veraltet) Handbewegung, Hantierung; b) kunstgerechter u. geschickter Handgriff (Med.)".

kommt, den Eintritt des tatbestandlichen Erfolges herbeizuführen oder den Umstand zu verwirklichen, für den das Gesetz absichtliches Handeln voraussetzt".[411] Diese Definition führt dann zu der weiteren Frage, was den tatbestandlichen Erfolg bei der Marktmanipulation ausmacht. Ist Manipulation bereits jedes abstrakt geeignete Tätigwerden zur Herbeiführung eines bestimmten Preisniveaus, so kommt die von EICHELBERGER vorgeschlagene Definition zu dem Ergebnis, dass jede Durchführung von Kurspflegemaßnahmen ein künstliches Niveau erreicht und somit eine Manipulation im Sinne des Gesetzes vorliegt. Denn eine Veränderung des „Marktklimas" ist nicht bloß natürliche Nebenfolge des Handels, sondern dessen Zweck und erwünschter Erfolg.[412]

So kranken beide Definitionen, sowohl die der herrschenden Meinung wie auch diejenige EICHELBERGERS, an demselben Problem. Beide bieten dem Rechtsanwender keine wirkliche Hilfestellung bei der Auslegung des unbestimmten Rechtsbegriffs „künstliches Preisniveau" und damit keine gesteigerte Rechtssicherheit in Bezug auf die Abgrenzung von legalen Kurspflegemaßnahmen und strafbaren Marktmanipulationen.

Eine weitergehende Konkretisierung der von EICHELBERGER geforderten Manipulationsabsicht als Grundlage der Auslegung der unbestimmten Rechtsbegriffe ist daher erforderlich. Dafür erscheint es jedoch dienlich, zunächst einige der typischen Manipulationsmethoden durch Handelsgeschäfte zu betrachten und zu sehen, ob sich hieraus etwas für den Inhalt der Manipulationsabsicht ableiten lässt. Diese Betrachtung folgt nach einem kurzen Hinweis auf die erforderliche abstrakte Preiseinwirkungseignung der Geschäfte und den gesetzlich festgelegten subjektiven Tatbestand der Vorschrift der §§ 20a, 38, 39 WpHG.

bbb) Abstrakte Preiseinwirkungseignung der Geschäfte

Bei beiden Varianten des § 20a Abs. 1 S. 1 Nr. 2 WpHG müssen die Geschäfte oder Geschäftsaufträge eine abstrakte Preiseinwirkungseignung aufweisen. Nur weil ein Geschäft mit Manipulationsabsicht abgeschlossen wird, bedeutet dies noch nicht, dass ihm auch tatsächlich eine Signalwirkung für den Markt oder die übrigen Marktteilnehmer innewohnt oder es dazu geeignet ist, das Preisniveau zu beeinflus-

---

[411] BGHSt 16, 1 und 18, 246.
[412] Ähnlich VOGEL A/S § 20a Rn. 215, der zwar sowohl bei zulässiger Kurspflege wie auch bei rechtswidriger Manipulation eine Preisbeeinflussungsabsicht sieht, aber gerade aufgrund dessen eine subjektivierende Ansicht ablehnt; der Tatbestand sei ohne weitere Tatbestandsmerkmale hinreichend konturiert.

sen. Erforderlich ist also, dass die Geschäfte und Geschäftsaufträge in Bezug auf die Handelssituation des jeweiligen Finanzinstruments ein erhebliches Volumen aufweisen, das auch dazu geeignet ist, die Aufmerksamkeit der übrigen Anleger zu erregen. Ansonsten würde solchen Geschäften keine Signalwirkung oder Preiseinwirkungseignung zukommen, weshalb in einem solchen Fall nicht nur die Strafbarkeit, sondern auch eine Ordnungswidrigkeit mangels Tatbestandsmäßigkeit entfiele.

b) Subjektive Tatbestandsvoraussetzungen

Wie bereits angesprochen, verlangt der Tatbestand im subjektiven Bereich keine Absicht zur Manipulation, sondern lediglich Vorsatz im Sinne von § 15 StGB, § 38 Abs. 2 WpHG.

Dieses Erfordernis einfachen Vorsatzes kommt allerdings nur bedingt zum Tragen, wenn man mit der hier vertretenen Auffassung davon ausgeht, dass die Tatbestandsmerkmale „falsche/irreführende Signale" und „künstliches Preisniveau" zwingend auch ein subjektives Kriterium enthalten. Verlangt man mit EICHELBERGER zutreffend, dass der Handelnde bei seinem Tun Manipulationsabsicht hegen müsse, ist es müßig, für das in § 38 Abs. 2 StGB enthaltene Tatbestandsmerkmal, dass der Börsen- oder Marktpreis des betreffenden Finanzinstruments auch tatsächlich beeinflusst worden sein muss, einfachen Vorsatz, also auch Eventualvorsatz, ausreichen zu lassen: die Manipulationsabsicht umfasst denknotwendig auch die Einwirkung auf den Preis.

c) Typische Erscheinungsformen handelsgestützter Manipulation

Unabhängig von den Ausführungen zur Auslegung des Tatbestands der handelsgestützten Manipulation werden im Folgenden typische Fallgestaltungen für diese Manipulationsvariante vorgestellt, um diejenigen manipulativen Verhaltensweisen aufzuzeigen, die der Gesetzgeber bei der Fassung des Gesetzes insbesondere im Blick hatte. Damit sollen die Unterschiede zu den zulässigen Kurspflegemaßnahmen verdeutlicht und mögliche Ansätze zur genaueren Inhaltsbestimmung der Manipulationsabsicht gewonnen werden.

Unterschieden werden Manipulationen mittels ineffektiver (fiktiver) Geschäfte und solche mittels effektiver (tatsächlicher) Geschäfte:

aa) Manipulationen mittels ineffektiver (fiktiver) Geschäfte

Bei den ineffektiven Geschäften handelt es sich um die klassische Variante der handelsgestützten Manipulation; zum Teil werden sie in der Literatur auch als fiktive Geschäfte bezeichnet.[413]

Diese Manipulationen funktionieren im Grundsatz alle auf dieselbe Weise: Sie imitieren das natürliche Börsengeschehen, dessen Ergebnis stets der „natürliche" Marktpreis ist. Dem äußeren Anschein nach liegen gewöhnliche Handelsumsätze und Aufträge verschiedener Marktteilnehmer vor, die jeweils für sich aufgrund ihrer eigenen Bewertung von Wertpapieren und Anlagestrategien kaufen oder verkaufen. Wie bei jedem Umsatz haben Kauf und Verkauf Auswirkung auf den Preis: Sinkt das Angebot für ein Handelsobjekt, weil offene Angebote des betreffenden Wertpapiers aufgekauft werden, wird für die verbleibenden angebotenen Papiere der Preis steigen; werden Bestände wieder verkauft, steigt das Angebot und die Preise fallen. Der Markt gewinnt darüber hinaus den Eindruck eines regen Handels in dem betreffenden Wert, was unabhängig vom Preis die Anlageattraktivität erhöht.[414] Erhöhte Handelsaktivität, erhöhte Umsätze und erhöhte Liquidität können ungeachtet der Preisentwicklung oftmals wie ein Magnet auf die Anleger wirken.[415] Kein Anleger muss bei einer solchen Situation damit rechnen, die Papiere nicht wieder zu einem vertretbaren Preis absetzen zu können.

Tatsächlich operieren aber bei den fiktiven Geschäften wirtschaftliche Einheiten und nicht verschiedene Personen. Auf einander abgestimmte Verkaufs- und Kaufaufträge werden wirtschaftlich von derselben Person getätigt oder von Personen, die sich zuvor darüber verständigt haben.[416] Eine tatsächliche Lieferung und Bezahlung der verkauften Papiere findet dann gar nicht statt oder diese werden später zu denselben Konditionen rückabgewickelt.[417] Entscheidend ist aber, dass die Börse diese nur scheinbar wirtschaftlich motivierten Handelsaktivitäten dennoch als reelle Umsätze wahrnehmen muss; es werden die Preise wiedergegeben, zu denen die letzten Orders ausgeführt wurden und der Anlegerschaft wird der Eindruck regen Handels und liquiden Marktes vermittelt.[418] Von eben dem Umstand, dass aus der Sicht der „Vertragsparteien" diesen Geschäften die wirtschaftliche Relevanz

---

[413] So bspw. LENZEN S. 9; VOGEL A/S Vor § 20a Rn. 35.

[414] Vgl. EICHELBERGER S. 24; LENZEN S. 9.

[415] Vgl. EICHELBERGER S. 24 m. w. N. und VOGEL A/S Vor § 20a, Rn. 35.

[416] LENZEN S. 9; VOGEL A/S Vor § 20a Rn. 35.

[417] Siehe nur SCHWARK S/Z-KMRK WpHG § 20a Rn. 24 ff.

[418] EICHELBERGER S. 24, dort Fn. 71; LENZEN S. 9.

fehlt, rührt auch die mitunter missverständliche Bezeichnung „fiktive Geschäfte" her. Ihre manipulatorische Wirkung können diese Handlungen aber doch nur entfalten, weil sie für den Markt keine bloße Fiktion sind, sondern reell abgeschlossene Geschäfte, die sich für jedermann sichtbar im Börsenkurs niederschlagen.[419] Dies sind dann die falschen oder irreführenden Signale, die auf den Markt einwirken und zu einem künstlichen Preisniveau führen können.

Um tatsächliche Zahlungs- und Lieferverpflichtungen am Ende der verschiedenen Transaktionen zu vermeiden, werden verschiedene Konstruktionen von fiktiven Geschäften angewandt. Die gängigsten sollen hier kurz dargestellt werden:[420]

aaa)   „Wash Sales"

Bei den sogenannten „Wash Sales"[421] tritt der Umstand, dass die Geschäfte mangels Vermögensverschiebung wirtschaftlich bedeutungslos sind, am deutlichsten zu Tage.[422] Das Vorgehen ist denkbar einfach: Eine Person erteilt zeitgleich korrespondierende Kauf- und Verkaufsaufträge für ein Handelsobjekt, also beispielsweise eine Kauforder über 5000 Aktien mit einem Preis-Limit von je 150 EUR und eine Verkaufsorder über 5000 Aktien derselben Aktiengesellschaft mit einem Limit von ebenfalls 150 EUR, während der zuletzt festgestellte Preis an der Börse nur 135 EUR beträgt. Der Preis der auf diese Art und Weise gehandelten Aktien steigt, die exakt gegenläufig limitierten Aufträge („5000 verkaufen zu je mindestens 150" und „5000 kaufen zu je höchstens 150") werden gegeneinander ausgeführt und nun wird ein Geschäft mit dem Abschlusspreis von 150 EUR als letzte Ausführung gelistet. Bei wiederholtem Vorgehen nach diesem Muster lässt sich der Preis eines Finanzinstruments sukzessive nach oben ziehen.[423] Um der Börsenüberwachung und dem übrigen Börsenpublikum zu verhehlen, dass in Wahrheit Umsätze ohne tatsächliche Transaktion generiert werden sollen, tritt als Vertragspartner regelmäßig ein sogenannter Strohmann oder ein verbundenes Unternehmen auf, welches an

---

[419] EICHELBERGER S. 25.

[420] Ausführlich zu den Manipulationspraktiken siehe EICHELBERGER S. 25 ff.; LENZEN S. 9; SCHRÖDER Kapitalmarktstrafrecht Rn. 488 ff.; SORGENFREI Park-Kapitalmarktstrafrecht Teil 3 Kap. 4 T1 Rn. 102; WASCHKEIT S. 45 ff.

[421] Weniger gebräuchlich auch „Wash Trades", Scheingeschäfte, „Cross Trades" und „Crossing", vgl. EICHELBERGER S. 26, HOPT Kapitalanlegerschutz S. 492, und WASCHKEIT S. 45.

[422] Vgl. SORGENFREI Park-Kapitalmarktstrafrecht Teil 3 Kap. 4 T1 Rn. 102.

[423] SCHRÖDER Kapitalmarktstrafrecht Rn. 489; WASCHKEIT S. 45, bezeichnet diese Form der Kurssteigerung peu à peu als Treppe.

einer anderen Börse den entsprechenden Auftrag erteilt.[424] Die wirtschaftliche Identität der Vertragspartner ist damit nicht ohne weiteres erkennbar. Bei welchen Vertretungskonstellationen die Geschäfte zivilrechtlich Bestand haben und bei welchen nicht – zu denken ist an Konfusion[425] oder ein Scheingeschäft nach § 117 Abs. 1 BGB[426] – ist hier nicht von Interesse.

Genau auf diese Manipulationstechniken weist § 3 Abs. 1 Nr. 3 MaKonV hin. § 3 der Verordnung soll die unbestimmten Rechtsbegriffe „falsche/irreführende Signale" und „künstliches Preisniveau" des § 20a Abs. 1 S. 1 Nr. 2 WpHG konkretisieren und stellt klar, dass Anzeichen für falsche oder irreführende Signale insbesondere Geschäfte sein können, die zu keinem Wechsel des wirtschaftlichen Eigentümers eines Finanzinstruments führen. Damit ist nichts anderes gemeint als die Vornahme oben beschriebener fiktiver Geschäfte. Der Verordnungsgeber verwendet die Begriffe „Anzeichen für" und „insbesondere", womit klar ist, dass es sich bei dieser Hilfestellung zur Auslegung des Gesetzes weder um eine zwingende Regel handelt – also nicht *jedes* Geschäft ohne Wechsel des wirtschaftlichen Eigentümers soll eine Marktmanipulation nach § 20a Abs. 1 S. 1 Nr. 2 WpHG sein – noch um eine abschließende.[427] Auch bei Vorliegen eines Manipulationsanzeichens steht die zivil- und strafrechtliche Bewertung stets unter dem Vorbehalt einer eingehenden Prüfung des Einzelfalls anhand des Gesetzes; dies kann § 3 Abs. 1 MaKonV dem Rechtsanwender nicht abnehmen.[428]

bbb) „Matched Orders"

Bei einer Manipulation mittels „(Improper) Matched Orders", also mittels auf einander abgestimmter Aufträge, werden wie bei den „Wash Sales" korrespondierende Aufträge über dem aktuellen Börsenniveau mit dem Ziel erteilt, den Preis eines Handelsobjekts auf ein höheres Niveau zu bringen. Die entsprechenden Orders werden bei diesem Vorgehen zwar von verschiedenen Personen gegeben, weshalb sich hier im Gegensatz zu den „Wash Sales" tatsächlich zunächst die Eigentumsverhältnisse ändern; aber infolge der Absprache werden die Wertpapiere entweder

---

[424] HOPT Kapitalanlegerschutz, S. 492; LENZEN S. 10; WASCHKEIT S. 45.

[425] Vereinigen sich Schuldner- und Gläubigerposition einer Forderung in einer Person, so erlischt die Forderung in der Regel, s. nur GRÜNEBERG Palandt Überbl v § 362 Rn. 4.

[426] WASCHKEIT S. 45, geht nicht zwingend von einer Nichtigkeit der Aufträge nach § 117 Abs. 1 BGB aus, da ein rechtlicher Erfolg – nämlich in Form der Kursnotiz – ja regelmäßig bezweckt sei.

[427] MOCK/STOLL/EUFINGER KK-WpHG § 20a Anh. I - § 3 MaKonV Rn. 4 f., die darüber hinaus auch davon ausgehen, dass es sich nicht einmal um eine regelhafte Vermutung handele.

[428] MOCK/STOLL/EUFINGER KK-WpHG § 20a Anh. I - § 3 MaKonV Rn. 5.

sofort – oder nach dem Verstreichenlassen einer gewissen Schamfrist – wieder zu-rückverkauft.[429] Insofern kann man auch hier vom Fehlen wirtschaftlicher Rele-vanz der Transaktionen und somit von fiktiven Geschäften sprechen, denn Ge-schäfte aufgrund tatsächlicher Anlageentscheidungen führen regelmäßig nicht zu einem wiederholten Hin- und Herschieben von Aktienpaketen.

Für diese Fallgruppen hält die MaKonV in § 3 Abs. 2 Nr. 3 einen verbindlichen Anwendungsfall bereit, nämlich wenn Geschäfte oder einzelne Kauf- oder Ver-kaufsaufträge über Finanzinstrumente in den Markt gegeben werden, „die zu im Wesentlichen gleichen Stückzahlen und Preisen von verschiedenen Parteien, die sich abgesprochen haben, erteilt werden, es sei denn, diese Geschäfte wurden im Einklang mit den jeweiligen Marktbestimmungen rechtzeitig angekündigt." Diese Regelung zielt erkennbar auf Manipulationen mittels „Matched Orders" und „Cir-cular Trading" (dazu sogleich) ab. Im Gegensatz zu der bloßen Indizien-Sammlung für Manipulationen des § 3 Abs. 1 MaKonV normiert der Abs. 2 („ Irreführende Signale [...] werden insbesondere auch durch Geschäfte [...] gegeben, die [...]") verbindlich als Manipulation einzuordnende Handlungsweisen.[430] Ein Vorbehalt der Einzelfallprüfung wie bei Abs. 1 existiert nicht; ist ein Anwendungsfall ver-wirklicht, so ist zwingend die Handlung als verboten und bei tatsächlicher Beein-flussung als strafbar zu bewerten.[431]

Von einem Fall aus der jüngeren Vergangenheit kann man im Jahresbericht der BaFin für das Jahr 2007[432] lesen: „Ein deutscher und ein polnischer Privatanleger handelten zwischen Oktober und November 2005 mit einem sehr illiquiden Opti-onsschein an der Stuttgarter Börse. Durch aufeinander abgestimmte Kauf- und Verkaufsaufträge erzeugten sie in 115 Fällen künstlich Börsenpreise. Sie nutzten dabei den vergleichsweise weiten „Spread" (Geld-Brief-Spanne[433]) des Options-scheins. Nach einem systematisch wiederkehrenden Muster schlossen die beiden Anleger zunächst an der EUWAX ein Kaufgeschäft auf dem niedrigen Niveau der

---

[429] Vgl.; LENZEN S. 11; SCHWARK S/Z-KMRK WpHG § 20a Rn. 25; SORGENFREI Park-Kapital-marktstrafrecht Teil 3 Kap. 4 Tl Rn. 102; WASCHKEIT S. 47.

[430] MOCK/STOLL/EUFINGER KK-WpHG § 20a Anh. I - § 3 MaKonV Rn. 24.

[431] MOCK/STOLL/EUFINGER KK-WpHG § 20a Anh. I - § 3 MaKonV Rn. 24.

[432] BaFin Jahresbericht 2007, S. 183; abrufbar auch im Internet http://www.bafin.de/SharedDocs/ Downloads/DE/ Jahresbericht/dl_jb_2007.html?nn=2818588 (zuletzt abgerufen am 06.20.2012).

[433] Genauer: Beim sog. „Spread" handelt es sich unter anderem um die Differenz zwischen dem besten Kauf- und Verkaufskurs für ein Wertpapier zu einem bestimmten Zeitpunkt, vgl. SIEBERS/ WEIGERT S. 305.

Geldseite[434] ab, um kurze Zeit später dann an der Frankfurter Börse auf dem höheren Niveau der Briefseite zu verkaufen. Sie handelten dabei ausschließlich miteinander. Andere Handelsteilnehmer waren an den Geschäften nicht beteiligt. Aufgrund des weiten „Spreads" erzielten sie auf einem Depot einen Gewinn von 148.482 EUR, zu Lasten des anderen Depots." Beide Anleger wurden wegen Marktmanipulation durch das Amtsgericht Tiergarten[435] zu Geldstrafen verurteilt.

ccc)   „Circular Trading"

Eine noch komplexere Form von „Wash Sales" und „Matched Orders" ist das sogenannte „Circular Trading". Finden die Absprachen zum Aktienver- und -rückkauf zwischen mehr als zwei Personen statt, spricht man von „Circular Trading". Man könnte es deutsch auch Ringgeschäft[436] nennen.[437] Das Prinzip bleibt immer das gleiche, unabhängig davon, wieviele Personen sich an diesem Scheinhandel beteiligen und wie komplex die Tauschabfolge gestaltet wird: Am Ende der Transaktionskette ist der ursprüngliche Veräußerer eines Pakets wieder der Inhaber der Wertpapiere.[438] Einziger Zweck der Geschäfte ist es, den übrigen Marktteilnehmern einen regen, liquiden Handel im bewussten Finanzinstrument vorspiegeln und/oder zugleich den Kurs auf ein den Manipulanten gefälliges Niveau zu bringen.[439]

---

[434] Geldkurs oder nur „Geld" bezeichnet im Börsenjargon den Ankaufkurs für Wertpapiere, vgl. SIEBERS/WEIGERT S. 161; der Briefkurs ist dementsprechend der Verkaufskurs.

[435] Das Urteil des AG Tiergarten ist nicht veröffentlicht und lediglich nachzulesen im Bericht der BaFin.

[436] FLEISCHER Fuchs-WpHG § 20a Rn. 53, und SCHWARK S/Z-KMRK WpHG § 20a Rn. 25, sprechen von Ringkäufen und -verkäufen.

[437] LENZEN S. 11 f.; SCHRÖDER Kapitalmarktrecht Rn. 492; SCHWARK S/Z-KMRK WpHG § 20a Rn. 25; SORGENFREI Park-Kapitalmarktstrafrecht Teil 3 Kap. 4 T1 Rn. 102; VOGEL A/S § 20a Rn. 166; WASCHKEIT S. 49.

[438] Dies gilt nur nicht im Falle des sogenannten „Parking" oder „Warehousing", dann verbleiben die Aktien absprachegemäß nach der Transaktion beim Käufer, um die wirtschaftliche Zugehörigkeit der Finanzinstrumente zu verdecken, vgl. WASCHKEIT S. 47 f. Das „Parking" wird dann aber mitunter als Manipulation durch effektive Geschäfte verstanden, vgl. VOGEL A/S Vor § 20a Rn. 36.

[439] Insoweit zutreffend WASCHKEIT S. 49, die „Circular trades" als einen Unterfall des „Pooling" ansieht, es im Übrigen für unerheblich hält, ob man sich ihrer Ansicht anschließt, mit ZIOUVAS ZGR 2003 S. 113, 133, einen Unterfall der „Matched Orders" annimmt oder mit LENZEN S. 11 f., eine eigenständige Fallgruppe manipulativer Transaktionen.

bb) Manipulationen mittels effektiver Geschäfte

Auch Transaktionen, die tatsächlich zu Vermögensänderungen bei den Beteiligten führen, also wirtschaftliche Relevanz besitzen, können dazu geeignet sein, den Preis eines bestimmten Finanzinstruments durch falsche oder irreführende Signale zu beeinflussen oder ein künstliches Preisniveau herbeizuführen. Mehr als bei den fiktiven Geschäften muss bei der Auslegung der Vorschrift darauf geachtet werden, dass kein unsachgemäß weiter Tatbestandsbereich etabliert wird. Der Abschluss effektiver Geschäfte ist schließlich der „bestimmungsgemäße Gebrauch" der Börse und daher ist besonders sorgfältig zu hinterfragen, ob der Gesetzgeber die Inkriminierung von solchen Handlungen tatsächlich beabsichtigte, und bei der Anwendung des Rechts durch den Rechtskundigen ist der Tatbestand besonders sorgfältig zu prüfen. Wie bereits angesprochen wurde mit dem AnSVG 2004 das subjektive Tatbestandsmerkmal der Manipulationsabsicht aus dem Gesetzestext eliminiert. Beabsichtigt war, durch den Verzicht auf dieses schwer nachweisbare subjektive Tatbestandserfordernis eine bessere Anwendbarkeit zu erreichen. Liest man entgegen der hier vetretenen Auffassung[440] auch in die Tatbestandsmerkmale „falsche/irreführende Signale" und „künstliches Preisniveau" keine subjektiven Kriterien hinein, hat dies allerdings auch zur Folge, dass bereits ein Wertpapierhandel in dem Bewusstsein (also mit *dolus directus* 2. Grades), dass dieser – neben dem Hauptanliegen des Marktteilnehmers – auch dazu geeignet ist, falsche oder irreführende Signale in den Markt auszusenden oder zu einem künstlichen Preisniveau zu führen (wie auch immer diese Tatbestandsmerkmale dann auszulegen wären), der Tatbestandsvariante des § 20a Abs. 1 S. 1 Nr. 2 WpHG unterfällt. Die Unterscheidung zwischen strafloser Kurspflege und strafbarer Manipulation müsste dann auch anhand rein objektiver Kriterien im Rahmen der Prüfung der Tatbestandsmerkmale „falsch", irreführend" und „künstlich" getroffen werden.[441]

Um dies zu ermöglichen hat der Gesetzgeber zum einen in § 20a Abs. 2 WpHG einen „Safe Harbour"-Tatbestand für den Gepflogenheiten des Marktes entsprechende Handlungen mit legitimen Absichten eingerichtet. Zum anderen ist mit § 20a Abs. 5 WpHG die Verordnungsermächtigung für konkretisierende Vorschriften eingerichtet worden. Dementsprechend nimmt die MaKonV in 3 Abs. 1 Nr. 1 Bezug auf diese Manipulationen mittels effektiver Geschäfte und bestimmt diverse Anzeichen, die auf die Eignung hindeuten, falsche und irreführende Signale für den

---

[440] S. oben Drittes Kapitel A. II. 3. a) dd).
[441] So VOGEL A/S Vor § 20a Rn. 37.

Preis und die Nachfrage von Finanzinstrumenten abzugeben sowie künstliche Preisniveaus herbeizuführen.

Ungeachtet der Frage, wie der Tatbestand der handelsgestützten Manipulation nun auszulegen ist, sollen im Folgenden die „klassischen" Manipulationstechniken mittels effektiver Geschäfte kurz dargestellt werden.

aaa) „Short Sales"

Bei Leerverkäufen, auch als „Short Sales"[442] bekannt, schließt der Verkäufer Kaufverträge über Wertpapiere ab, die er zum Zeitpunkt des Vertragsschlusses noch gar nicht zu seiner Verfügung hat.[443] Dies ist keine Besonderheit im Kapitalmarktrecht: Nach den allgemeinen zivilrechtlichen Regeln kann sich jedermann dazu verpflichten, Sachen zu übereignen, über die er zum Zeitpunkt des Verkaufs noch gar nicht verfügen kann; § 311a BGB steht nicht entgegen. Der Verkäufer geht damit eine Beschaffungsschuld ein, die er durch Zukäufe am Markt zu decken hat.[444] Gemäß den Bestimmungen an den deutschen Börsen hat der Verkäufer am zweiten Tag nach dem Tag des Geschäftsabschlusses diese Verpflichtung zu erfüllen.[445] Somit bleiben dem Verkäufer zwei Tage Zeit, die notwendigen Finanzinstrumente zu beschaffen, entweder durch gewöhnliche Deckungskäufe auf dem Markt oder durch eine sogenannte „Wertpapierleihe". Dabei handelt es sich nicht um eine Leihe im zivilrechtlichen Sinne, sondern vielmehr um ein entgeltliches Wertpapierdarlehen, an dessen Laufzeitende die Wertpapiere zurückgegeben werden müssen.[446] Mit der Wertpapierleihe kann der Verkäufer somit nur den Zeitpunkt der zu tätigenden Deckungskäufe hinauszögern, denn schließlich muss er auch seiner Rückgabeverpflichtung gegenüber dem „Entleiher" nachkommen. Werden Leerverkäufe riskant

---

[442] Der Begriff rührt daher, dass der Verkäufer eine sogenannte „Short position" eingeht.

[443] LENZEN S. 18; SCHRÖDER Kapitalmarktstrafrecht Rn. 499; SORGENFREI Park-Kapitalmarktstrafrecht Teil 3 Kap. 4 Tl Rn. 140; VOGEL A/S Vor § 20a Rn. 36.

[444] Siehe nur SCHMIDT-KESSEL Weinreich § 243 Rn. 7.

[445] S. für die Frankfurter Wertpapierbörse § 7 Abs. 1 der Bedingungen für Geschäfte an der Frankfurter Wertpapierbörse (Stand: 15.04.09), abrufbar im Internet auf unter der Adresse http://deutsche-boerse.com; s. für die Börse München § 15 Abs. 1 der Bedingungen für Geschäfte an der Börse München (Stand: 14.11.08), abzurufen im Internet unter der Adresse http://www.boerse-muenchen.de.

[446] SCHRÖDER Kapitalmarktstrafrecht Rn. 500.

ohne eine zuvor arrangierte Möglichkeit zur Beschaffung der notwendigen Finanzinstrumente getätigt, wird dies „Naked short selling" genannt.[447]

Diese seit jeher bestehende Möglichkeit zur Durchführung von ungedeckten Leerverkäufen ist nunmehr durch das Gesetz zur Vorbeugung gegen missbräuchliche
Wertpapier- und Derivategeschäfte[448] vom 21.07.2010 ganz erheblich eingeschränkt worden. Im Rahmen der gesetzestechnischen Aufarbeitung der internationalen Finanzkrise in den Jahren 2008 und 2009 wurde der § 30h in das WpHG aufgenommen, um den Markt schädigende Spekulationen einzuschränken.[449] § 30h
WpHG untersagt nunmehr unter bestimmten Voraussetzungen die Tätigung von
ungedeckten Leerverkäufen. Gemäß § 39 Abs. 2 Nr. 14 lit. a WpHG ist eine Zuwi-
derhandlung als Ordnungswidrigkeit mit Bußgeld bedroht; eine Strafdrohung sieht
das Gesetz aber nicht vor. Darüber hinaus wird in zivilrechtlicher Hinsicht gemäß
§ 134 BGB eine Nichtigkeit des Geschäfts in Betracht zu ziehen sein.

Insbesondere auch vor dem Hintergrund dieser neuen gesetzlichen Bewertung von
Leerverkäufen stellt sich, wie schon nach alter Rechtslage, die Frage, wann „Short
Sales" den Straftatbestand der Marktmanipulation erfüllen.

Leerverkäufe, vor allem in großer Zahl, können zu einem Preisverfall aufgrund des
sprunghaft ansteigenden Angebots führen.[450] Möglich ist sogar eine Verkaufspanik
unter den Anlegern des jeweiligen Papiers, welche dann einen noch stärkeren Ne-
gativ-Effekt auf den Preis hat. Dies erklärt sich aus dem psychologischen Effekt,
den umfangreiche Verkäufe auf die übrigen Anleger haben: Da diesen nicht be-

---

[447] FLEISCHER Fuchs-WpHG § 20a Rn. 130; riskant sind diese Geschäfte, weil sie unter Umständen
auch dazu führen können, dass der Verkäufer seiner Lieferverpflichtung gar nicht nachkommen
kann; in diesem Fall wird eine Zwangsregulierung entsprechend den Geschäftsbedingungen der
jeweiligen Börse vorgenommen – der Skontroführer kauft dann die erforderlichen Papiere am Tag
der Regulierung zum aktuellen Börsenpreis und stellt den Kaufpreis dem säumigen Schuldner in
Rechnung, vgl. für die Frankfurter Wertpapierbörse § 10 Abs. 1 und 2 der Geschäftsbedingungen,
für die Börse München § 17 Abs. 1 und 2 der Geschäftsbedingungen.
[448] BGBl. I 2010, 945.
[449] Bereits zuvor hatte die BaFin im Rahmen ihrer Befugnisse des § 4 Abs. 2 WpHG durch Allge-
meinverfügung vom 19.09.08 (abrufbar im Internet unter der Adresse www.bafin.de) den Leerverkauf von Aktien diverser deutscher Finanz-Unternehmen untersagt, da Einwirkungen auf die
Marktpreise bestimmter Unternehmen „zu exzessiven Preisbewegungen führen könnten, welche die
Stabilität des Finanzsystems gefährden könnten und somit zu erheblichen Nachteilen für den Finanzmarkt führen können"; zu den betroffenen Finanzinstrumenten zählten u. a. die Aktien der
Deutsche Bank AG, der Commerzbank AG, der Münchner Rückversicherungsgesellschaft AG und
der Hypo Real Estate Holding AG; durch weitere Verfügungen wurde diese Untersagung bis zum
31.05.09 verlängert und schließlich mit Wirkung zum 27.07.2010 wieder aufgehoben.
[450] LENZEN S. 18.

kannt ist, dass der Abstoßende tatsächlich keine Wertpapiere in seinem Portfolio hat, müssen sie davon ausgehen, dass die Verkäufe auf investitionsrelevante Informationen zurückzuführen sind, über die der Verkäufer verfügt und aufgrund deren er das Wertpapier mit dem aktuellen Börsenpreis für überbewertet hält.[451] Als Reaktion auf diese vermeintliche Überbewertung des Finanzinstruments stoßen auch sie ihre Bestände ab. — Kann der aus den Verkaufsgeschäften Verpflichtete im Erfüllungszeitraum (innerhalb zweier Tage) zu einem – aufgrund des durch seine Aktion herbeigeführten Preisverfalls – günstigeren Preis die notwendigen Wertpapiere auf dem Markt einkaufen, macht er Gewinn. Ob Leerverkäufe die oben angeführten Auswirkungen auf den Markt tatsächlich zur Folge haben, hängt natürlich von der Handelssituation des betroffenen Finanzinstruments ab, also insbesondere die Liquidität des Handels und vor allem auch auf den Umfang der „Short Sales".

In Betracht kommen bei solchem Verhalten sowohl eine handelsgestützte Manipulation nach § 20a Abs. 1 S. 1 Nr. 2 WpHG wie auch eine sonstige Täuschungshandlung nach Nr. 3. Im Rahmen der Prüfung von § 20a Abs. 1 S. 1 Nr. 2 WpHG ist also zu fragen, unter welchen Umständen Leerverkäufe dazu geeignet sind, falsche oder irreführende Signale für das Angebot, die Nachfrage oder den Börsen- oder Marktpreis zu geben oder ein künstliches Preisniveau herbeizuführen. Schon zu Zeiten, als § 88 BörsG a. F. die maßgebliche Strafnorm war, war die Frage der Strafbarkeit von Leerverkäufen nicht abschließend geklärt, sondern wurde meist anhand des Vorliegens einer Manipulationsabsicht entschieden.[452] Mit den diversen Neufassungen der Norm im WpHG hat sich keine Rechtssicherheit eingestellt, der aktuelle Gesetzestext enthält diesbezüglich keine Klarstellung, sondern verzichtet lediglich auf eine Manipulationsabsicht. Die MaKonV vermag ebenfalls nicht zu helfen, da sie weder in § 3 (zu § 20a Abs. 1 S. 1 Nr. 2 WpHG) noch in § 4 (zu § 20a Abs. 1 S. 1 Nr. 3 WpHG) Anzeichen von Marktmanipulation speziell bei Leerverkäufen auflistet. Mangels einer tatsächlichen Konkretisierung des Gesetzes durch die Konkretisierungsverordnung besteht also weiterhin Streit über die Tatbestandsmäßigkeit von Leerverkäufen, wobei hauptsächlich eine Subsumtion unter die Nr. 3 und nicht unter die Nr. 2 diskutiert wird. Dreh- und Angelpunkt der Diskussion ist stets die Frage, ob solchen effektiven Geschäften ein Täuschungswert zukommt. Vorwegzunehmen ist, dass nach Meinung aller Diskutanten die Leerver-

---

[451] Vgl. SCHRÖDER Aktienhandel und Strafrecht S. 75 f.
[452] SCHWARK Schwark-BörsG § 88 Rn. 7, zur Rechtslage vor Einführung von § 30h WpHG: „Leerverkäufe [...] können den Kurs zwar [...] beeinflussen. Doch sind sie, etwa in der Form der Eigen- und Aufgabegeschäfte der Kursmakler [...], börsenrechtlich z. T. ausdrücklich gestattet, in anderen Fällen im Interesse des Marktes geboten und deshalb nicht strafwürdig. Etwas anderes gilt nur dann, wenn sie in erheblichem Umfang und zur gezielten Kursbeeinflussung eingesetzt werden."

käufe im Rahmen von Eigen- und Aufgabegeschäften[453] der Makler zulässig sind.[454] Anzumerken ist allerdings, dass sich die im Folgenden vorgestellten Aussagen sämtlich auf die alte Rechtslage vor Einführung des Verbots ungedeckter Leerverkäufe beziehen.

VOGEL[455] erachtete Leerverkäufe noch in der 5. Auflage des Kommentars zum Wertpapierhandelsgesetz Assmann/Schneider als „hoch manipulationsträchtig, da und soweit sie nahezu ohne Eigenmittel in erheblichem Umfang zur gezielten Preisbeeinflussung eingesetzt werden können, gegebenenfalls sogar ohne die Absicht, sie je zu erfüllen". — Dem ist entgegenzuhalten, dass es für die Frage der Zulässigkeit bzw. Strafbarkeit gewisser Handlungen nicht auf die leichte Ausführbarkeit (da kein eigener Wertpapierbestand vorausgesetzt wird) ankommen kann. Im wirtschaftlichen Wettbewerb geht es oftmals nur um das Ausnutzen von Preisunterschieden auf dem Markt, ohne dass eine sonstige Leistung erbracht wird.

SCHRÖDER[456] weist darauf hin, dass Leerverkäufen keine Täuschung dergestalt innewohne, dass man über die verkauften Wertpapiere bereits verfüge und sie nicht erst noch später am Markt – und zwar vorzugsweise zu einem günstigeren Preis – besorgen müsse. Vielmehr erkläre der Verkäufer beim Geschäftsabschluss nur, dass er die Papiere liefern werde, nicht, dass er sie bereits zur Verfügung habe. — Dem ist angesichts der neuen Rechtslage nur noch bedingt zuzustimmen. Seit der Einführung des Verbots von ungedeckten Leerverkäufen wird man für diese Fälle davon ausgehen müssen, dass jedenfalls bei Vertragsschluss auch schlüssig erklärt wird, dass der Verkäufer entweder Eigentümer der Papiere sei oder aber für ausreichende Deckung im Wege der Wertpapierleihe gesorgt habe.

SORGENFREI[457] geht davon aus, dass Leerverkäufe „regelmäßig zulässige wirtschaftliche Markthintergründe besitzen und ihnen kein Täuschungsgehalt innewohnt" und dass deshalb „Leerverkäufe generell nur noch bei extrem gelagerten Sachverhalten sowie bei Verstößen gegen börsenrechtliche Verbote als manipulativ

---

[453] GROß Kapitalmarktrecht BörsG § 28 Rn. 5: „Eigengeschäfte sind Käufe und Verkäufe des Skontroführers im eigenen Namen oder Käufe und Verkäufe durch Dritte für Rechnung des Skontroführers. Aufgabegeschäfte sind solche Geschäfte, bei denen sich der Skontroführer gegenüber seinem Auftraggeber die Benennung des anderen Vertragsteils vorbehält."
[454] Siehe nur ZIOUVAS ZGR 2003, 113, 135 f.
[455] VOGEL A/S⁵ § 20a Rn. 221. In der aktuellen 6. Auflage des Kommentars trifft Vogel diese Aussage nicht mehr und verweist auf die Veränderung der generellen Wahrnehmung von Leerverkäufen seit der Weltfinanzkrise 2007, die sich in den gesetzlichen Neuerungen, u. a. dem 2010 eingeführten § 30h WpHG, ausdrückt.
[456] SCHRÖDER Kapitalmarktstrafrecht Rn. 501 f.
[457] SORGENFREI Park-Kapitalmarktstrafrecht Teil 3 Kap. 4 T1 Rn. 140.

eingestuft werden können". — Diese Aussage trifft, wie auch die Aussage SCHRÖ-DERS, bedingt zu. Begriffe wie „extrem gelagerter Sachverhalt" sind allerdings nicht dazu geeignet, Rechtssicherheit bei der Abgrenzung strafbarer und strafloser Leerverkaufsgeschäfte zu stiften. Auch die MaKonV kann keine eindeutigen, objektiven Anhaltspunkte für diese Unterscheidung aufbieten, wann durch Leerverkäufe „falsche/irreführende Signale" gesetzt oder ein „künstliches Preisniveau" erzielt wird. Es zeigt sich vielmehr, dass es eines subjektiven Kriteriums im Rahmen der Auslegung dieser Rechtsbegriffe bedarf, um abgrenzen zu können.

bbb) „Marking the close"

Als zweites und letztes Beispiel für Manipulationen mittels effektiver Geschäfte soll das „Marking the close" dargestellt werden. Hierbei möchte der Handelnde den Referenzpreis eines bestimmten Finanzinstruments zu seinen Gunsten beeinflussen. Es existieren verschiedene Referenzpreise, die auf den Handel Einfluss haben können: Dies sind zunächst die Schlusskurse im variablen Handel, die zum Ende einer Börsensitzung festgestellt werden, aber auch die Einheitskurse sowie Abrechnungskurse von Derivatekontrakten[458] und die turnusmäßigen Bewertungszeitpunkte für Fondsportfolios.[459] Wertpapiere mit großem Umsatz werden nach einer Zulassung durch die Börsengeschäftsführung variabel gehandelt, d. h. es können über den gesamten Börsentag hinweg entsprechend der jeweiligen Auftragslage – also wenn sich zwei Orders ausführbar gegenüberstehen – Abschlüsse getätigt werden. Diesen Umsätzen entsprechend wird auch der Kurs laufend festgestellt (sogenannte fortlaufende Notierung);[460] die Schlussnotierung (im Präsenzhandel nach einem akustischen Signal) wird aber nach dem Meistausführungsprinzip ermittelt. Hierbei errechnet der Skontroführer denjenigen Preis, nach dem gemäß seinem Orderbuch der höchste Börsenumsatz erzielt werden kann, sich also der größtmögliche Ausgleich von Kauf- und Verkaufsaufträgen ergibt.[461] Vor Aufnahme des Handels am nächsten Börsentag wird wieder im Wege des Meistausführungsprinzips der Eröffnungskurs errechnet.[462] Der Schlusskurs ist derjenige Kurs, der zur Errechnung des

---

[458] Vgl. die Begründung des Bundesministeriums der Finanzen zum Entwurf der KuMaKV, BR-Drucks. 639/03, S. 12.
[459] EICHELBERGER S. 40; MOCK/STOLL/EUFINGER KK-WpHG § 20a Anh. I - § 3 MaKonV, Rn. 17.
[460] SCHLÜTER G Rn. 302, 646 ff.; vgl. außerdem GERKE S. 817, S. 327 f. und S. 495.
[461] Vgl. GERKE S. 529.
[462] Vgl. GERKE S. 529. Der Eröffnungskurs muss im Übrigen deshalb nicht derselbe sein wie der Schlusskurs, weil sich Angebot und Nachfrage zwischenzeitlich ändern können.

Schlusskurses der Aktienindizes verwendet wird und der auch an die Massenmedien weitergegeben wird.

Demgegenüber wird am Einheitsmarkt lediglich einmal börsentäglich zu einem bestimmten Zeitpunkt nach dem Meistausführungsprinzip der Kurs festgestellt. Gehandelt werden hier diejenigen Papiere mit regelmäßig niedrigen Umsätzen, die von der Börsenführung daher nicht zur fortlaufenden Notierung zugelassen sind.[463]

Der Abrechnungspreis von Derivategeschäften (unter anderem der Handel mit Optionen oder Termingeschäften) wird einmal börsentäglich festgestellt. Bei Futures (als börsenmäßig handelbare Termingeschäfte) beispielsweise vereinbaren die Parteien, dass ein bestimmtes Handelsgut zu einem bestimmten zukünftigen Zeitpunkt zu einem bereits bei Geschäftsabschluss festgelegten Preis (Sicherung des Gegenwartskurses) gekauft oder verkauft werden muss.[464] Entwickelt sich der Preis des Basiswerts nach oben, macht der Käufer Gewinn, da er am Verfalltag die Ware zu einem unter dem aktuellen Marktwert liegenden Preis erhält und sofort weiterverkaufen kann. Entwickelt sich der Preis nach unten, macht der Verkäufer Gewinn, da er dann kurz vor dem Liefertermin die Ware günstig einkaufen und zu dem höheren, im Future-Kontrakt vereinbarten Preis verkaufen kann[465] – dementsprechend haben die Vertragsparteien ein gegenläufiges Interesse an der Kursentwicklung.[466]

---

[463] GERKE S. 265; SCHLÜTER G. Rn. 296 ff., 639 ff.

[464] GYOMLAY/WILLMEROTH/SIGRIST S. 81.

[465] Tatsächlich wird aber nur eine geringe Anzahl der Warentermingeschäfte wirklich ausgeführt, also zum Verfalltermin die Ware vom Future-Inhaber auch wirklich gekauft. Alternativ kann der Käufer des Futures während der Laufzeit nämlich sein „erstes Geschäft durch ein Gegengeschäft neutralisieren", indem er einen gegenläufigen Future-Kontrakt (also Verkauf statt Kauf) mit dem gleichen Fälligkeitstag und dem gleichen Kontraktwert abschließt (sogenannte Glattstellung). Vgl. hierzu GYOMLAY/WILLMEROTH/SIGRIST S. 81 f. mit einem sehr anschaulichen Beispiel; vgl. ebenfalls GERKE S. 371.

[466] Einem Termingeschäft müssen nicht unbedingt Waren als Basiswert zugrunde liegen, es sind auch sogenannte Finanzterminkontrakte möglich, also Geschäfte über Abnahme und Lieferung von Finanzinstrumenten, vgl. LINDER/TIETZ S.109. Entwickelt hat sich das Termingeschäft allerdings beim Warenhandel: Amerikanische Farmer wollten die Unwägbarkeiten der Ernte abmildern und verkauften ihr Getreide im Voraus zu einem bereits festgelegten Preis. So war für den Farmer bereits klar, welchen Preis und somit welchen Gewinn er später erzielen würde; der Käufer hingegen war vor einer möglichen Preisexplosion geschützt. Beide Parteien gewannen somit Planungssicherheit (diese Absicherungsmaßnahmen von Vermögenswerten gegen Kursrisiken nennt man übrigens ursprünglich „Hedging", vgl. GYOMLAY/WILLMEROTH/SIGRIST, S. 103; ein Begriff der heutzutage selten mit Sicherheit in Verbindung gebracht wird, zeichnen sich „Hedge fonds" doch oftmals durch höchst risikoreiche Investitionsstrategien aus). Aus diesen individuell ausgehandelten Terminkontrakten sind mittlerweile die börsenmäßig handelbaren, weil standardisierten, Futures entstanden. Deren Zweck ist aber kaum mehr die Absicherung von Kursrisiken. Die Situation lässt sich vielmehr mit derjenigen einer Wette vergleichen, bei der der eine Teil darauf tippt, dass die Preise für ein bestimmtes Gut sinken, der andere hingegen darauf, dass die Preise steigen. Dass es sich hierbei

Um die Handelbarkeit dieser Termingeschäfte an der Börse zu ermöglichen sind sie streng standardisiert, nicht nur hinsichtlich Qualität (bei Waren) und Liefermengeneinheiten, sondern auch hinsichtlich der Fälligkeitsfristen und des Verfallstages. An vier Terminen im Jahr häufen sich an den Börsen weltweit[467] die Fälligkeiten für Optionen und Futures, nämlich am dritten Freitag des dritten Monats eines jeden Quartals. Im Börsenjargon werden diese großen Verfalltage auch Hexensabbat genannt, weil sie oftmals mit außergewöhnlichen Kursbewegungen in den Basiswerten verbunden sind. Der Grund: Zum einen müssen die Investoren, um den am Terminmarkt eingegangenen Verpflichtungen zu genügen, Deckungskäufe tätigen, was zu außergewöhnlichen Umsätzen führen kann, und zum anderen versuchen viele Marktteilnehmer, vor dem Auslaufen der Kontrakte den für sie entscheidenden Basiswert in eine günstige Richtung zu bugsieren.[468] Werden Terminkontrakte nicht durch Glattstellung, also den Abschluss eines gegenläufigen Geschäfts neutralisiert, müssen entweder die Handelsobjekte real geliefert werden oder es findet ein Barausgleich statt (sogenanntes „Cash settlement"); es wird dann lediglich der Gewinn und Verlust auf den Konten der Beteiligten ausgeglichen. Bei einem „Financial future", bei dem der Basiswert ein Finanzinstrument ist, werden dann nicht die Wertpapiere im Girosammelverkehr übertragen, sondern nur die Differenz zwischen dem Futurewert und dem aktuellen Kurswert am Verfalltag gutgeschrieben.[469] Für den Barausgleich von Derivatkontrakten ist der Schlusskurs des jeweiligen Basiswerts entscheidend.

Durch eine Manipulation des Schlusskurses der Basiswerte kann somit auch und vor allem auf die darauf bezogenen Derivate Einfluss genommen werden. Durch die den Derivaten eigene Hebelwirkung („Leverage"-Effekt)[470] haben geringste Kursbewegungen im „Underlying" erhebliche Auswirkungen auf den Wert des Derivats – Manipulationen ziehen hier den maximalen Effekt für den Täter nach

---

um höchst riskante Geschäfte handeln kann, zeigt bereits der Umstand, dass Voraussetzung für die Teilnahme an solchen Termingeschäften zunächst die Leistung einer dem Volumen und Risiko des Kontraktes angemessenen Sicherheit zur Abdeckung des Verlustrisikos ist (sog. „Initial margin"). Diese Kaution wird auf einem gesonderten Konto, dem sogenannten „Margin account" verwaltet. Dabei werden bestimmte Risiko-Schwellwerte festgelegt im Verhältnis zu dem dem Derivat zugrundeliegenden Basiswert, bei deren Überschreitung der Investor zum Nachschuss von Sicherheiten aufgefordert wird. Näheres zu Futures siehe GYOMLAY/WILLMEROTH/SIGRIST S. 79 ff.

[467] In Deutschland werden Derivate nur an der Warenterminbörse Hannover, Finanzderivate an der Europäischen Terminbörse in Frankfurt (EUREX) und an der Börse Stuttgart (EUWAX) gehandelt.

[468] WEBER NZG 2003, 113, 114.

[469] LENENBACH Rn. 9.102.

[470] Eine Investition in ein Derivat erfordert weniger Kapitalaufwand als eine Direktinvestition in den Basiswert; eine Änderung im Kurswert des „Underlying" hat eine prozentual höhere Wirkung als bei einer Direktinvestition. Näheres zur Hebelwirkung von Derivaten siehe LENENBACH Rn. 9.248.

sich. Daneben können bei den sogenannten Grenzwert-Optionen („Barrier"-Optionen) durch eine Beeinflussung des Kurses des Basiswerts zum jeweiligen Schwellwert hin die Optionsrechte aktiviert („Knock-In"-Option) oder zum Erlöschen („Knock-Out"-Option) gebracht werden.[471]

Die soeben beschriebenen Funktionen und Wirkungen, die an die verschiedenen Referenzkurse geknüpft sind, machen eine Manipulation für Täter interessant. Die Manipulation erfolgt durch die Erteilung von Aufträgen im zeitlichen Zusammenhang mit der Feststellung der jeweiligen Kurse. Der Verordnungsgeber hat für die Manipulationstechnik des „Marking the close" in der MaKonV sowohl unverbindliche Anzeichen für das Vorliegen einer Manipulation (§ 3 Abs. 1 Nr. 1 lit. e) wie auch verbindliche Anwendungsfälle (§ 3 Abs. 2 Nr. 3) vorgesehen. Gem. § 3 Abs. 1 Nr. 1 lit. e MaKonV sind Geschäfte oder Handelsaufträge Anzeichen für falsche oder irreführende Signale im Sinne des WpHG, wenn sie „nahe zu dem Zeitpunkt der Feststellung eines bestimmten Preises erfolgen, der als Referenzpreis dient, und mittels Einwirkung auf diesen Referenzpreis den Preis oder die Bewertung des Finanzinstruments oder des Vermögenswerts beeinflussen". Ganz ähnlich und größtenteils deckungsgleich lautet § 3 Abs. 2 Nr. 1 MaKonV: „Irreführende Signale werden insbesondere durch Geschäfte oder einzelne Kauf- oder Verkaufsaufträge über Finanzinstrumente gegeben, die geeignet sind, über Angebot oder Nachfrage bei einem Finanzinstrument im Zeitpunkt der Feststellung eines bestimmten Börsen- oder Marktpreises, der als Referenzpreis für ein Finanzinstrument oder andere Produkte dient, zu täuschen, insbesondere wenn durch den Kauf oder Verkauf von Finanzinstrumenten bei Börsenschluss Anleger, die aufgrund des festgestellten Schlusspreises Aufträge erteilen, über die wahren wirtschaftlichen Verhältnisse getäuscht werden". Mit diesen beiden Aussagen der MaKonV soll zunächst einmal auf Art. 1 Nr. 2 Spiegelstrich 2 der Marktmissbrauchsrichtlinie[472] Bezug genommen werden, welche die Irreführung von Anlegern aufgrund manipulierter Schlusskurse als spezielles Manipulationsbeispiel herausstellt, das es zu unterbinden gilt; weiterhin wird Art. 4 lit. g der Richtlinie 2003/124/EG[473] damit umgesetzt.

Auch hier zeigt sich die Schwäche der rein objektiven Betrachtung des handelsgestützten Manipulationstatbestands. Auch in zeitlicher Nähe zur Feststellung bestimmter Referenzkurse muss Handel möglich sein. Um Verbotenes von Zulässi-

---

[471] EICHELBERGER S. 48; MOCK/STOLL/EUFINGER in KK-WpHG § 20a Anh. I - § 3 MaKonV Rn. 18; SCHRÖDER Kapitalmarktrecht Rn. 506 und 516.
[472] Richtlinie 2003/6/EG, ABl. 2003, Nr. L 96/16.
[473] Richtlinie 2003/124/EG, ABl. 2003, Nr. L 339/70.

gem zu scheiden, ist es deshalb notwendig, wie bereits mehrfach angesprochen, die subjektive Einstellung des Handelnden bei seinen Geschäften zu berücksichtigen.

d) Inhalt der Manipulationsabsicht

Nach der Betrachtung der Funktionsweise der klassischen handelsgestützten Manipulationen soll nun der Versuch unternommen werden, die von EICHELBERGER für die Auslegung der unbestimmten Tatbestandsmerkmale geforderte Manipulationsabsicht weiter zu konkretisieren.

Den soeben betrachteten Beispielen für handelsgestützte Manipulation ist gemein, dass sie sämtlich auf eine ungerechtfertigte Verbesserung der Vermögenssituation des Handelnden oder anderer begünstigter Personen gerichtet sind. Stets ist beabsichtigt, durch die Beeinflussung des Börsenkurses den Wert der eigenen gehaltenen Papiere zu erhöhen oder sich durch die Manipulation nachfolgende Differenzgeschäfte einen Gewinn zu verschaffen. Dabei ist die angestrebte Veränderung der Kurssituation in der Regel nicht durch Umstände gerechtfertigt, die das Wertpapier selbst betreffen, sondern sie wird lediglich durch die Ausnutzung von Mechanismen des Marktes herbeigeführt und ist somit als ungerechtfertigt in diesem Sinne zu bewerten. Dies legt nahe, dass jedenfalls eine Absicht zur Erlangung eines wie auch immer gearteten rechtswidrigen Vermögensvorteils – ähnlich der Rechtslage beim Betrug gemäß § 263 StGB – das Kriterium der Manipulationsabsicht erfüllt.

Neben einer solchen nachvollziehbaren Bereicherungsabsicht sind allerdings noch weitere Fallgestaltungen denkbar, bei denen sich eine Bereicherungsabsicht zwar nicht feststellen lässt, die jedoch ebenfalls als Absicht zur Manipulation zu werten sind. Insbesondere Handlungen, die durch Kursveränderungen keinen eigenen oder fremden Vermögensvorteil herbeiführen, sondern lediglich andere schädigen sollen, müssen hinzugezählt werden. Dass solche Verhaltensweisen naturgemäß seltener auftreten, soll dem nicht entgegenstehen.

Schließlich ist noch anzufügen, dass auch eine wohlmeinende Manipulation mit einer Manipulationsabsicht einhergeht.[474] In einem solchen Fall wäre von einer fremdnützigen Bereicherungsabsicht auszugehen.

Dies hieße, dass von einer Manipulationsabsicht und mithin von einer verbotenen Marktmanipulation dann auszugehen wäre, wenn der Handelnde mit rechtswidriger Bereicherungs- oder Schädigungsabsicht handelte. Da jedoch die Definiti-

---

[474] So im Ergebnis schon VOGEL A/S³ § 20a Rn. 99.

on gerade darüber Aufschluss geben soll, wann das Verhalten rechtswidrig ist, ist ein Definitionsansatz, der das Merkmal „Rechtswidrigkeit der Bereicherung/Schädigung" beinhaltet, nicht tauglich. Daher ist die Manipulationsabsicht neutral in Bezug auf die Wertung „rechtswidrig" zu formulieren.

Meiner Ansicht nach ist daher der Ansatz EICHELBERGERS dahingehend zu ergänzen, dass von einer Manipulationsabsicht insbesondere dann auszugehen ist, wenn der Handelnde bei seinen Transaktionen primär den Kurs beeinflussen will, ohne ihn der realen wirtschaftlichen Lage anpassen zu wollen, um bei Geschäften von der Diskrepanz zwischen beeinflusstem und hypothetisch unbeeinflusstem Kurs zu profitieren oder anderen einen wirtschaftlichen Nachteil zuzufügen.

Zuzugestehen ist dabei, dass diese Ergänzung die *tatsächliche* Feststellung, ob ein künstliches Preisniveau erreicht wurde, nicht zu vereinfachen vermag. Jedoch präzisiert sie rechtsdogmatisch die im Grundsatz völlig zutreffende Ansicht EICHELBERGERS, dass nur ein subjektives Element auf Seiten des Täters die Abgrenzung zwischen strafbarer Manipulation und straflosem Handeln, insbesondere der Kurspflege, auf dem Markt ermöglicht. Die unbestimmten Tatbestandsmerkmale der Geeignetheit zur Abgabe „falscher/irreführender Signale" und zur Herbeiführung eines „künstlichen Preisniveaus" können anderweitig nicht sinnvoll ausgefüllt werden. Die Ausforschung dessen, was im konkreten Einzelfall als marktgerechte Preisfaktoren oder als wahrer Wert eines Finanzinstruments anzusehen ist, ist tatsächlich nicht möglich. Mit der Forderung, dass ein rein theoretisch existierender Vergleichswert zur Subsumtion des Tatbestands herangezogen werden müsse, gäbe man den Rechtsanwendern, insbesondere den Strafverfolgungsbehörden und den erkennenden Gerichten, Steine statt Brot, da sie die Subsumtion von Sachverhalten unter die Strafnorm tatsächlich nicht ermöglichen.

e)   **Zusammenfassung**

Zusammenfassend lässt sich somit Folgendes festhalten: Geschäfte und Kauf-/Verkaufsaufträge sind dazu geeignet, falsche oder irreführende Signale in Bezug auf ein bestimmtes Finanzinstrument auf den Markt auszusenden oder ein künstliches Preisniveau herbeizuführen, wenn diese (1.) konkret ihrer Art nach zu einer Einwirkung auf den Preis geeignet sind und sie (2.) mit Manipulationsabsicht vorgenommen werden, also in der Absicht, den Kurs zu beeinflussen, ohne ihn der wahren wirtschaftlichen Lage anpassen zu wollen, und hiervon wirtschaftlich zu profitieren oder anderen wirtschaftlich Nachteil zuzufügen.

Diese Auffassung vom Tatbestand der handelsgestützten Manipulation wird im Folgenden auch bei der Untersuchung der Kurspflegemaßnahmen zugrunde gelegt.

III. § 20a Abs. 2 und 3 WpHG: Die Zulässigkeitsklauseln für anerkannte Marktpraktiken und Stabilisierungsmaßnahmen

Nach all dem wird deutlich, dass Geschäfte mit dem Ziel der Beeinflussung eines Wertpapierkurses dem äußerlichen Gepräge nach stets den handelsgestützten Manipulationen nahe stehen. Da jedoch gewisse Maßnahmen seit jeher als zulässig angesehen und dementsprechend stets geduldet und sogar befürwortet werden,[475] hat der Gesetzgeber mehrere Freistellungsklauseln, die sogenannten „Safe Harbour"-Tatbestände, in das Gesetz aufgenommen, die bei entsprechender Beachtung einen Verstoß gegen das Manipulationsverbot ausschließen. Diese finden sich in § 20a Abs. 2 und Abs. 3 WpHG: Eine Strafbarkeit wegen handelsgestützter Marktmanipulation nach § 20a Abs. 1 S. 1 Nr. 2 WpHG ist gemäß Abs. 2 der Vorschrift ausgeschlossen, wenn die Geschäfte der zulässigen Marktpraxis auf dem jeweiligen Markt entsprechen und das Handeln durch legitime Gründe motiviert ist.

§ 20a Abs. 3 WpHG nimmt den Handel mit Aktien im Rahmen von Rückkaufprogrammen und Stabilisierungsmaßnahmen von sämtlichen Varianten des Tatbestands aus, wenn sie im Einklang mit den Voraussetzungen der EG-Verordnung 2273/2003 erfolgen. Durch diesen Verweis wird die Marktmissbrauchsrichtlinie pflichtgemäß umgesetzt[476] und zugleich die EG-Verordnung Bestandteil des nationalen Gesetzes.

1. § 20a Abs. 2 WpHG – Anerkannte Marktpraxis und legitime Gründe

Gemäß § 20a Abs. 2 WpHG ist ein strafbares Verhalten ausgeschlossen, wenn die kursbeeinflussende Maßnahme mit der zulässigen Marktpraxis auf dem betreffenden Organisierten Markt oder in dem betreffenden Freiverkehr vereinbar ist und der Handelnde zugleich legitime Gründe dafür hat. Eine solche Marktpraxis liegt jedoch nur vor, wenn sie von der BaFin als solche anerkannt wird, wobei diese Anerkennung auch zeitlich nachfolgen kann. §§ 7-10 MaKonV regeln dabei den Ver-

---

[475] Siehe hierzu die Ausführungen oben Erstes Kapitel D.
[476] Art. 8 der Richtlinie 2003/6/EG, Amtsblatt der Union L 96/16.

136

fahrensablauf der Anerkennung solcher Gepflogenheiten durch die BaFin und die für die Entscheidung zu berücksichtigenden Kriterien.

Die Aufsichtsbehörde hat bisher noch keine Marktpraxis als zulässig im Sinne von § 20a Abs. 2 WpHG anerkannt. [477] Dies schließt entsprechend der gesetzlichen Regelung nicht aus, dass es eine Praxis gibt, die anerkennungsfähig im Sinne von § 20a Abs. 2 WpHG ist und daher beim kumulativen Vorliegen legitimer Gründe und einer formalen Bestätigung durch die Aufsichtsbehörde zur Freistellung von tatbestandsmäßigem Verhalten führen kann. Da jedoch derzeit keine solche Praxis bekannt ist oder auch nur diskutiert wird soll das Hauptaugenmerk dieser Untersuchung wie angekündigt auf der Bedeutung der „Safe Harbour"-Vorschriften ruhen, die über § 20a Abs. 3 WpHG Eingang in das deutsche Gesetz finden, und die Erörterung möglicher anerkennungsfähiger Marktpraktiken nach Abs. 2 im Folgenden außen vor bleiben.

Beachtenswert ist allerdings, dass das Gesetz für eine Freistellung fordert, dass zusätzlich legitime Gründe beim Handelnden vorliegen müssen, um in den Genuss der Freistellung zu gelangen. Daran zeigt sich, dass der Gesetzgeber die subjektive Einstellung bei der Vornahme der Handelsgeschäfte – trotz der Aufgabe des Erfordernisses einer Manipulationsabsicht im Rahmen des Verbotstatbestands – bei der Abgrenzung zur zulässigen Kurspflege nicht gänzlich außer Acht lassen wollte. Auch dies spricht für die von EICHELBERGER vorgeschlagene subjektivierende Auslegung der objektiven Tatbestandsmerkmale.

2.   § 20a Abs. 3 WpHG – „Safe Harbours"

Als zentrales Thema dieser Arbeit wurden bereits mehrfach die „Safe Harbour"-Tatbestände angesprochen. Das Wertpapierhandelsgesetz verweist in § 20a Abs. 3 auf die EG-VO 2273/2003, die als Verordnung der Europäischen Gemeinschaften ohnehin in Deutschland anzuwendendes Recht ist. § 5 MaKonV enthält überflüssigerweise den gleichen Verweis. Diese Durchführungsverordnung enthält nach dem Vorbild angloamerikanischer Regelungstechnik[478] eine Aufstellung von Verhaltensweisen, die in keinem Fall dem Verbot der Marktmanipulation unterfallen, die sogenannten „Safe Harbours". Die Verordnung gründet sich ihrerseits auf Art. 8

---

[477] Vgl. FLEISCHER Fuchs-WpHG § 20a Rn. 87; MOCK/STOLL/EUFINGER KK-WpHG § 20a Rn. 251; VOGEL A/S § 20a Rn. 203.
[478] VOGEL A/S § 20a Rn. 240.

i. V. m. Art. 17 Abs. 2 der Marktmissbrauchsrichtlinie 2003/6/EG, die die Kommission zum Erlass einer solchen Verordnung ermächtigt.

Der Regelungsgehalt der „Safe Harbour"-Vorschriften und die Folgen ihrer Nichtbeachtung werden im folgenden vierten Kapitel eingehend untersucht. An dieser Stelle soll lediglich ihre Rechtsnatur geklärt werden.

3. Verbrechenssystematische Einordnung der „Safe Harbours"

Möglich erscheint grundsätzlich ein Tatbestandsausschluss oder ein Rechtfertigungsgrund; andere, die Strafbarkeit ausschließende Rechtsinstitute (wie bspw. ein persönlicher Strafausschließungsgrund etc.) werden in Rechtsprechung und Literatur zutreffend nicht diskutiert. Bedeutsam wird diese Frage der Dogmatik bei Irrtümern.[479]

FLEISCHER[480], MOCK/STOLL/EUFINGER[481], VOGEL[482] und weitere Stimmen[483] in der Literatur sind der Ansicht, dass es sich jeweils um einen Tatbestandsschluss handle. Begründet wird dies mit Blick auf Abs. 2 damit, dass beim Vorliegen einer anerkannten Marktpraxis bereits der Regelungszweck des Tatbestands nicht berührt sei, da eine völlig sozial- und professionsadäquate Handlung vorliege.[484] Daher seien solche Vorgänge bereits nicht vom Tatbestand erfasst. Betreffend § 20a Abs. 3 WpHG wird ähnlich argumentiert: Eine Handlung, die – entsprechend der Formulierung in Abs. 3 – „in keinem Fall" eine Marktmanipulation darstellt, könne wohl kaum erst auf der Rechtfertigungsebene aus der strafrechtlichen Prüfung ausgeschieden werden, sondern dürfe bereits nicht tatbestandsmäßig sein.[485]

Dieser eindeutig vorherrschenden Auffassung gegenüber differenzieren BISSON/KUNZ[486]. Sie unterscheiden zwischen beiden Absätzen: Abs. 2 sei ein Rechtferti-

---

[479] Zur Irrtumsproblematik MOCK/STOLL/EUFINGER KK-WpHG § 20a Rn. 221; vgl. zu den Auswirklungen der verbrechenssystematischen Einordnung von Tatbestandsausschluss und Strafausschließungsgrund bei Irrtümern WALTER LK Vor § 13 Rn. 48.

[480] Fuchs-WpHG § 20a Rn. 76 und 92.

[481] KK-WpHG § 20a Rn. 220 und 271.

[482] VOGEL A/S § 20a Rn. 171 und 243.

[483] U. a. SCHRÖDER Kapitalmarktstrafrecht Rn. 536; s. insbesondere MOCK/STOLL/EUFINGER KK-WpHG § 20a Rn. 217 m. w. N.

[484] Vgl. MOCK/STOLL/EUFINGER KK-WpHG § 20a Rn. 222.

[485] Vgl. VOGEL A/S § 20a Rn. 243.

[486] BKR 2005, S. 186, 189.

gungstatbestand, bei Abs. 3 handle es sich um einen Tatbestandsausschluss. Näher begründet wird dies allerdings nicht.

Die auf der Formulierung des Gesetzes basierende Argumentation für einen Tatbestandsausschluss ist nachvollziehbar. Nach WALTER[487] muss man von zwei Arten von Tatbestandsausschlüssen ausgehen, nämlich erstens von solchen, die ein Verhalten von der Strafbarkeit ausnehmen, obgleich es im Übrigen Unrecht bleibt (Tatbestandsausschluss trotz Unrechts), und zweitens solchen, bei denen das betreffende Verhalten bereits außerstrafrechtlich kein Unrecht birgt und mithin rechtmäßig ist (Tatbestandsausschluss wegen fehlenden Unrechts). Von dieser zweiten Gattung des Tatbestandsausschlusses ist im Fall der „Safe Harbours" auszugehen. Das freigestellte Verhalten ist allseits anerkannt und erwünscht, ist also mitnichten Unrecht. Es wird deshalb – obwohl es sich unter den Tatbestand des Verbots der Marktmanipulation subsumieren lässt – von diesem ausgenommen, weil es sich nämlich um grundsätzlich rechtmäßiges Verhalten handelt. Ein Rechtfertigungsgrund hat auf dem Boden der Ansicht von WALTER gegenüber dem Tatbestandsausschluss seiner ersten Variante die Konsequenz, dass das jeweilige Verhalten über die Grenzen des Strafrechts hinaus vom Makel des Unrechts befreit wird.[488] Ein Tatbestandsausschluss in der zweiten Variante kann demnach einem Rechtfertigungsgrund stark ähneln; entscheidend ist auch insoweit die rechtliche Einordnung, ob das Unrecht auf allen Bewertungsebenen (Sitte – Recht – Strafrecht) entfällt (dann Rechtfertigungsgrund) oder ausschließlich im Bereich des Strafrechts (dann Tatbestandsausschluss).[489] Eine solche über den Straftatbestand hinaus reichende – also rechtfertigende – Wirkung der Abs. 2 und 3 des § 20a WpHG lässt sich allerdings nicht feststellen. Nach anderen Rechtsvorschriften können Kurspflegemaßnahmen durchaus widerrechtlich sein, obgleich eine Strafverfolgung dank der Zulässigkeitsklausel des WpHG ausscheidet.

Daher ist mit der herrschenden Meinung verbrechenssystematisch bei § 20a Abs. 2 und 3 WpHG von Tatbestandsauschlüssen auszugehen.

---

[487] WALTER S. 65 f.
[488] WALTER S. 58, 87 und 98.
[489] WALTER S. 87 ff.

IV. § 71 AktG – Freistellungsregelung neben § 20a Abs. 2 und 3 WpHG?

Im Zusammenhang mit den Freistellungsregelungen § 20a Abs. 2 und 3 WpHG soll auch eine Bestimmung des Aktiengesetzes Berücksichtigung finden, die sich mit der Zulässigkeit des Erwerbs von Aktien durch die ausgebende Aktiengesellschaft selbst beschäftigt: § 71 AktG. Im Aktienrecht herrscht das grundsätzliche Verbot des Erwerbs eigener Aktien durch die ausgebende Gesellschaft selbst. Dieses folgt aus § 57 AktG[490] und ist dem Grundsatz der Kapitalerhaltung geschuldet, der verhindern soll, dass durch Einlagenrückgewähr das Grundkapital als Haftungsmasse für die Gläubiger vermindert wird oder unter den Aktionären eine ungleiche verdeckte Gewinnausschüttung stattfindet.[491] Dieser Grundsatz wird mit den Erlaubnistatbeständen des § 71 Abs. 1 AktG durchbrochen, indem sie den Rückkauf eigener Aktien unter bestimmten Umständen erlauben.

Von besonderem Interesse ist dabei die Variante § 71 Abs. 1 S. 1 Nr. AktG, die die Aktiengesellschaft berechtigt, eigene Aktien zu erwerben, „wenn der Erwerb notwendig ist, um einen schweren, unmittelbar bevorstehenden Schaden von der Gesellschaft abzuwenden". Als Paradebeispiel für die Notwendigkeit des Erwerbs eigener Aktien im Sinne von § 71 Abs. 1 Nr. 1 AktG wird dabei stets der Fall genannt, dass die Gesellschaft einem gezielten „Baisse"-Angriff unterliege;[492] dies sei ein auf die Zerstörung der Kreditwürdigkeit der Gesellschaft angelegtes Verhalten.[493]

Fraglich ist, ob diese Norm, insbesondere die oben genannte Variante Nr. 1, neben § 20a Abs. 2 und 3 WpHG als Erlaubnissatz für Kurspflegemaßnahmen durch den Emittenten dienen kann.

---

[490] OECHSLER MK-AktG § 71 Rn. 66.

[491] BAYER MK-Akt § 57 Rn. 1; HÜFFER § 57 Rn. 1.

[492] Vgl. BLOCK Heidel-Aktienrecht § 71 AktG, Rn . 21; CAHN Spindler/Stilz-AktG § 71 Rn. 55; HÜFFER AktG § 71 Rn. 9; OECHSLER MK-AktG § 71 Rn. 127.

[493] Der Begriff „Baisse"-Angriff ist nicht klar umrissen und wird von den meisten Autoren ohne weitere Erklärung verwendet. Wie genau solche Maßnahmen von Statten gehen können, wird nicht dargelegt; vgl. BLOCK Heidel-Aktienrecht § 71 Rn. 21; HÜFFER AktG § 71 Rn. 9; LUTTER KK-AktG § 71 Rn. 23; OECHSLER MK-AktG § 71 Rn. 127. Weder Das Börsenlexikon von GERKE noch „Das große Börsenlexikon" von LINDNER und TIETZ enthalten eine Definition.

1. Alte Rechtslage gem. § 13 KuMaKV

Während der Geltung der KuMaKV ordnete deren § 13[494] ausdrücklich an, dass ein nach § 71 AktG zulässiger Erwerb eigener Aktien nicht unter das Verbot der Marktmanipulation falle. Bevor die MaKonV die KuMaKV ablöste, wurde noch die Auffassung vertreten, dass diese Anordnung überflüssig und es selbstverständlich sei, dass ein Aktienerwerb in Übereinstimmung mit den Regelungen des Aktienrechts gar nicht gegen das Verbot verstoßen könne.[495] Nach alter Rechtslage war § 71 AktG also unzweifelhaft ein Erlaubnissatz im Hinblick auf das Manipulationsverbot. Dieser verordnete Gleichtakt wurde u. a. als zwingend angesehen entsprechend der Theorie der Einheit der Rechtsordnung, die gebietet, dass ein zivilrechtlich oder öffentlich-rechtlich erlaubtes Verhalten nicht zugleich ein strafrechtlich rechtwidriges Verhalten sein kann.[496]

2. Aktuelle Rechtslage gem. MaKonV und EG-VO 2273/2003

Die Einführung der MaKonV und der EG-VO 2273/2003 änderte diese eindeutige Rechtslage. Sie enthält keine mit § 13 KuMaKV vergleichbare Regelung mehr und Art. 3 EG-VO 2273/2003 beschränkt die für eine Freistellung möglichen Zwecke von Rückkaufprogrammen auf die Kapitalherabsetzung und die Erfüllung von Verbindlichkeiten. Die übrigen Zwecke des § 71 Abs. 1 AktG, insbesondere auch das Motiv der Abwendung eines schweren Schadens von der AG, tauchen in der Neuregelung nicht mehr auf. Allerdings werden gemäß Vorerwägungsgrund Nr. 4 der EG-Verordnung 2273/2003 die auf der Marktschutzrichtlinie basierenden Regelungen zur Erhaltung des Grundkapitals von Aktiengesellschaften, also in Deutschland § 71 AktG, durch die Regelungen der Marktschutzrichtlinie nicht betroffen und bleiben unberührt. Insofern ist festzustellen, dass nun kein Gleichlauf zwischen Aktienrecht und Kapitalmarktrecht mehr besteht. Daher stellt sich die Frage, welche Konsequenzen aus der Veränderung des Umfangs der „Safe Harbour"-Regelung für den aktienrechtlichen Erlaubnistatbestand § 71 AktG, insbesondere die Variante Abs. 1 Nr. 1, zu ziehen sind. Kann § 71 AktG auch nach aktueller

---

[494] § 13 KuMaKV: „Der Erwerb eigener Aktien stellt keinen Verstoß gegen das Verbot der Kurs- und Marktpreismanipulation im Sinne des § 20a Abs. 1 Satz 1 des Wertpapierhandelsgesetzes dar, soweit er in Einklang mit § 71 des Aktiengesetzes erfolgt."

[495] So WEBER NZG 2004, 23, 27. Vgl. auch VOGEL A/S³ Rn. 123 und 128.

[496] So SINGHOF/WEBER AG 2005, 549, 555. Vgl. hierzu auch OECHSLER MK-AktG § 71 Rn. 347, und VOGEL A/S Rn. 248. Zum Grundsatz der Einheit der Rechtsordnung s. ROXIN AT 1, § 14 Rn. 31 f. S. hierzu auch WALTER LK Vor § 13 Rn. 91 ff., mit berechtigter Kritik an dieser Theorie.

Rechtslage noch als Freistellungstatbestand bei der Prüfung von § 20a WpHG herangezogen werden?

3. Ansichten der Literatur

Die in der Literatur vertretenen Ansichten befassen sich dabei vornehmlich mit § 71 Abs. 1 S. 1 Nr. 1 AktG, da dieser das größte Einfallstor für mit § 20a WpHG potentiell konfligierende Kurspflegemaßnahmen bietet.

SINGHOF/WEBER sind der Ansicht, dass jedenfalls nicht aus der nun mangelnden Einbeziehung geschlossen werden könne, dass Rückkaufprogramme mit dem Zweck der Schadensabwendung generell unzulässig seien; dies widerspräche sowohl dem AktG an sich wie auch der Natur der „Safe Harbour"-Tatbestände.[497] Allerdings halten sie die mangelnde Erfassung der Vorschrift § 71 Abs. 1 Nr. 1 AktG im „Safe Harbour" für nachvollziehbar mit der Begründung, dass die Formulierung dieser Vorschrift zu weit und unbestimmt sei; vielmehr müsse eine Einzelfallprüfung erfolgen, ob das Verbot der Marktmanipulation durch ein entsprechendes Rückkaufprogramm verletzt werde.[498] Dem widersprechen in aller Deutlichkeit SCHÄFER/GÄTSCH[499]: Sie gehen davon aus, dass aufgrund der mangelnden Erfassung des Programmzwecks „Abwendung eines schweren Schadens von der AG" in den „Safe Harbour"-Regelungen ein Rückkaufprogramm, das zu diesem Zweck durchgeführt wird und den Marktpreis beeinflusst, stets eine strafbare Marktmanipulation darstelle.

Dieser krassen Ansicht von SCHÄFER/GÄTSCH kann nicht gefolgt werden. SINGHOF/WEBER ist jedenfalls darin zuzustimmen, dass eine Einzelfallprüfung von § 20a WpHG in jedem Fall zu erfolgen hat. Eine Beeinflussung des Kurses durch Rückkaufprogramme mit dem Zwecke der Schadensabwehr gemäß § 71 Abs. 1 Nr. 1 AktG ist aber zulässig – soweit sie nur dem Ausgleich oder der Abwendung eines durch rechtswidrig von außen herbeigeführten, drohenden Schadens dient und nicht darüber hinausgeht, da insoweit nicht von einer Manipulationsabsicht auszugehen ist, da die wahre wirtschaftliche Lage gerade gewahrt werden soll. Freilich wird man aber den Begriff des Schadens aus § 71 Abs. 1 Nr. 1 AktG mit der allgemeinen Meinung zutreffend dahin auslegen müssen, dass ein bloßer Kursverlust kein

---

[497] SINGHOF/WEBER AG 2005, 549, 555.
[498] SINGHOF/WEBER AG 2005, 549, 555.
[499] SCHÄFER/GÄTSCH Handbuch börsennotierte AG § 50 Rn. 11.

Schaden im Sinne der Vorschrift ist. Es handelt sich bei einem Vermögensverlust durch Entwertung der Aktien nämlich um keinen Schaden, der der Gesellschaft droht, sondern dieser droht vielmehr den Aktionären.[500] Geht die Beeinflussung des Kurses über eine solche Neutralisierung des von außen herbeigeführten Negativ-Einflusses hinaus, rechtfertigt dies allerdings wiederum eine andere Bewertung.

MOCK/STOLL/EUFINGER[501] gehen ebenfalls davon aus, dass einem Rückkaufpro-gramm das Potential zur Herbeiführung eines künstlichen Preisniveaus immanent ist und daher jegliche Maßnahme, die nicht in Übereinstimmung mit den „Safe Harbour"-Regelungen vorgenommen wird, jeweils eingehend zu prüfen sein wird; insbesondere eine Überschreitung der Preis- und Volumenbegrenzung sei wohl schwer vertretbar. Allerdings vertreten auch sie nicht die Ansicht, dass ein Rück-kaufprogramm mit dem Zweck der Schadensabwehr schlechterdings gegen das Manipulationsverbot verstoße.

4. Stellungnahme

Nach all dem ist denjenigen zuzustimmen, die der Ansicht sind, dass Eingriffe in die Preisbildung dann zulässig seien, wenn die Preisbildung ihrerseits einem Über-griff unterliege, der die Bewertung der Finanzinstrumente verzerre. Allerdings nur für den Fall, dass diese Eingriffe in die Preisbildung von außen selbst gegen ein gesetzliches Verbot verstoßen, also insbesondere wenn sie – beispielsweise bei der Verbreitung falscher, bewertungsrelevanter Informationen in Bezug auf das Fi-nanzinstrument – selbst gegen das Verbot der Marktmanipulation verstoßen. Die in den objektiven Tatbestand in der handelsgestützten Variante hineinzuinterpretie-rende Absicht einer Manipulation scheidet in solchen Fällen aus, wenn die Maß-nahmen lediglich auf einen Ausgleich des Kursverlustes gerichtet sind, der durch den rechtswidrigen Eingriff der anderen Marktteilnehmer verursacht wurde. Nach der oben[502] niedergelegten Definition mangelt es dann zwar nicht am Willen zur Kursbeeinflussung, aber der Handelnde will hier den Kurs der realen wirtschaftli-chen Lage anpassen. Auch ließe sich sagen, dass zwar eine Bereicherungsab-

---

[500] Allgemeine Meinung im Aktienrecht, vgl. nur BEZZENBERGER Schmidt/Lutter-AktG § 71 Rn. 31; HÜFFER AktG § 71 Rn. 7; OECHSLER MK-AktG § 71 Rn. 104 f. Ansonsten würde das Aktienrecht über diese Vorschrift eine Beeinflussung des Kurses der eigenen Aktien zum Zwecke der Gewinn-maximierung legitimieren.
[501] MOCK/STOLL/EUFINGER KK-WpHG § 20a, Rn. 346.
[502] S. oben Drittes Kapitel A. II. 3. d).

sicht[503], die sich auf eine Preissteigerung der betreffenden Finanzinstrumente richtet, zu bejahen, diese jedoch nicht rechtswidrig sei, da die Kursbeeinflussung lediglich auf einen Ausgleich des zuvor eingebüßten Wertes abziele, also gerade auf die Verhinderung eines künstlichen Preisniveaus.

Demgegenüber kann dies für rechtlich nicht zu beanstandende, also rechtmäßige Beeinflussungen der Preisbildung durch äußere Umstände nicht gelten. In einem solchen Fall wäre nämlich die Absicht nicht auf eine den realen Verhältnissen entsprechende Kursänderung gerichtet.[504] Der Agierende hat keinen Anspruch auf die für ihn günstigere Gestaltung eines entsprechend der Interaktion der Marktkräfte gebildeten Preises; der dadurch beabsichtigte Vermögensvorteil zeugt von einer Absicht zu widerrechtlicher Manipulation.

Damit ist die zuvor aufgeworfene Frage, ob § 71 Abs. 1 Nr. 1 AktG als genereller Erlaubnissatz für Kurspflegemaßnahmen dienen kann, mit nein zu beantworten. Ein Schaden der Gesellschaft, der auf normale (und damit nicht widerrechtliche) Marktgeschehnisse zurückzuführen ist, rechtfertigt keine gezielte Kursbeeinflussung.[505]

Dies muss auch für die sonstigen Varianten des § 71 Abs. 1 AktG gelten.[506] Darin ist auch kein Widerspruch zwischen WpHG und AktG zu sehen, den der Grundsatz der Einheit der Rechtsordnung nicht gestatten könnte. § 71 AktG gewährt der Aktiengesellschaft stets – ohne in Konflikt mit dem Manipulationsverbot zu treten – den Erwerb ihrer eigenen Aktien zu den dort angegebenen Zwecken, wenn die Erwerbsvorgänge nicht dazu geeignet sind, auf den Börsen- oder Marktpreis einzuwirken, beispielsweise bei geringen Erwerbsvolumen. Gegenstand der aktienrechtlichen Regelungen ist auch nicht der Schutz des Kapitalmarkts, sondern die gesellschaftsinterne Erhaltung des Kapitals als Haftungsmasse für die Gesellschaftsgläubiger, die Verhinderung von gleichheitswidrigen verdeckten Gewinnausschüttungen und auch die Abgrenzung der Kompetenzen zwischen Vorstand und Hauptversammlung.[507] Die Regelungszwecke sind mithin verschieden. Der Regelungsgegenstand ist zudem auch nicht deckungsgleich; das Aktiengesetz rich-

---

[503] Wenn man Bereicherungsabsicht generell als Absicht zur günstigeren Gestaltung der Vermögensverhältnisse begreift, vgl. MAURACH/SCHROEDER/MAIWALD BT 1 § 41 Rn. 142.

[504] Dies gilt auch für den so oft angeführten, jedoch nebulös bleibenden „Baisse"-Angriff, insofern sich dahinter ein rechtswidriges Verhalten verbirgt.

[505] Im Ergebnis ebenso BINGEL S. 114.

[506] So schon OECHSLER MK-AktG § 71 Rn. 347.

[507] Vgl. BAYER MK-Akt § 57 Rn. 1; HÜFFER § 57 Rn. 1; MOCK/STOLL/EUFINGER KK-WpHG § 20a Rn. 290.

tet sich nämlich auch an Aktiengesellschaften, die nicht börsennotiert sind. Auch für diese Gesellschaften gilt das Kapitalerhaltungsgebot, von dem § 71 AktG ein paar Ausnahmen gestattet.

Mithin kann nicht mit dem Argument der Einheit der Rechtsordnung die Forderung aufgestellt werden, dass die Erwerbszwecke des § 71 Abs. 1. S. 1 AktG als Erlaubnissätze im Rahmen des Manipulationsverbots heranzuziehen sein müssten.

B. Praktische Probleme des Nachweises

Ausgehend von den bisher getroffenen Feststellungen lässt sich sagen, dass die Praxis bei der Gesetzesanwendung insbesondere auf zwei tatsächliche Probleme stößt. Dies betrifft zum einen den Nachweis der – trotz der Gesetzesreform – in den Tatbestand zwingend hineinzulesenden Manipulationsabsicht und zum anderen den Nachweis, dass das tatbestandliche Verhalten auch tatsächlich zu einer Einwirkung auf den Preis geführt hat, § 38 Abs. 2 Nr. 1 WpHG in Verbindung mit § 39 Abs. 2 Nr. 11 WpHG.

I. Tatsächliche Beeinflussung des Preises

Ausgehend von der (modifizierten) *Conditio-sine-qua-non*-Formel[508] ist von einer tatsächlichen Beeinflussung des Preises dann auszugehen, wenn der Kurs ohne die erfolgte (oder pflichtwidrig unterlassene[509]) Einwirkung eine andere Entwicklung genommen hätte, als er sie tatsächlich genommen hat.

Als theoretischer Maßstab mag diese Formel ohne weiteres taugen, denn bei einer unterstellten Allwissenheit des Rechtsanwenders erlaubt sie eine eindeutige Feststellung, ob eine Einwirkung tatsächlich stattgefunden hat oder nicht. In der Realität hingegen ist dies, gerade weil die Kursentwicklung eines Wertpapiers einer Vielzahl unkalkulierbarer, äußerer Einflüsse[510] unterliegt, erheblich schwieriger.

Das Problem gründet darin, dass man bei einem Wertpapierkurs auch ohne eine rechtswidrige Einflussnahme nie genau sagen kann, wie er sich entwickeln wird.

---

[508] Zur Äquivalenztheorie im Einzelnen siehe ROXIN AT 1 § 11 Rn. 6 ff., und WALTER LK Vor § 13 Rn. 73, mit einer Übersicht über die vertretenen Abwandlungen und Ergänzungen der Theorie.

[509] Zu denken ist hier an das Verschweigen von Umständen, die für die Bewertung erheblich sind, entgegen Rechtsvorschriften, vgl. § 20a Abs. 1 WpHG.

[510] So schon RÖSSNER AG 2003, R16, R17. SORGENFREI Park-Kapitalmarktstrafrecht Teil 3 Kap. 4 T1 Rn. 221 bezeichnet dies als „Multikausalität".

Dementsprechend kann man nach einer erfolgten illegalen Manipulation zunächst einmal nur – mehr oder weniger gewiss – vermuten, dass diese die Preisentwicklung beeinflusst hat (oder haben muss).

Es kann bei der Manipulation börslich gehandelter Werte keine Feststellung geben, die lautet: „Nach dem durch die Beschuldigten A, B und C durchgeführten ‚Circular Trading' steht die Aktie X nunmehr auf einem Niveau von 132, 30 EUR; wäre diese Manipulation unterblieben, so stünde sie bei einem Wert von 114, 70 EUR". Es müsste jede einzelne Transaktion des relevanten Finanzinstruments bei den beteiligten Marktteilnehmern hinterfragt werden. Es wäre jeweils festzustellen, ob diese oder jene Kauf- oder Verkaufsentscheidung auch ohne diese oder jene Preisentwicklung getroffen worden wäre; sämtliche preislichen Alternativentwicklungen müssten nachvollzogen werden. Dies ist schlichtweg praktisch nicht durchführbar.[511]

Für die Feststellung einer Einwirkung auf den Preis im Sinne von § 38 Abs. 2 Nr. 1 WpHG ist es allerdings entsprechend den allgemein gültigen Anforderungen an Kausalitätsfeststellungen nicht erforderlich, den konkreten Kurs, der ohne Manipulation zustande gekommen wäre, zu benennen. Es reicht die Feststellung aus, dass sich der Preis ansonsten anders entwickelt hätte; dies muss dann – für eine Verurteilung – aber auch zur vollen Überzeugung des Gerichts feststehen. BGH und BVerfG erwarten dabei in ständiger Rechtsprechung von dem erkennenden Gericht, dass vernünftige Zweifel an dem festgestellten Sachverhalt nicht mehr aufkommen[512] und dass eine objektiv hohe Wahrscheinlichkeit für die Richtigkeit des Beweisergebnisses besteht[513]. Einschränkend wird den Gerichten jedoch zugestanden, dass eine „mathematische Gewissheit"[514] nicht erforderlich ist und dass die Anforderungen an eine Verurteilung „nicht überspannt"[515] werden dürfen. Konkret für den Tatbestand der Marktmanipulation und im Hinblick auf die Feststellung einer Preiseinwirkung hat der BGH in seinem Urteil vom 6. November 2003[516] das Folgende ausgeführt: „Für die Beurteilung der Frage, ob durch die marktmanipulative Handlung tatsächlich eine Einwirkung auf den Kurs eingetreten ist, dürfen angesichts der Vielzahl der – neben [der] Tathandlung – regelmäßig an

---

[511] Ausgenommen werden könnten hier nur Wertpapiere, die lediglich von sehr wenigen Leuten besessen und gehandelt werden, so dass eine genaue Rekonstruktion der Preisentwicklung durch eine Befragung der Anleger möglich wäre.

[512] Zusammenfassend BGH NStZ 1988, 236, und vgl. auch OLG Karlsruhe NStZ-RR 2007, 90.

[513] Vgl. BVerfG NJW 2003, 2444, 2445.

[514] BGHR StPO § 261, Einlassung 5 – erschöpfende Würdigung –.

[515] Wiederum BGH NStZ 1988, 236, und diese Grundsätze bestätigend BGH NStZ 1999, 153, 205.

[516] BGHSt 48, 374, 384. Dem Urteil liegt eine Marktmanipulation in Form des „Scalping" zugrunde.

der Preisbildung mitwirkenden Faktoren keine überspannten Anforderungen gestellt werden, weil der Tatbestand [...] ansonsten weitgehend leerliefe. Vergleiche von bisherigem Kursverlauf und Umsatz, die Kurs- und Umsatzentwicklung des betreffenden Papiers am konkreten Tag sowie die Ordergröße können eine Kurseinwirkung hinreichend belegen. Eine Befragung der Marktteilnehmer ist daher nicht veranlasst."

Dieser Einschätzung des BGH muss man beipflichten. Wenn sich im konkreten Fall durch eine Gesamtschau der vom BGH angeführten Indiztatsachen ein Bild ergibt, aus dem – ohne vernünftige Zweifel aufkommen zu lassen – darauf geschlossen werden kann, dass eine tatsächliche Beeinflussung des Preises stattgefunden hat, verletzt das Gericht nicht seine ihm gemäß § 244 Abs. 2 StPO obliegende Aufklärungspflicht, wenn es eine Zeugenvernehmung der „geprellten" Anleger unterlässt.

Dies verträgt sich auch mit den vom BGH in der „Lederspray-Entscheidung"[517] und der „Holzschutzmittel-Entscheidung"[518] niedergelegten Grundsätzen zur Feststellung eines Ursachenzusammenhangs bei chemisch-physikalischen Vorgängen.[519] Hier können sich ähnlich gelagerte Probleme ergeben beim Nachweis von Kausalitätszusammenhängen wie beim Tatbestand der Marktmanipulation. Es geht in beiden Fällen um die Frage, ob eine offenkundige Wirkung juristisch *lege artis* mit einer Ursache verknüpft werden kann und so revisionsfest ein Kausalzusammenhang festgestellt ist. Der Schluss auf die Ursache darf nicht vorschnell und unzureichend nur auf eine Intuition gestützt werden, die lautet, „dass es schließlich nur so sein könne".

Eine vollständige Parallele lässt sich natürlich nicht zwischen den beiden Problemkreisen ziehen, aber dennoch scheint hier eine einheitliche Linie des BGH bei Feststellungen zum Kausalitätsnachweis auf. In den genannten Fällen reichte dem BGH zur Feststellung der schädigenden Eignung der namensgebenden chemischen Mittel aus, dass keine anderen Ursachen für die erlittenen Gesundheitsschäden der Verletzten in Betracht kamen; wissenschaftliche Erklärungen, auf welchen Ge-

---

[517] BGHSt 37, 106.
[518] BGHSt 41, 206.
[519] Anderer Ansicht RÖSSNER AG 2003, R16, R17, der gerade in Abrede stellt, dass ein Kausalitätsnachweis in Anlehnung an die Grundsätze der Holzschutzmittel- und Ledersprayentscheidungen möglich sei, da die einwirkenden Umstände zu vielschichtig seien.

setzmäßigkeiten diese Kausalbeziehung beruhe, seien entbehrlich.[520] Sowohl bei diesen Entscheidungen wie auch bei der bereits oben angeführten Entscheidung zur Marktmanipulation, BGHSt 48, 374, belässt es der BGH bei einem für die Praxis erträglichen Maß hinsichtlich den erforderlichen Feststellungen. Dabei findet eine Abwägung statt zwischen dem Gebot einerseits, die Gerichte in der Arbeitspraxis handlungsfähig zu halten und nicht mit nur theoretisch erfüllbaren Absolutheitsansprüchen zu lähmen, und dem Erfordernis andererseits, bei der Verhängung von Kriminalstrafe, der schärfsten gesellschaftlichen Sanktion, das rechtsstaatlich unerlässliche Maß an Sachverhaltsaufklärung zu gewährleisten. Denn schließlich ist dies das zentrale Anliegen des Strafprozesses.[521]

Gerade bei der Variante der Einflussnahme durch Unterlassen bei gesetzlicher Handlungspflicht kann die Feststellung der Preiseinwirkung nur auf eine Hypothese gestützt werden, die jedoch belastbar sein muss, um eine Verurteilung tragen zu können. Nach der für Unterlassungen anzuwendenden modifizierten *Conditio-sine-qua-non*-Formel[522] ist für eine Verurteilung nachzuweisen und festzustellen, dass bei einem pflicht- und rechtmäßigen Verhalten des Beschuldigten (mit an Sicherheit grenzender Wahrscheinlichkeit) der Börsenkurs anders verlaufen wäre.

In Abweichung zu BGHSt 48, 374 kann wohl eine solche Feststellung vor Gericht nur dann erfolgen, wenn Anleger als Zeugen gehört werden, die bestätigen, dass sie zum maßgeblichen Zeitpunkt relevante Anlageentscheidungen (Kauf/Verkauf/Halten) anders getroffen hätten. Dabei sind allerdings auch Feststellungen hinsichtlich der konkreten Umfänge der unterlassenen Markthandlungen zu treffen.

---

[520] BGHSt 37, 106, 112: „Ist in rechtsfehlerfreier Weise festgestellt, dass die – wenn auch nicht näher aufzuklärende – inhaltliche Beschaffenheit des Produkts schadensursächlich war, so ist zum Nachweis des Ursachenzusammenhangs nicht noch weiter erforderlich, dass festgestellt wird, warum diese Beschaffenheit schadensursächlich werden konnte, was also nach naturwissenschaftlicher Analyse und Erkenntnis letztlich der Grund dafür war." BGHSt 41, 206, 216: „Ein Ursachenzusammenhang zwischen einer Holzschutzmittelexposition und einer Erkrankung ist nicht etwa nur dadurch nachweisbar, dass entweder die Wirkungsweise der Holzschutzmittelinhaltsstoffe auf den menschlichen Organismus naturwissenschaftlich nachgewiesen oder alle anderen möglichen Ursachen einer Erkrankung aufgezählt und ausgeschlossen werden. Ein Ausschluss anderer Ursachen kann vielmehr – ohne deren vollständige Erörterung – auch dadurch erfolgen, dass nach einer Gesamtbewertung der naturwissenschaftlichen Erkenntnisse und anderer Indiztatsachen die – zumindest – Mitverursachung des Holzschutzmittels zweifelsfrei festgestellt wird."
[521] Vgl. BVerfG NJW 1981, 1719, 1722: „ Als zentrales Anliegen des Strafprozesses erweist sich daher die Ermittlung des wahren Sachverhalts, ohne den das materielle Schuldprinzip nicht verwirklicht werden kann. Der Anspruch des Angeklagten auf ein faires Verfahren kann deshalb auch durch verfahrensrechtliche Gestaltungen berührt werden, die der Ermittlung der Wahrheit und somit einem gerechten Urteil entgegenstehen."
[522] Beim Unterlassen ist danach zu fragen, ob die rechtlich erwartete Handlung nicht hinzugedacht werden kann, ohne dass der tatbestandsmäßige Erfolg mit an Sicherheit grenzender Wahrscheinlichkeit entfiele. Vgl. hierzu BGHSt 6, 1, 2; 37, 106, 126; 52, 159, 165 und BGH NStZ 2000, 583.

Die oben angeführte Entscheidung des BGH vom November 2003, welche explizit die Anhörung von Anlegern als entbehrlich bezeichnet, bezieht sich auf eine Manipulation in Form des „Scalping", also auf aktives Tun. Zur Feststellung einer Preiseinwirkung durch Unterlassen müssen jedoch – unter verständiger Würdigung der Sachlage – wohl auch diese weiteren zur Verfügung stehenden Beweismittel herangezogen werden.

Auch wenn theoretisch jede einzelne auch noch so minimale Kauf- oder Verkaufsentscheidung Einfluss auf den Wert der Aktie hat[523], ist bei der Feststellung der Merkmale des Straftatbestands ein anderer Maßstab als derjenige der Betriebswirtschaftslehre zugrunde zu legen. Es kann sich nur um messbare Einwirkungen handeln, die auch ihren Niederschlag im festgestellten Kurs finden. Handelt etwa nur ein einzelner Anleger auf die Veranlassung eines zu bewertenden manipulativen Eingriffs hin oder unterlässt er dies, und betreffen seine Handlungen/Unterlassungen die Finanzinstrumente nur in einem geringen Umfang, der aufgrund des Gesamtvolumens der emittierten Wertpapiere keinen messbaren Einfluss auf den Börsenkurs hat, so scheidet eine Strafbarkeit aus. In einem solchen Fall liegt lediglich eine Ordnungswidrigkeit gemäß § 39 WpHG vor. Ein Beispiel: Werden aufgrund einer unterlassenen Ad-hoc-Mitteilung nur wenige einzelne Anleger der BMW-AG „irregeleitet" und unterlassen sie den Verkauf ihrer insgesamt 100.000 Stück Aktien bei einem Gesamtvolumen von ca. 654 Mio. ausgegebenen BMW-Aktien[524], so kann wohl mit an Sicherheit grenzender Wahrscheinlichkeit gesagt werden, dass sich der börslich festgestellte Kurs in diesem Fall auch nicht anders entwickelt hätte, da dieser nur für bestimmte Größenordnungen von Transfers sensibel ist.

Festzuhalten ist, dass grundsätzlich die Feststellung, dass durch manipulatives Verhalten – sei es Tun oder Unterlassen – der Kurs eines Finanzinstruments beeinflusst wurde, in der Praxis Schwierigkeiten begegnet, die jedoch bei einer pragmatischen Sachbehandlung – wie bereits durch den BGH bestätigt – nicht unüberwindlich sind.[525]

---

[523] Vgl. VOGEL A/S § 20a Rn. 150.

[524] Stand 2010 genau: 601.995.000 Stammaktien und 52.196.000 Vorzugsaktien. Information abgerufen am 18.08.2011 unter der Internetadresse: http://www.bmwgroup.com/bmwgroup_prod/d/nav/index.html?http://www.bmwgroup.com/bmwgroup_prod/d/0_0_www_bmwgroup_com/investor_relations/aktien/aktien/aktienrueckkauf.shtml.

[525] Das Gericht ist nicht gehalten, alle denkbaren Beweismittel zu erschöpfen, sondern es hat nur unter „verständiger Würdigung der Sachlage [...] den sinnvollen Möglichkeiten zur Aufklärung nachzugehen", vgl. BGH NStZ 1994, 247, 248, NStZ-RR 1996, 299 und NStZ 1998, 50; anders noch BGHSt 23, 176, 188: „Der Richter muss die Beweismittel erschöpfen, wenn auch nur die ent-

II.   Manipulationsabsicht

Der Nachweis der Manipulationsabsicht wurde stets von vielen Autoren als Übel betrachtet, das den Tatbestand aufgrund der schwierigen Nachweisbarkeit belaste und dazu beigetragen habe, ihn in der Praxis nahezu der Bedeutungslosigkeit zu überlassen. Aus dem subjektiven Tatbestand der Strafnorm wurde sie daher letztlich gestrichen.[526] Dennoch ist sie – wie gezeigt –unentbehrlich zur korrekten Auslegung der Merkmale des objektiven Tatbestands.

In der Regel wird der Rechtsanwender bei vom Marktakteur als Kurspflege deklariertem Handel die Behauptung widerlegen müssen, dass die vorgenommene Maßnahme gerade dazu gedacht und geeignet war, Signale in Richtung des Marktes abzugeben, die zu einer marktgerechten Situation führen sollten. Erforderlich ist aber der Nachweis einer Absicht, den Kurs zu beeinflussen, ohne ihn der realen wirtschaftlichen Lage anpassen zu wollen.

Wie bereits angedeutet, ist der Nachweis des subjektiven Tatbestands stets mit dem Problem behaftet, dass er zumeist nur aufgrund von Beweisanzeichen als Indizienbeweis[527] zu führen ist, wenn nicht ein glaubhaftes Geständnis diesbezüglich abgelegt wird. Dabei muss das erkennende Gericht von den festgestellten äußeren Umständen auf die inneren Umstände schließen.[528] Dies gestaltet sich vor allem dann schwierig, wenn das als Beweisanzeichen zur Verfügung stehende Verhalten lediglich in äußerlich neutralen Handlungen besteht, vorliegend in der Vornahme von Geschäften oder Kauf- und Verkaufsaufträgen.

Insbesondere stellt sich in diesem Zusammenhang die Frage, ob bei der Durchführung von Kurspflege die Nichteinhaltung der „Safe Harbour"-Regelungen als Beweisanzeichen für eine subjektive Einstellung zur Handlung gewertet werden kann. Anders gewendet: Darf bei der Prüfung, ob ein bestimmtes Verhalten den Straftatbestand der Marktmanipulation erfüllt, die Tatsache, dass der Betreffende die „Safe Harbour"-Regelungen nicht beachtet hat, als belastendes Indiz für das Vorliegen einer Manipulationsabsicht gewertet werden?

---

fernte Möglichkeit einer Änderung der durch die vollzogene Beweisaufnahme begründeten Vorstellung von dem zu beurteilenden Sachverhalt in Betracht kommt".

[526] Dazu bereits oben Erstes Kapitel B. III. 1.

[527] Als Indizienbeweis wird ein Beweis dann bezeichnet, wenn die Haupttatsache erst aus anderen Tatsachen, den sogenannten Beweisanzeichen oder Indizien, geschlossen wird, vgl. NACK MDR 1986, 366, 367.

[528] BGH bei Dallinger, MDR 1970, 198; GOLLWITZER Löwe-Rosenberg StPO § 261 Rn. 62; STUCKENBERG KMR-StPO § 261 Rn. 169.

Ob dieses Beweisanzeichen allein für sich genommen die Schlussfolgerung (des erkennenden Gerichts) zulässt, dass der Betreffende mit Manipulationsabsicht handelte (und somit ein Verstoß gegen § 20a Abs. 1 S. 1 Nr. 2 WpHG vorliegt), ob dies bei einer Gesamtwürdigung zusammen mit weiteren Beweisanzeichen[529] der Fall sein kann oder ob ein Nachweis nicht geführt werden kann, hängt von den Umständen des jeweiligen Einzelfalls ab und kann daher hier nicht weiter zweckmäßig erörtert werden. Zu untersuchen ist aber, ob eine Berücksichtigung als belastendes Beweisanzeichen mit den Grundsätzen der freien Beweiswürdigung nach § 261 StPO grundsätzlich vereinbar ist, oder ob es sich vielmehr um ein neutrales Indiz handelt, das keinen Rückschluss auf den inneren Tatbestand zulässt.

Nach NACK[530] ist eine Tatsache ein den Beschuldigten belastendes Indiz, wenn es die Wahrscheinlichkeit erhöht, dass die zu beweisende Haupttatsache existiert. Unter Berücksichtigung des Theorems von BAYES[531] und den Ausführungen NACKS kann durch die Beantwortung der drei folgenden Fragen die Qualität einer Indiztatsache geklärt werden: (1.) Wenn die Haupttatsache auftritt (Betreffender handelt mit Manipulationsabsicht), wie wahrscheinlich ist es, dass das Indiz auftritt? (2.) Wenn die Haupttatsache nicht gegeben ist (Betreffender handelt ohne Manipulationsabsicht), wie wahrscheinlich ist es, dass das Indiz auftritt? (3.) Wo tritt das Indiz häufiger auf?

Bezogen auf die vorliegend nachzuweisende Tatsache kann – mangels empirischer Untersuchungsergebnisse – nicht in Prozenten quantifizierbar angegeben werden, wie häufig und damit wahrscheinlich das Indiz in Bezug auf das Vorliegen bei dem mit Bereicherungsabsicht Handelnden und dem ohne Absicht Handelnden auftritt. Dann stellt sich die Frage, ob dennoch – in Bezug auf das Verhältnis beider Wahrscheinlichkeiten zueinander (Frage 3) – festgestellt werden kann, dass das Indiz (die Nichtbeachtung der „Safe Harbour"-Regeln) häufiger bei mit Manipulationsabsicht Handelnden auftritt als bei Personen, die ohne diese Absicht handeln.

---

[529] Wohl am Wahrscheinlichsten in der Form eines sogenannten Beweisrings, bei dem mehrere, voneinander unabhängige Indizien, die jeweils für sich genommen nicht den Beweis zu erbringen geeignet sind, gemeinsam betrachtet und gewürdigt die Gewissheit des Richters vom nachzuweisenden Tatbestandsmerkmal erlauben; vgl. hierzu NACK MDR 1986, S. 366, 368 f.

[530] MDR 1986, 366, 368 f.

[531] Dargestellt bei BENDER/NACK/TREUER Tatsachenfeststellung vor Gericht Rn. 668 ff. Vgl. hierzu ebenfalls NACK MDR 1986, 366, 368 ff. Das Theorem von Thomas Bayes ist ein mathematisches Denkmodell, das die Veränderung einer Anfangswahrscheinlichkeit bei Hinzutreten weiterer Informationen zur Endwahrscheinlichkeit abbildet.

Dies könnte man daraus schließen, dass Marktbeteiligte, die rechtlich zulässige Kurspflege betreiben wollen, eher die dafür vorgesehenen Regeln einhalten werden, ohne sich auf rechtlich unsicheres Terrain begeben zu müssen. Zudem ist zu berücksichtigen, dass sämtliche typische Formen[532] der Marktmanipulation den „Safe Harbour"-Regelungen zuwider laufen. Natürlich handelt es sich bei diesen Techniken oftmals um Verhaltensweisen, die bereits durch die MaKonV als eindeutige Verstöße gegen § 20a WpHG qualifiziert werden. Dennoch ist der Schluss plausibel, dass die Nichteinhaltung eines „Safe Harbours", soweit dieser dem Grundsatz nach anwendbar ist, eine Manipulationsabsicht indiziert.

Ein Gericht dürfte daher seine Überzeugung vom Vorliegen der inneren Tatsache, dass der Angeklagte mit Manipulationsabsicht handelte, darauf stützen, dass die Freistellungsregelungen nicht eingehalten wurden, soweit eben keine Gegenindizien vorliegen.

Als Beispiel mag im Vorgriff auf die unten folgende eigehende Erörterung ein Verstoß gegen Art. 10 EG-VO 2273/2003[533] dienen, der festlegt, dass Stabilisierungsgeschäfte „unter keinen Umständen" zu einem über dem Emissionskurs liegenden Kurs erfolgen dürfen; sie sollen explizit nicht zu einem höheren Kurs als dem Ausgabekurs führen können. Werden also nach der Emission Kaufangebote zu einem höheren Preis abgegeben, ist dies ein Indiz für Manipulationsabsicht. Liegen triftige Gründe für ein solches Kaufangebot vor ist die Indizwirkung aufgehoben. Lassen sich hingegen keine Gegenindizien finden darf der Rechtsanwender ohne weiteres von Manipulationsabsicht ausgehen.

Ob man sämtlichen „Safe Harbour"-Tatbestandsmerkmalen eine solche Indizkraft zubilligen kann, ob dies sachgerecht ist, was dafür und was dagegen spricht, soll unten erörtert werden. An dieser Stelle bleibt zunächst nur festzuhalten, dass jedenfalls die Nichtbeachtung bestimmter „Safe Harbour"-Regelungen als Indiz für das Vorliegen einer Manipulationsabsicht gewertet werden darf.

C. Blankett oder normatives Tatbestandsmerkmal

Die Strafbewehrung eines Verstoßes gegen das Manipulationsverbot ergibt sich aus der folgenden, zusammenzulesenden Paragraphenkette: §§ 38 Abs. 2, 39 Abs. 1 Nr.

---

[532] Vgl. hierzu oben Drittes Kapitel A. II.
[533] Hierzu eingehend unten Viertes Kapitel D. III.

1 und Nr. 2, Abs. 2 Nr. 11, 20a Abs. 1 S. 1 Nr. 1 – 3, Abs. 5 WpHG, gegebenenfalls in Verbindung mit der MaKonV und der EG-VO 2273/2003.

Die Strafandrohung ist in § 38 WpHG niedergelegt, der auf die in § 39 WpHG mit Bußgeld zu ahndenden Verstöße gegen das Manipulationsverbot des § 20a WpHG verweist. Hinsichtlich näherer Bestimmungen zum Verbot der Marktmanipulation verweist schließlich § 20a Abs. 5 WpHG auf die Verordnung zur Konkretisierung des Verbotes der Marktmanipulation (MaKonV).

Bei diesem umständlich anmutenden Gesetzesaufbau stellt sich die Frage, ob es sich beim Verbot der Marktmanipulation um einen Blankettstraftatbestand oder um ein normatives Tatbestandsmerkmal handelt.

Ein Blankett ist ein Tatbestand, der hinsichtlich der Strafbarkeitsvoraussetzung auf eine Vorfeldnorm verweist.[534] Ein normatives Tatbestandsmerkmal ist hingegen ein Tatbestandsmerkmal, das einer Wertausfüllung bedarf und auf vorrechtliche Normen verweist.[535] Bedeutung gewinnt diese Unterscheidung u. a. bei Irrtümern. Nach herrschender Meinung sind bei Blanketten die Blankett- und die Ausfüllungsnorm zusammenzulesen und auf diese Gesamtnorm sodann §§ 16, 17 StGB anwendbar; ein Irrtum über die Ausfüllungsnorm ist dann ein Verbotsirrtum gem. § 17 StGB.[536] Im Gegensatz dazu entfiele bei einem Irrtum über ein normatives Tatbestandsmerkmal entsprechend § 16 StGB der Vorsatz.[537]

Die Unterscheidung erfolgt nach der herrschenden Meinung anhand der Frage, ob die Ausfüllungsnorm von einem anderen Gesetzgeber stammt als dem der Blankettnorm.[538] Dies ist vorliegend sowohl für die MaKonV als auch für die EG-VO 2273/2003 zutreffend.

Die Mehrheit der in der Literatur vertretenen Ansichten geht daher zutreffend davon aus, dass es sich beim Verbot der Marktmanipulation um ein Blankett handele, da der Straftatbestand die Verwirklichung des Ordnungswidrigkeitstatbestands voraussetze, der wiederum auf die Vorschriften der MaKonV und der „Safe Harbours"-Verordnung verweise.[539]

---

[534] ROXIN AT 1 § 5 Rn. 40; WALTER S. 358.
[535] WALTER S. 358.
[536] WALTER S. 360, m. w. N.
[537] WALTER S. 360.
[538] Vgl. WALTER S. 359.
[539] ALTENHAIN KK-WpHG § 38 Rn. 17; WAßMER Fuchs-WpHG § 38 Rn. 37.

Viertes Kapitel:
Die Strafbarkeit bei Nichteinhaltung der „Safe Harbour"-Tatbestandsvoraussetzungen

Nachdem das Schutzgut des Straftatbestands der Marktmanipulation, die Straflegitimation des Tatbestands, der gewöhnliche Hergang einer Emission, der Aufbau des Straftatbestands samt den klassischen Fallkonstellationen der Marktmanipulation und die Tatbestandsmerkmale der handelsgestützten Variante des Tatbestands dargelegt worden sind, folgt nun die Untersuchung von Kurspflegemaßnahmen im Einzelnen. Es geht um die Beantwortung der Frage, welche Konsequenzen die Nichteinhaltung von „Safe Harbour"-Regeln für die Strafbarkeit nach § 20a WpHG hat. Sind die Freistellungsregeln bereits derart „eng am Gesetz" gestaltet, dass für straffreie Preisstabilisierung außerhalb von ihnen kein Raum bleibt?

A.   Die „Safe Harbour"-Tatbestände und die Fallgruppen, die sie erfassen

Die EG-VO 2273/2003 teilt diejenigen Fallgruppen, für die Freistellungsregelungen vorgesehen sind, in zwei Kategorien ein. In Kapitel II (Art. 3-6) werden die Rückkaufprogramme behandelt, in Kapitel III (Art. 7-11) die Kursstabilisierungsmaßnahmen und die ergänzenden Kursstabilisierungsmaßnahmen.

Als Kursstabilisierungsmaßnahmen kommen konkret in Betracht der mittelbare und unmittelbare Erwerb von emittierten Finanzinstrumenten, das unmittelbare oder mittelbare Angebot zum Erwerb solcher Papiere sowie Marktschutz- oder Marktschonungsvereinbarungen.[540]

Im Gegensatz dazu haben Rückkaufprogramme nach der Vorstellung des europäischen Gesetzgebers keine Beeinflussung des Kurses der zu erwerbenden Aktien zum Motiv und stehen normalerweise in keinem Zusammenhang mit einer Emission. Ungeachtet dessen können Rückkaufprogramme aufgrund ihrer Wirkungsweise auch zur Kurspflege eingesetzt werden; es geht genau wie bei den Kursstabilisierungsmaßnahmen um den Kauf von Wertpapieren oder die Abgabe von Kaufangeboten, die eine Kurssteigerung zur Folge haben können: Unter Rückkaufprogram-

---

[540] Vgl. hierzu oben Zweites Kapitel B. III.

men versteht man allgemein den Erwerb eigener Aktien durch diejenige Aktiengesellschaft, die diese einmal ausgegeben hat.[541] Die Zulässigkeit eines solchen Erwerbs richtet sich zunächst einmal nach Aktienrecht. Dieses beinhaltet für die Aktiengesellschaften ein grundsätzliches zivilrechtliches Erwerbsverbots für eigene Aktien, weshalb ein Rückkaufprogramm eines bestimmten gesetzlichen Erlaubnistatbestands bedarf. Diese Erlaubnistatbestände sind nach ihrer Ausgestaltung stets mit einem bestimmten Zweck verknüpft.

Da die Durchführung eines solchen Rückkaufprogramms ein tatbestandliches Handeln im Sinne von § 20a Abs. 1 S. 1 Nr. 2 WpHG sein kann, wurde auch diesbezüglich eine „Safe Harbour"-Regelung geschaffen.

Der Gang der Darstellung wurde wie folgt gewählt: Zunächst werden die Freistellungsregeln betreffend die Stabilisierungsmaßnahmen behandelt, sodann diejenigen mit Bezug auf die ergänzenden Stabilisierungsmaßnahmen und schließlich diejenigen, die die Rückkaufprogramme zum Gegenstand haben.

B. § 20a Abs. 1 S. 1 Nr. 2 WpHG als maßgeblicher Prüfstein

I. Keine zulässige Kursstabilisierung bei Täuschung der Anleger

Bei der oben im dritten Kapitel vorgenommenen Betrachtung der im Gesetz enumerativ angelegten Tatbestandsvarianten des Manipulationsverbots ist klar geworden, dass die „Safe Harbour"-Regeln sich lediglich auf die Nr. 2 des § 20a Abs. 1 S. 1 WpHG beziehen, nämlich auf die Vornahme von Geschäften und Geschäftsaufträgen, die mit ihrer Signalwirkung eine künstliche Nachfrage oder ein künstliches Preisniveau hinsichtlich eines Finanzinstruments bilden könnten.

Handlungen, die sich unter Nummer 1 oder 3 der Vorschrift subsumieren lassen, scheiden von vornherein als mögliche legitime Maßnahmen zur Stützung des Kurses eines Finanzinstruments aus. Es ist ausgeschlossen, dass gezielte Des- oder Falschinformation (Nr. 1) oder sonstige Täuschungshandlungen (Nr. 3) zu den im Erwägungsgrund Nr. 11 und Art. 2 Nr. 7 der EG-Verordnung 2273/2003 definierten Kursstabilisierungsmaßnahmen zählen könnten. Betrugsähnliches, weil auf eine gezielte Täuschung der Marktteilnehmer gerichtetes, Verhalten kann nicht „im In-

---

[541] Vgl. FLEISCHER Fuchs-WpHG § 20a Rn. 93.

teresse der Anleger"[542] liegen und „das Vertrauen der Anleger und der Emittenten in die Finanzmärkte stärken"[543].

Eine Marktmaßnahme, die eine informationsbezogene oder sonstige Täuschung des Marktes zum Inhalt hat, kommt somit von vornherein nicht als zulässige Kursstabilisierungsmaßnahme in Betracht.

Auch nachfolgend beschränkt sich die Prüfung der Tatbestandsmäßigkeit von Kurspflegemaßnahmen daher grundsätzlich auf die Variante § 20a Abs. 1 S. 1 Nr. 2 WpHG.

II.   Definitionen

Alle verbotsrelevanten Aktionen auf dem Markt sind – so wie auch im übrigen Strafrecht – entsprechend dem allgemein gebräuchlichen dreistufigen Deliktsaufbau[544] – in der folgenden Reihung einer Prüfung zu unterziehen: Tatbestand – Rechtswidrigkeit – Schuld.

Auf der Tatbestandsebene sind die in Rede stehenden Stabilisierungsmaßnahmen daran zu messen, ob gemäß § 20a Abs. 1 S. 1 Nr. 2 WpHG Geschäfte oder Kauf-/Verkaufsaufträge vorliegen, die dazu geeignet sind, falsche oder irreführende Signale für den Preis, das Angebot oder die Nachfrage zu geben oder ein künstliches Preisniveau herbeizuführen. Ist dies der Fall, so ist die Tatbestandsmäßigkeit zu bejahen und weiterhin zu untersuchen, ob ein Tatbestandsausschluss gemäß § 20a Abs. 3 WpHG[545] vorliegt. Sind die Voraussetzungen eines „Safe Harbour" erfüllt, so ist bereits die Tatbestandsmäßigkeit der Handlung ausgeschlossen. Für die vorliegende Untersuchung sollen die die Prüfung der Rechtswidrigkeit und Schuld keine Rolle spielen, da es sich hier jeweils um tatbezogene Einzelfragen handelt.

Im Rahmen der Tatbestandsprüfung stellt sich somit in allen Fällen die Frage, ob es sich bei der jeweiligen Stabilisierungsmaßnahme um ein Geschäft oder einen Geschäftsauftrag handelt, das bzw. der dazu geeignet ist, falsche oder irreführende Signale an den Markt abzugeben oder geeignet ist, ein künstliches Preisniveau herbeizuführen. Der Prüfung zugrunde gelegt werden dabei die subjektivierten Ausle-

---

[542] So wörtlich Erwägungsgrund Nr. 11 der EG-Verordnung 2273/2003.
[543] So wörtlich Erwägungsgrund Nr. 11 der EG-Verordnung 2273/2003.
[544] Allgemeines zum Deliktsaufbau bei ROXIN AT 1 § 10 Rn. 16 ff., und WESSELS/BEULKE Rn. 116 ff.
[545] Vgl. hierzu oben Drittes Kapitel A. III.

gungen der Begriffe „falsch/irreführend" und „künstlich", wie sie oben Drittes Kapitel A. II. 3. A) dd) dargelegt wurden.

C. Die „Safe Harbour"-Regelungen und der Schutzzweck des § 20a WpHG

Bei der Untersuchung der einzelnen „Safe Harbour"-Regelungen und ihrer Bedeutung für die Verwirklichung des Straftatbestands werden die in der Literatur zu diesem Thema vorhandenen Ansichten erörtert, die sich jedoch zumeist mit der zivilrechtlichen Seite der Problematik beschäftigen. Hier wird untersucht, welche Bedeutung die Nichtbeachtung der „Safe Harbour"-Regeln für die strafrechtliche Beurteilung der Maßnahmen hat.

Überdies wird auch zu untersuchen sein, ob die einzelnen „Safe Harbour"-Regelungen in ihrer jeweiligen Ausgestaltung den Schutzzweck des Manipulationsverbots in der Form ausfüllen, dass eine Verletzung des „Safe Harbours" zugleich auch einen Verstoß gegen das Schutzgut bzw. die Schutzgüter des § 20a WpHG darstellt.[546] Umgekehrt wird ebenfalls zu klären sein, ob solche „Safe Harbour"-Merkmale, die das Schutzgut des Tatbestands nicht direkt betreffen, überhaupt eine Relevanz für den Tatbestand besitzen. Dabei ist es zunächst erforderlich, solche Tatbestandsmerkmale der „Safe Harbours" als tatbestandsirrelevant zu identifizieren.

D. Stabilisierungsmaßnahmen nach der EG-VO 2273/2003

I. Art. 8 EG-VO 2273/2003: Der Stabilisierungszeitraum

1. Die Vorgaben des „Safe Harbour"

Die EG-VO 2273/2003 bestimmt in Art. 8 den zeitlichen Anwendungsbereich der „Safe Harbour"-Bestimmungen und stellt so eine zwingende Verknüpfung der freigestellten Stabilisierungsmaßnahmen mit dem Zeitpunkt der Emission der betreffenden Wertpapiere her.

---

[546] Zum umstrittenen Schutzgutbereich des § 20a WpHG s. oben Erstes Kapitel B.

Gemäß Art. 8 Abs. 2 S. 1 beginnt der Zeitraum, währenddessen Stabilisierungsmaßnahmen jedenfalls erlaubt sind, bei einer öffentlich angekündigten Erstplatzierung[547] mit der Notierungsaufnahme auf dem geregelten Markt und endet nach 30 Kalendertagen. Für Mitgliedstaaten der EU, in denen Finanzinstrumente bereits vor der Notierungsaufnahme auf dem geregelten Markt gehandelt werden dürfen, beginnt die 30-Tage-Frist an jenem Tag, an dem der Schlusskurs dieser Finanzinstrumente angemessen bekannt gegeben wird; daneben muss dann allerdings auch den etwaigen sonstigen Zulässigkeitsvorschriften Genüge getan sein (Art. 8 Abs. 2 S. 2 HS. 2). Diese Vorschrift soll den Handel von Wertpapieren erfassen, deren Primäremission noch nicht erfolgt ist. Dies ist das Phänomen des Handels per Erscheinen.[548] Der Handel per Erscheinen[549] findet in Deutschland jedoch nicht in Übereinstimmung mit den Vorschriften des Geregelten Marktes statt, weshalb diese „Safe Harbour"-Variante hierzulande mangels Erfüllung dieser Tatbestandsvoraussetzung nicht zum Tragen kommen kann.[550]

Bei einer Zweitplatzierung[551] beginnt der Stabilisierungszeitraum am Tag der Veröffentlichung des Schlusskurses; ab dem Zuteilungstag läuft eine Frist von 30 Tagen, während der Stabilisierungsmaßnahmen noch vorgenommen werden dürfen.

Zusammenfassend lässt sich bezüglich der zeitraumbezogenen Freistellungsvorgaben festhalten, dass in einem Zeitraum von 30 Tagen nach einer Emission der Kauf von und Kaufangebote bezüglich Wertpapieren bei Beachtung der übrigen Maßgaben der Verordnung, also insbesondere Beachtung der Transparenz- und Höchstpreisbestimmungen, vom Verbot des § 20a WpHG ausgenommen sind.

2.   Nichtbeachtung der Vorgaben

Die drei relevanten Fallkonstellationen, in denen eine Abweichung von dem durch die Verordnung vorgegebenen Zeitraum in Betracht kommt, sind die Vornahme von Stabilisierungsmaßnahmen (1.) vor Emissionsbeginn im Handel per Erschei-

---

[547] Der sachliche Anwendungsbereich der „Safe Harbour"-Vorschrift erfasst gemäß seinem Wortlaut alle öffentlich *angekündigten* Platzierungen, also unter Umständen auch Privatplatzierungen, nicht lediglich öffentliche.
[548] Dies ergibt sich neben dem Wortlaut der Vorschrift selbst auch aus Erwägungsgrund Nr. 15 der Verordnung und der Entstehungsgeschichte von Art. 8 Abs. 2 S. 2, vgl. LEPPERT/STÜRWALD ZBB 2004, 302, 310.
[549] Zum Handel per Erscheinen s. bereits oben Drittes Kapitel A. I. 2.
[550] Vgl. LEPPERT/STÜRWALD ZBB, 302, 310, und VOGEL A/S § 20a Rn. 278.
[551] Zur Zweitplatzierung s. bereits oben Zweites Kapitel A. I. 2.

nen, d. h., vor oder während der „Bookbuilding"-Phase, (2.) im Handel per Erscheinen vor Notierungsaufnahme, aber nach Abschluss des „Bookbuilding", und (3.) nach Ablauf der der Emission folgenden, als Stabilisierungszeitraum festgelegten 30-Tage-Frist.

a) Kurspflegemaßnahmen im Wege des Handels per Erscheinen vor oder während der „Bookbuilding"-Phase

Das Phänomen des Handels per Erscheinen ist nicht auf Emissionen beschränkt, bei denen die Preisfindung im „Bookbuilding"-Verfahren geschieht. Da – wie bereits oben[552] angemerkt – andere Preisfindungsverfahren zwar existieren, in der Praxis aber nur eine äußerst untergeordnete Rolle spielen, werden diese bei der folgenden Untersuchung ausgeblendet.

Als Handel per Erscheinen werden Kaufgeschäfte über Wertpapiere bezeichnet, die noch nicht an der Börse eingeführt sind. Üblich sind Verkäufe von Altaktionären, die einen Teil ihres Portfolios vor dem Börsengang abstoßen wollen. Hauptsächlich aber geht es um Verkäufe von erst künftig entstehenden Aktien.[553] Der Abschluss von Kaufverträgen über künftig entstehende Sachen ist zivilrechtlich durchaus zulässig, § 311a BGB. Sie sind auch nicht durch den im Jahr 2010 neu eingeführten § 30h WpHG, das Verbot ungedeckter Leerverkäufe, verboten. Zwar ist bei diesen Geschäften im Handel per Erscheinen gemäß der Definition des § 30h Abs. 1 S. 4 WpHG von einem ungedeckten Leerverkauf auszugehen, da der Verkäufer solcher erst künftig entstehenden Papiere auf dem sog. grauen Markt am Ende des Handelstages weder Eigentümer der verkauften Wertpapiere ist (§ 30h Abs. 1 S. 4 Nr. 1 WpHG) noch einen schuldrechtlich oder sachenrechtlich unbedingt durchsetzbaren Anspruch auf deren Übereignung hat (§ 30h Abs. 1 S. 4 Nr. 2 WpHG), denn zum Zeitpunkt des Vertragsschlusses ist noch nicht über die Zuteilung der zu emittierenden Papiere an die Anleger entschieden und die Börseneinführung selbst noch nicht vollzogen. Aber diese Verbotsvorschrift gilt nicht für den Handel per Erscheinen, da sich das Verbot von Leerverkäufen lediglich auf Wertpapiere bezieht, die im Regulierten Markt zugelassen sind. Im Übrigen hängt die strafrechtliche Bewertung – insbesondere der gegenläufigen Käufe – nicht von der Zulässigkeit der Verkäufe ab.

---

[552] Zweites Kapitel A. IV.
[553] Vgl. PFÜLLER/KOEHLER WM 2002, 781, 783.

Bei der Tätigung von Käufen sowie der Abgabe von diesbezüglichen Aufträgen liegen Geschäfte im Sinne der Vorschrift offenkundig vor.[554] Die übrigen Tatbestandsvoraussetzungen bedürfen jedoch einer eingehenderen Prüfung.

aa) Eignung zur Abgabe falscher oder irreführender Signale

Voraussetzung für eine Tatbestandsmäßigkeit ist zunächst einmal, dass Transaktionen oder Transaktionsaufträge in dieser Zeitspanne konkret ihrer Art nach dazu geeignet sind, eine gewisse Signalwirkung auszuüben.

Die „Bookbuilding"-Phase ist als diejenige Zeitspanne, während der die interessierten Anleger durch die Abgabe, das Abändern und möglicherweise das Widerrufen von Kaufangeboten den Marktpreis selbst mitbestimmen, für Beeinflussungen naturgemäß besonders sensibel.

In der Literatur besteht Einigkeit darüber, dass in diesem Zeitraum Wertpapierkäufe aufgrund der eingeschränkten Liquidität bereits in einem geringen Umfang erhebliche Auswirkungen auf den am Ende des Preisfindungsprozesses festzulegenden, endgültigen Emissionspreis haben können.[555] Den potentiellen Investoren liegt zu diesem Zeitpunkt ein Verkaufsprospekt vor, in dem die Preisspanne für die abzugebenden Kaufangebote niedergelegt ist.[556] Die im sog. grauen Markt gehandelten Preise erwecken dann Erwartungen sowohl beim Emittenten als auch bei den Anlegern und sind bei den Verhandlungen zur Preisfestsetzung Gegenstand der Diskussion. Gerade bei Privatanlegern, die keinen fundierten Einblick in die in den umfangreichen „Research"-Berichten dargelegte reale Unternehmens- und Marktlage haben, sondern denen möglicherweise nur der Verkaufsprospekt vorliegt, können durch die im Vorfeldhandel erzielten Preise ungerechtfertigte Erwartungen an den Marktwert der Wertpapiere geweckt werden.[557]

Es lässt sich damit festhalten, dass Transaktionen während der „Bookbuilding"-Phase nach allgemeiner Meinung abstrakt generell dazu geeignet sind, bewertungserhebliche Signale für Preis und Nachfrage auszusenden, da durch sie Preisvorstel-

---

[554] Siehe nur FLEISCHER Fuchs-WpHG § 20a Rn. 45.
[555] Vgl. SCHANZ § 10 Rn. 140; FEURING/BERRAR Unternehmensfinanzierung am Kapitalmarkt § 34 Rn. 34.
[556] SCHÄFER WM 1999, 1345, 1346.
[557] Vgl. SCHANZ § 10 Rn. 140.

lungen geweckt werden und somit die Nachfrage der Anleger für das Finanzinstrument gesteigert wird.

Ob die Qualität der Signalwirkung dann als „falsch" oder „irreführend" einzustufen ist, orientiert sich – wie oben gezeigt – daran, ob diese Stabilisierungsmaßnahmen in der Absicht vorgenommen werden, den Marktpreis zu manipulieren.

Im Einzelnen ist in subjektiver Hinsicht schließlich darüber zu befinden, ob eine widerrechtliche Manipulationsabsicht bei der Vornahme der Stabilisierungsmaßnahmen vorliegt und aus welchen äußerlich greifbaren Kriterien auf die innere Einstellung des Handelnden geschlossen werden darf. Diese Frage wird an dieser Stelle noch zurückgestellt und weiter unten[558] einer Diskussion zugeführt. Zunächst soll aber noch zur 2. Variante des § 20a Abs. 1 S. 1 Nr. 2 WpHG (Eignung zur Herbeiführung eines künstlichen Preisniveaus) Stellung genommen werden.

bb) Eignung zur Herbeiführung eines künstlichen Preisniveaus

Für die Herbeiführung eines künstlichen Preisniveaus gilt in weiten Zügen das bereits oben zu § 20a Abs. 1 S. 1 Nr. 2 Var. 1 WpHG Gesagte.

Kurz lässt sich zusammenfassen, dass Kurspflege während der „Bookbuilding"-Phase abstrakt-generell aufgrund der „fragilen Marktlage" in besonderem Maße die Eignung dazu besitzt, das Preisniveau zu beeinflussen. Ein Verstoß gegen das Manipulationsverbot liegt jedoch nur dann vor, wenn die Stabilisierungsmaßnahmen auch in der Absicht vorgenommen werden, den Marktpreis mithilfe der Transaktionen zu manipulieren. Das Unterscheidungsmerkmal ist wiederum die subjektive Einstellung des Handelnden.

cc) Manipulationsabsicht

Manipulationsabsicht hat, wer bei seinen Transaktionen primär den Kurs beeinflussen will, ohne ihn der realen wirtschaftlichen Lage anpassen zu wollen, um bei Geschäften von der Diskrepanz zwischen beeinflusstem und hypothetisch unbeeinflusstem Kurs zu profitieren oder anderen einen wirtschaftlichen Nachteil zuzufügen.

---

[558] Viertes Kapitel D. I. 2. a) cc) ccc).

161

Zunächst sollen die in der Literatur vertretenen Ansichten zur Zulässigkeit von Stabilisierungsmaßnahmen während der „Bookbuilding"-Phase betrachtet werden. Diese beziehen zwar in der Hauptsache auf die zivilrechtliche Seite des Verbots, was aber nicht ausschließt, dass sich in strafrechtlicher Hinsicht für das Merkmal der Manipulationsabsicht daraus etwas ableiten ließe.

aaa) Meinungen der Literatur zur Zulässigkeit von Stabilisierungsmaßnahmen während der „Bookbuilding"-Phase

In der Hauptsache finden sich zwei in der Literatur verbreitete Ansichten: Die eine geht davon aus, Kurspflegemaßnahmen seien bei Einhaltung verschiedener Voraussetzungen auch in dieser Handelsphase ausnahmsweise zulässig. Die Anhänger der zweiten sind der Auffassung, dass Kurspflegemaßnahmen in diesem Zeitraum ausnahmslos unzulässig seien.

Wie bereits erwähnt, wird die nachfolgende Diskussion vorwiegend vom zivilrechtlichen Standpunkt aus geführt, weshalb die Aussagen nicht auf die Qualitäten „falsch/irreführend" oder „künstlich" abheben, sondern allgemein auf „zulässig/unzulässig". Dies ist vielfach auch dadurch bedingt, dass die Ausführungen sich noch auf alte Rechtslagen vor der Neufassung des Straftatbestands im WpHG beziehen. Eine mögliche Einordnung der vorgebrachten Ansichten erfolgt im Anschluss an die Darstellung der einzelnen Meinungen und Begründungen.

aaaa) Kurspflege in Ausnahmefällen zulässig

Den grundlegenden Denkanstoß in der Literatur haben KRÄMER/HESS[559] zu diesem Thema gegeben. Ihrer Ansicht nach sind Stabilisierungsmaßnahmen während der „Bookbuilding"-Phase grundsätzlich unzulässig, da sie zwangsläufig auf eine Steigerung der Nachfrage und damit eine Steigerung des Emissionspreises gerichtet seien.[560] Nur für den Ausnahmefall, dass der Börsengang durch nicht an der Emission beteiligte Banken oder sonstige Dritte gezielt gestört werde, um die Emission zu vereiteln oder zu erschweren, sei eine Stabilisierung gerechtfertigt. Namentlich sei hinsichtlich der störenden Eingriffe von außen an einen sogenannten „Baisse"-Angriff zu denken.[561] Bei einem „Baisse"-Angriff handelt es sich um gezielte

---

[559] KRÄMER/HESS FS-Döser S. 171 ff.
[560] Vgl. KRÄMER/HESS FS-Döser S. 171, 187.
[561] Vgl. KRÄMER/HESS FS-Döser S. 171, 187.

Maßnahmen zur Absenkung des Aktienkurses einer AG, die zu einer Beeinträchtigung der Kreditwürdigkeit der Gesellschaft führen sollen.

FEURING/BERRAR[562] nehmen ebenfalls an, dass nicht alle Stabilisierungsmaßnahmen vor oder während der Angebotsphase als unzulässig im Sinne von § 20a WpHG zu deklarieren sind. Sie seien dann zulässig, wenn die Liquidität der Aktien an der Börse (wenn die emittierende Gesellschaft bereits börsennotiert ist) oder auf dem sog. grauen Markt sehr gering sei und/oder nachweislich ein Eingriff von Seiten Dritter zu befürchten sei.[563] Dies Letztere kann wohl weitgehend als dem Ansatz von KRÄMER/HESS entsprechend angesehen werden.

SCHANZ[564] schließt sich der Meinung von KRÄMER/HESS an. Allerdings erweitert er die Ausnahmen von der Unzulässigkeit dahingehend, dass Kursstabilisierungsmaßnahmen – neben den gezielten Störattacken und „Baisse"-Angriffen – auch dann erlaubt seien, wenn der Kurs im Grauen Markt aus anderen Gründen deutlich von einem marktgerechten Preis abweiche.

BINGEL[565] schließt sich dieser Meinung an und begründet dies damit, dass durch Stabilisierungsmaßnahmen in diesen Fällen gerade die Entstehung eines künstlichen Preisniveaus im Sinne von § 20a Abs.1 S. 1 Nr. 2 WpHG verhindert werden könne.

SCHLITT/SCHÄFER[566] halten im Zusammenhang mit dem Handel von „Block trades"[567] ebenfalls Kursstabilisierung im Vorfeld der Transaktion dann für zulässig, wenn eine Beeinflussung des Preises durch Dritte erfolgt, und berufen sich dabei auf die Ausführungen von KRÄMER/HESS.

---

[562] FEURING/BERRAR Unternehmensfinanzierung am Kapitalmarkt § 34 Rn. 34 u. 35.

[563] Missverständlich insoweit die Kommentierung bei MOCK/STOLL/EUFINGER KK-WpHG § 20a Rn. 356, die besagt, dass FEURING Stabilisierungsmaßnahmen während einer „Bookbuilding"-Phase dann für zulässig halte, wenn Eingriffe von Seiten Dritter *nicht* zu befürchten seien. Sowohl FEURING Unternehmensfinanzierung am Kapitalmarkt in der 2. Aufl., als auch FEURING/BERRAR in der 3. Auflage spricht bzw. sprechen sich – entsprechend der wohl herrschenden Ansicht – dafür aus, dass Kurspflege nur bei zu befürchtenden Eingriffen in die Preisbildung erlaubt seien!

[564] SCHANZ Börseneinführung, § 10 Rn. 141.

[565] BINGEL S. 178.

[566] SCHLITT/SCHÄFER AG 2004, 346, 356 f.

[567] Als „Block Trades" werden große Kauf- oder Verkaufsaufträge, meist von institutionellen Anlegern bezeichnet; sie umfassen ein Vielfaches der Menge einer gewöhnlichen Order, vgl. GERKE S. 124.

bbbb) Kurspflege ausnahmslos unzulässig

Demgegenüber existiert auch eine Meinung dahingehend, dass Kurspflegemaßnahmen in diesem Zeitraum ausnahmslos inakzeptabel seien:

SCHWARK[568] geht davon aus, dass Kurspflegemaßnahmen entsprechend den Empfehlungen der FESCO[569] vor Abschluss des „Bookbuilding"-Verfahrens „schlechthin unzulässig" seien und dies auch durch eine entsprechende Information der Öffentlichkeit über die Vorgänge nicht geheilt werden könne, da diese Maßnahmen regelmäßig das Ziel hätten, die Preise hochzutreiben. Dabei macht SCHWARK im Gegensatz zu KRÄMER/HESS auch keine Ausnahme von diesem Grundsatz für den Fall störender Einflüsse von außen.

RÖSSNER/BOLKART[570] lehnen ebenfalls jegliche Stabilisierungsmaßnahmen während der „Bookbuilding"-Phase ab.

MOCK/STOLL/EUFINGER[571] schließlich sind ebenfalls der Ansicht, dass bei Kurspflege während der „Bookbuilding"-Phase einer Emission ein gezielter Steuerungsversuch der Preisbildung und somit eine handelsgestützte Manipulationshandlung im Sinne von § 20a Abs. 1 S. 1 Nr. 2 WpHG vorliege. Ausnahmefälle, für die dies nicht zutreffe, ließen sie nicht erkennen.

bbb) Auswertung der Literaturansichten

Zunächst lässt sich festhalten, dass die Literatur bei Kurspflegemaßnahmen während der Preisfindung von einer strafbaren Marktmanipulation ausgeht, wenn nicht besondere legitimierende Umstände vorliegen. Solche legitimierenden Umstände könnten insbesondere im Zusammenhang mit einer anerkannten Marktpraxis im Sinne von § 20a Abs. 2 WpHG zur Straflosigkeit führen. Dieser Freistellungstatbe-

---

[568] SCHWARK FS-Kümpel, 485, 494. Überraschenderweise geht SCHWARK dann unmittelbar im Folgenden ohne weitere Begründung davon aus, dass „Stabilisierungsmaßnahmen während der Phase des Handels per Erscheinen, wie sie in Deutschland durchaus praktiziert werden", im Gegensatz zur Kursstabilisierung während der „Bookbuilding"-Phase für zulässig erachtet werden müssten.
[569] Gruppe der europäischen Wertpapierhandelsaufsichtsbehörden; FESCO-Papier 00-099b.
[570] AG 2003, R394, R396. Offenbar folgern RÖSSNER/BOLKART dies aus der Begründung des Bundesfinanzministeriums für den Entwurf der KuMaKV („Wichtig ist, dass es nach dem Willen des BMF keine zulässigen Stabilisierungsmaßnahmen während der „Bookbuilding"-Phase geben soll."), der aber keine solche Aussage enthält.
[571] MOCK/STOLL/EUFINGER KK-WpHG § 20a Rn. 356.

stand soll hier aber nicht weiter diskutiert werden.[572] In Bezug auf die hier vertretene subjektivierende Auslegung des Verbots der Marktmanipulation kann man die allgemeine Literaturmeinung so auffassen, dass auch sie bei Kurspflege während der „Bookbuilding"-Phase grundsätzlich Manipulationsabsicht unterstellt.

ccc) Nichtbeachtung des „Safe Harbours" als Indiz für das Vorliegen von Manipulationsabsicht?

Ein Verstoß gegen die zeitbezogene „Safe Harbour"-Vorschrift lässt im Einklang mit den in der Literatur vertretenen Meinungen einen Rückschluss auf die innere Einstellung des Handelnden zu und indiziert einen Verstoß gegen das Manipulationsverbot. Aus der Täuschungsgeneigtheit von Kursbeeinflussungen während der „Bookbuilding"-Phase ist auf eine rechtwidrige Manipulationsabsicht zu schließen, die bei tatsächlicher Einwirkung falsche/irreführende Signale auf den Markt ausstrahlen oder ein künstliches Preisniveau herbeiführen kann. Von Manipulationsabsicht ist in Übereinstimmung mit der oben getroffenen Definition[573] dann nicht auszugehen, wenn der Handelnde den Kurs des Finanzinstruments nur der wahren wirtschaftlichen Lage anpassen will, etwa weil das Unternehmen einem „Baisse"-Angriff unterliegt.

Daraus ergibt sich nicht nur die tatsächliche Vermutung, dass Kurspflege unter Verstoß gegen die Freistellungsregelung des Art. 8 EG-VO 2273/2003 verbotene Marktmanipulation ist, sondern vielmehr ein beachtliches Indiz für das Vorliegen von Manipulationsabsicht beim Handelnden.

Damit wird man nicht nur der allgemein vertretenen Meinung zu Kursbeeinflussungsmaßnahmen während der „Bookbuilding"-Phase gerecht, sondern wird auch die Anwendbarkeit des Tatbestands in der Praxis erheblich verbessern. Für eine solche Auslegung lässt sich insbesondere auch die Marktmissbrauchsrichtlinie 2003/6/EG[574] des Europäischen Gesetzgebers heranziehen, die mit Art. 1 Nr. 2 lit. a sogar noch weit über diesen Ansatz einer bloßen Indizkraft hinausgeht. Dort heißt es: „Marktmanipulation sind a) Geschäfte oder Kauf- bzw. Verkaufsaufträge, die falsche oder irreführende Signale [...] geben könnten, oder [durch die] ein anormales oder künstliches Preisniveau erzielt wird, *es sei denn*, die Person, welche die

---

[572] Vgl. hierzu schon die Ausführungen oben Drittes Kapitel A. III. 1.
[573] S. oben Drittes Kapitel A. II. 3. d).
[574] Richtlinie über Insider-Geschäfte und Marktmanipulation 2003/6/EG vom 28.01.2003, ABl. 2003, Nr. L96/16.

Geschäfte abgeschlossen oder die Aufträge erteilt hat, weist nach, dass sie legitime Gründe dafür hatte und dass diese Geschäfte oder Aufträge nicht gegen die zulässige Marktpraxis auf dem betreffenden Markt verstoßen."

Nimmt man diese Aussage wörtlich, so fordert sie eine Umkehr der Beweislast zum Nachteil des Handelnden. Dieser könnte sich vom Vorwurf der Marktmanipulation bei einer Einflussnahme auf den Börsen- oder Marktpreis nur dadurch exkulpieren, dass er legitime und mit der Marktpraxis vereinbare Handlungsgründe nachwiese. Wie bereits die mangelnde Umsetzung dieses Postulats in der deutschen Regelung erahnen lässt, kommt diese Aufbürdung der Beweislast mit dem deutschen Verfassungsrecht in Konflikt.[575]

ddd) Beweislastumkehr, Beweisvermutung, Unschuldsvermutung und Indizkraft

Die EMRK als unmittelbar in der Bundesrepublik Deutschland geltendes innerstaatliches Recht[576] bestimmt in Art. 6 Abs. 2, dass jede Person, die einer Straftat angeklagt ist, bis zum gesetzlichen Beweis ihrer Schuld als unschuldig gilt. Nicht ganz so deutlich und erst mithilfe der Auslegung erkennbar, aber mit dem gleichen Anspruch auf Gültigkeit und Beachtung folgt die Unschuldsvermutung aus dem Rechtsstaatsprinzip der Art. 20 Abs. 3 und Art. 1 Abs. 1 und 2 des Grundgesetzes.[577] Teil dieser aus dem Rechtsstaatsprinzip folgenden Unschuldsvermutung ist, dass der Staat Tat und Schuld des Beschuldigten nachzuweisen hat, und nicht etwa umgekehrt der Beschuldigte seine Unschuld darlegen muss, um eine Verurteilung zu verhindern.[578] Zutreffend spricht WALTER[579] bei diesem Abschnitt der Marktmissbrauchsrichtlinie von einer unzulässigen Durchbrechung des Amtsermittlungsgrundsatzes zugunsten der Dispositionsmaxime im Strafrecht.

Diese Grundfeste des Strafrechts, die jegliche Umverteilung der Beweislast zu Ungunsten des Beschuldigten verhindern soll, bedarf allerdings einer detailgenauen Betrachtung, um ihren genauen Inhalt und ihr Ausmaß zu bestimmen. Zulässig und

---

[575] So WALTER JZ 2006, 340, 346.

[576] SCHMITT M-G Anh 4 MRK Vor Art. 1 Rn. 3; nach herrschender Auffassung handelt es sich gar um grundrechtsgleiches Recht, stellv. für alle HABERSTROH NStZ 1984, 289 ff.

[577] PAEFFGEN SK-StPO Art. 6 EMRK Rn. 176; SCHWABENBAUER Der Zweifelssatz im Strafprozess S. 42; WALTER JZ 2006, 340, 345.

[578] PAEFFGEN SK-StPO Art. 6 EMRK Rn. 183.

[579] WALTER JZ 2006, 340, 346, mit einem aufschlussreichen Vergleich mit der Rechtslage bei § 186 StGB.

mit der Unschuldsvermutung vereinbar sind nach allgemeiner Auffassung nämlich *ausdrückliche gesetzliche* Beweisvermutungen, wenn sie an objektive Umstände anknüpfen und einer Widerlegung durch den Beschuldigten zugänglich sind.[580] Diese stellen lediglich das Beweisthema anders, ändern die Grenzen der notwendigen Beweiserhebung und den Ansatzpunkt für die Beweiswürdigung.[581] Auch schränken sie die freie Beweiswürdigung des Gerichts nicht ein.[582] Insbesondere jedoch bürden sie dem Beschuldigten nicht die formelle Beweislast auf![583] Eine solche ausdrückliche Beweisvermutung bieten die „Safe Harbour"-Regelungen aber gerade nicht; wäre eine solche Beweisvermutung bestimmt, bestünde kein Grund zur Kritik an der Handhabbarkeit des Gesetzes bei Zweifelsfällen. Gesteht man indes den „Safe Harbour"-Regelungen – wie hier vorgeschlagen – eine Indizkraft zu, löst sich das Problem ohne Verstoß gegen verfassungsrechtliche Vorgaben.

Praktische Wirkung einer solchen indizkräftigen Regelung bei der Prüfung von § 20a WpHG wäre, dass bei Handelsgeschäften mit der Eignung zur Preiseinwirkung während der „Bookbuilding"-Phase die positive Feststellung von Manipulationsabsicht nur dann erforderlich wäre, wenn ernsthafte Anhaltspunkte dafür gegeben wären, dass ein Ausnahmefall vorläge. Umstände, die die Vermutung widerlegen, bedürften ebenfalls positiver Feststellung.[584] Hervorzuheben ist, dass es auch im Fall einer Indizkraft der Regelung den Strafverfolgungsbehörden obliegt, zu ermitteln und festzustellen, ob legitimierende Gründe und Anzeichen für das Fehlen von Manipulationsabsicht vorliegen.

eee)   Pro und Contra Indizkraft

Um nicht voreilig dafür zu plädieren, dass die Nichtbeachtung der Freistellungsregelung als Indiz für das Vorliegen einer Manipulationsabsicht beim Handelnden auszulegen ist, soll untersucht werden, was gegen eine solche Vermutung sprechen könnte.

---

[580] BVerfGE 9, 167, 169ff.; GOLLWITZER Löwe-Rosenberg MRK Art. 6 Rn. 138; MEYER-GOßNER M-G StPO § 261 Rn. 23.
[581] MEYER-GOßNER M-G StPO § 261 Rn. 23; PFEIFFER/HANNICH Karlsruher Kommentar StPO Einleitung Rn. 18.
[582] PFEIFFER/HANNICH Karlsruher Kommentar StPO Einleitung Rn. 18.
[583] MEYER-GOßNER M-G StPO § 261 Rn. 23, und WALTER JZ 2006, 340, 346, der zutreffend darauf hinweist, dass dies v. a. in formeller Hinsicht stimmt, während materiell – also faktisch gesehen – Druck auf den Beschuldigten besteht, aktiv zu seiner Entlastung tätig zu werden.
[584] Vgl. bzgl. der Vermutungswirkung des § 69 Abs. 2 FISCHER StGB § 69 Rn. 22; LACKNER/KÜHL StGB § 69 Rn. 7.

Gegen die Annahme eines Indizes könnte Erwägungsgrund Nr. 2 der EG-Verordnung 2273/2003 sprechen, der feststellt, dass Handel, der nicht im Einklang mit den „Safe Harbour"-Richtlinien erfolgt, nicht *per se* als Marktmissbrauch gewertet werden sollte. Ein „per se"-Automatismus mit der Folge, dass stets von einem strafbaren Manipulationsverhalten bei einer Nichteinhaltung der Freistellungsregeln auszugehen wäre, bestünde jedoch gar nicht. Auch bei der Annahme einer indizkräftigen Regelung bedürfte es nämlich einer Prüfung durch Staatsanwaltschaft und Gericht von Amts wegen, ob Umstände vorliegen, welche für den Beschuldigten und gegen die Tatbestandsverwirklichung sprechen. Insofern liegt ein Widerspruch zu den Erwägungsgründen der EG-Verordnung 2273/2003 nicht vor.

Für ein solches Indiz sprechen hingegen insbesondere die Äußerungen des europäischen Gesetzgebers[585] wie auch die generelle Intention des deutschen Gesetzgebers, das Manipulationsverbot für den Rechtsanwender besser handhabbar zu machen[586]. Mit einer solchen Auslegung wäre ein gutes Stück Rechtssicherheit und besserer Anwendbarkeit gewonnen, was zu einer Verbesserung der Durchsetzbarkeit des Manipulationsverbots und somit zu einem effektiveren Schutz des Marktes und seiner Funktionen führen dürfte. Die schwer nachweisbare, jedoch gesetzlich als Tatbestandsmerkmal vorgeschriebene, Manipulationsabsicht der früheren Verbotstatbestände war nach herrschender Meinung der Grund dafür, dass die Strafnorm ein außerordentliches Schattendasein führte. Der Gesetzgeber hat versucht, dem durch eine Streichung der Manipulationsabsicht aus dem subjektiven Tatbestand entgegenzuwirken. Untersucht man den jetzigen Gesetzestatbestand mit seinen objektiven Merkmalen und den zu seiner Konkretisierung erlassenen „Nebenvorschriften" wie der MaKonV, muss man feststellen, dass ein subjektives Kriterium materiell-rechtlich nach wie vor erforderlich ist, um strafbares von straflosem Verhalten zu scheiden. Die objektiven Kriterien allein reichen trotz der Bemühungen zu ihrer Konkretisierung nicht hin, um das zu erfassen, was strafbare Marktmanipulation ausmacht. Akzeptiert man dies, bleibt nur die Möglichkeit, auch die wenigen ergänzenden Vorschriften zum Manipulationstatbestand entsprechend auszulegen, um dem Gesetz zu einer praktischen Anwendbarkeit zu verhelfen. Alternativ kommt nur eine Neufassung des Gesetzes in Betracht.

---

[585] Art. 1 Nr. 2 lit. a der Richtlinie über Insider-Geschäfte und Marktmanipulation 2003/6/EG vom 28.01.2003, ABl. 2003, Nr. L 96/16.
[586] Diese Intention folgt bereits aus dem Namen der das Gesetz ergänzenden Verordnung zur Konkretisierung des Verbots der Marktmanipulation (MaKonV).

Zusammenfassend ist daher festzustellen, dass bei Kurspflegemaßnahmen, die nicht im Einklang mit den das Schutzgut des § 20a WpHG direkt betreffenden, d. h. tatbestandsrelevanten Merkmalen der „Safe Harbour"-Regelungen durchgeführt werden, von einem Indiz dafür auszugehen ist, dass der Handelnde mit Manipulationsabsicht handelt und mithin eine Straftat begeht.

fff) Indizkraft und Transparenz

Eine Offenlegung der Stabilisierungsmaßnahmen während der „Bookbuilding"-Phase lässt dabei die Manipulationsabsicht nicht entfallen. Im Gegensatz zu der sonstigen Täuschungshandlung im Sinne von § 20a Abs. 1 S. 1 Nr. 3 WpHG ist eine Täuschung der übrigen Marktteilnehmer nämlich keine Tatbestandsvoraussetzung von § 20a Abs. 1 S. 1 Nr. 2 WpHG, selbst wenn eine Täuschung bei der Abgabe von falschen oder irreführenden Signalen naheliegend erscheint. Auch muss die für den Straftatbestand gemäß § 38 WpHG erforderliche tatsächliche Beeinflussung des Marktpreises nicht auf einer Täuschung beruhen. Dementsprechend führt Transparenz bei Erfüllung des Tatbestands materiell-rechtlich nicht zu einem Wegfall der Manipulationsabsicht. Sie kann jedoch im Rahmen der widerlegbaren Vermutung als Indiz für mangelnde Manipulationsabsicht zu verstehen sein.

dd) Zusammenfassung

Bei Geschäften, die ihrer Art nach geeignet sind, den Börsen- oder Marktpreis zu beeinflussen, und die in einem tatbestandsrelevanten Merkmal den „Safe Harbour"-Bestimmungen der EG-Verordnung 2273/2003 zuwiderlaufen, besteht ein in das Gesetz hineinzulesendes Indiz dafür, dass sie – im Falle einer tatsächlich bewirkten Kursbeeinflussung – gegen das Verbot des § 20a Abs. 1 S. 1 Nr. 2 WpHG verstoßen und als Straftat zu ahnden sind; straflose Kurspflege scheidet dann aus. Diese Vermutung wird bei Vorliegen rechtfertigender Gründe widerlegt, die von Amts wegen zu prüfen sind.

Kurspflege kann dementsprechend nur innerhalb des durch die *tatbestandsrelevanten* „Safe Harbour"-Vorschriften abgesteckten Rahmens stattfinden, wenn nicht besondere legitimierende Umstände vorliegen.

Für den Fall von Kurspflegemaßnahmen während der „Bookbuilding"-Phase bedeutet dies, das insbesondere bei einem sogenannten „Baisse"-Angriff ein die kursbeeinflussende Handlung legitimierender Umstand und mithin keine Manipulationsabsicht vorliegt.

Auf diesem Ergebnis baut die folgende Betrachtung der weiteren „Safe Harbour"-Regelungen auf. Die Untersuchung bezieht sich insbesondere darauf, ob den jeweiligen Geschäften, die unter Nichtbeachtung der „Safe Harbour"-Regelungen vorgenommen werden, eine Eignung zur Preisbeeinflussung innewohnt und ob die jeweiligen Bestimmungen der Freistellungstatbestände das Schutzgut des § 20a WpHG direkt betreffen und mithin als tatbestandsrelevant zu erachten sind.

b) Kurspflegemaßnahmen während des Handels per Erscheinen nach Veröffentlichung des Emissionskurses

Ein Großteil der soeben angestellten Überlegungen zu Kurspflegemaßnahmen während des laufenden „Bookbuilding"-Verfahrens haben auch für die Frage Gültigkeit, ob in Kurspflegemaßnahmen während des Handels per Erscheinen nach Bekanntgabe des Emissionspreises handelsgestützte Manipulationshandlungen im Sinne von § 20a Abs. 1 S. 1 Nr. 2 WpHG zu erblicken sind.

Als erste Überlegung maßgeblich ist weiterhin, ob Transaktionen oder Transaktionsaufträge in diesem Stadium generell dazu geeignet sind, falsche oder irreführende Signale für den Markt auszusenden oder ein künstliches Preisniveau herbeizuführen. Wie bereits mehrfach angeführt, haben Kauf- und Verkaufsaufträge abstrakt stets die Eignung, auf den Preis einzuwirken.

Hinsichtlich der Einwirkungsintensität ist jedoch ein Unterschied zuzugeben; dieser liegt in der *per se* geringeren Einwirkungseignung während dieser Handelsphase. Nachdem die Preisfindungsphase für das zu emittierende Finanzinstrument abgeschlossen ist, ist die Beeinflussung des Marktpreises durch Kaufangebote hinsichtlich vergleichsweise geringer Volumina und Demonstration von Nachfrage nicht mehr möglich.[587] Für die rechtliche Beurteilung kann diese Verschiedenheit jedoch vernachlässigt werden. Ein materieller Unterschied zu der Situation nach der Notierungsaufnahme, also demjenigen Zeitpunkt, ab dem die „Safe Harbour"-Regelung gemäß Art. 8 Abs. 1 EG-VO 2273/2003 gilt, besteht nicht.

---

[587] So schon HOPT/WASCHKEIT FS-Lorenz S. 147, 156, und MOCK/STOLL/EUFINGER KK-WpHG § 20a Rn. 357. SCHWARK FS-Kümpel S. 485, 494, geht sogar davon aus, dass Kurspflege in diesem Zeitraum grundsätzlich zulässig ist.

Entscheidend für die strafrechtliche Beurteilung bleibt damit, ob die Geschäfte mit der Absicht zur Manipulation vorgenommen werden. Diese Beurteilung vollzieht sich nach denselben Überlegungen, wie sie oben für Kursstabilisierungsmaßnahmen während der „Bookbuilding"-Phase angestellt wurden. Dies bedeutet, dass Stabilisierungsmaßnahmen dann gegen das Verbot der Marktpreismanipulation verstoßen, wenn keine rechtswidrige Beeinflussung des Preises von Seiten Dritter stattfindet.[588]

Insofern ergeben sich keinerlei Konsequenzen aus der isolierten Nichteinhaltung dieser „Safe Harbour"-Regelung.

c) Stabilisierungsmaßnahmen nach Ablauf der 30-Tage-Frist

Der letzte zu klärende Fall einer Nichtbeachtung der „Safe Harbour"-Vorschriften in Bezug auf den zeitlichen Anwendungsbereich ist die Durchführung von Kurspflegemaßnahmen nach Ablauf des regelmäßig 30 Tage betragenden Stabilisierungszeitraums nach Art. 8 EG-VO 2273/2003.

aa) Prüfungsgrundlagen

Erneut hat die Prüfung anhand des Maßstabs von § 20a Abs. 1 S. 1 Nr. 2 WpHG zu erfolgen: Fraglich ist also, ob eine Kurspflege nach diesem Zeitraum generell dazu geeignet ist, falsche oder irreführende Signale für die Preisbildung abzugeben oder ein künstliches Preisniveau herbeizuführen. Für die Subsumtion der Kriterien „falsch, irreführend und künstlich" ist, wie bereits oben eingehend ausgeführt, die subjektive Einstellung des Ausführenden maßgeblich, die auf eine Beeinflussung des Börsenkurses – ohne Anpassung an die reale wirtschaftliche Lage – gerichtet sein muss.

Wiederum hat die sehr allgemeine Aussage Gültigkeit, dass jegliche auf das jeweilige Finanzinstrument bezogene Geschäfte dazu geeignet sind, auf dessen Preis in gewisser Weise Einfluss zu nehmen. Allerdings wird die Beeinflussung des Preises mit derart geringen Handelsvolumina wie bei einer Manipulation während der

---

[588] Eine gesonderte Diskussion in der Literatur hinsichtlich der Zulässigkeit von Kursmaßnahmen in diesem speziellen Zeitabschnitt der Emission existiert nicht. Es können daher nur die zur Kurspflege während der „Bookbuilding"-Phase angestellten Überlegungen herangezogen werden.

„Bookbuilding"-Phase nicht genauso effektiv sein. Jedenfalls ist abstrakt von einer Eignung von Geschäften zur Beeinflussung des Kurses auszugehen.

In Entsprechung zu den oben angestellten Überlegungen ist daran anschließend zu klären, ob die „Safe Harbour"-Regelung bezüglich des der Emission nachfolgenden Stabilisierungszeitraums direkt die Wahrung des Schutzgutes des § 20a WpHG betrifft. Ist dies der Fall, ist die Nichtbeachtung dieser Vorgabe ein Indiz für Manipulationsabsicht. Dann ist weiterhin zu untersuchen, in welchen Fällen ein Gegenindiz in Gestalt eines legitimen Grundes für die Durchführung der kursbeeinflussenden Geschäfte vorliegt.

Festzuhalten ist zunächst, dass jedenfalls diejenigen Verhaltensweisen, die bereits im Vorfeld der Emission für zulässig zu erachten sind, auch für die Zeitspanne nach Handelsbeginn zulässig sein müssen.

bb)   Tatbestandsrelevanz / Zur Dauer des Stabilisierungszeitraums

Der Zeitraum von 30 Tagen, in dem Kursstabilisierungsmaßnahmen durch die „Safe Harbour"-Regelungen geduldet werden, ist nicht willkürlich gewählt. Es handelt sich hierbei um einen Zeitraum, innerhalb dessen erfahrungsgemäß eine emissionsbedingte Volatilität des Kurses vorliegt, der mit Stabilisierungsmaßnahmen begegnet werden sollte.[589]

Früher wurde vereinzelt auch ein längerer Zeitraum für die Stabilisierung von Kursen für zulässig gehalten. KOLLER[590] war der Auffassung, dass ein Zeitraum von 60 Tagen angemessen sei.

Das OLG Frankfurt[591] entschied 1992 noch, dass eine Stabilisierung jedenfalls in einem Zeitraum von 12 Monaten nach Handelsaufnahme erforderlich (und damit natürlich auch zulässig) sei. Eine weitere obergerichtliche Entscheidung, die einen

---

[589] KRÄMER/HESS FS-Döser S. 189; FLEISCHER Fuchs-WpHG § 20a Rn. 117, der ausführt, dass eine Emission grundsätzlich innerhalb von 30 Tagen vom Markt "verdaut" würde.
[590] In A/S² § 31 Rn. 62. In der aktuellen 6. Auflage des Kommentars wird dies nicht zur Sprache gebracht, vgl. VOGEL A/S § 20a Rn. 277 ff. Diese Auffassung ging in Teilen konform mit der international anerkannten Rule 10.07 des Londoner Securities and Investments Board (SIB) – jetzt Financial Services Authority (FSA) –, das den Stabilisierungszeitraum bis zu maximal 60 Tagen nach Zuteilung der Wertpapiere bemaß.
[591] WM 1992, 572, 575: „Kurspflege ist – insbesondere bei Neuemissionen – üblich und erforderlich. Ohne Sicherstellung des Marktausgleichs während der ersten zwölf Termine nach Aufnahme des Handels in den zuzulassenden Aktien kommt eine Börsenzulassung nicht in Betracht".

ähnlich langen Stabilisierungszeitraum als zulässig deklariert, ist allerdings nicht bekannt und aufgrund des im Übrigen allseits vertretenen Zeitraums von 30 Tagen muss man insoweit wohl von einer Einzelfallentscheidung ohne weitere Konsequenzen ausgehen.

Der Stabilisierungszeitraum ist eine Pauschale, die sich auf allgemeine Erfahrungen im Zusammenhang mit Emissionen und dem damit einhergehenden Volatilitätspotential gründet. Die der „Safe Harbour"-Vorschrift zu entnehmende Grundaussage, dass Kurspflege außerhalb dieses Zeitraums zu unterbleiben hat, bezieht sich auf den Schutz der Wahrheit der Preisbildung und somit auf das Schutzgut des § 20a WpHG, ist mithin tatbestandsrelevant.

cc)   Legitime Gründe für eine Beeinflussung / Mögliche Gegenindizien

Fraglich ist demzufolge, wann legitime Gründe für Kurspflegemaßnahmen nach Ablauf des Stabilisierungszeitraums vorliegen.

Der Durchführung von Maßnahmen zur „Aufbesserung" des Kurses ist gewöhnlich eine Absicht zur Verbesserung der Vermögensverhältnisse immanent, die nicht den realen Verhältnissen bzgl. des Finanzinstruments entspricht. Stabilisierungsmaßnahmen wären dann jedenfalls zulässig, wenn – wie bereits im Fall der Maßnahmen im Vorfeld einer Emission – die emittierende Gesellschaft einem rechtswidrigen Angriff auf die Kreditfähigkeit („Baisse"-Angriff) unterliegt oder wenn – und das dürfte der Hauptanwendungsfall sein – in dem jeweiligen Einzelfall der Markt die Emission eben trotz Ablaufs des 30-Tages-Zeitraums noch nicht „verdaut" hat. In diesem zweiten Fall müsste der Markt dann noch nachweisbar emissionsbedingten Schwankungen ausgesetzt sein. Die auch in diesen Fällen bestehende Absicht der Einflussnahme wäre dann nicht als tatbestandserfüllende Manipulationsabsicht im Sinne der hier vorgeschlagenen Definition anzusehen, da sie lediglich auf die Herbeiführung eines dem tatsächlichen Wert des Finanzinstruments entsprechenden Preises gerichtet ist. Allerdings ist auch hier zuzugeben, dass diese Argumentation an dem bereits angesprochenen Problem[592] der Feststellung des wahren Wertes eines Finanzinstruments krankt. Man kann aber insoweit davon ausgehen, dass eine (Unter-)Bewertung des Wertpapiers dann emissionsbedingt ist und somit nicht dem wahren Wert entspricht, wenn sie ausschließlich auf Umstände zurückzuführen ist, die nicht in dem Wertpapier selbst begründet sind.

---

[592] Vgl. oben Drittes Kapitel A. II. 3. b).

Da die Festlegung des Stabilisierungszeitraums ausschließlich auf einem Erfahrungswert hinsichtlich der emissionsbedingten Volatilität von Finanzinstrumenten beruht, kann eine Kurspflege außerhalb dieses Zeitraums bei Feststellung von *emissionsbedingter* „Kursunruhe" keine strafrechtliche Konsequenz haben.

3. **Fazit für Kurspflegemaßnahmen unter Nichtbeachtung von Art. 8 EG-VO 2273/2003**

Der „Safe Harbour"-Tatbestand Art. 8 EG-VO 2273/2003 stellt fest, dass vom Verbot des § 20a WpHG ausgenommene Kurspflegemaßnahmen innerhalb eines 30-Tage-Zeitraums ab Emission des Wertpapiers vorgenommen werden müssen.

Diese Regelung dient direkt dem Schutz der Wahrheit der Preisbildung; für Kurspflegemaßnahmen außerhalb dieses Zeitraum steht zu vermuten, dass der Handelnde mit Manipulationsabsicht vorgeht und die Maßnahmen mithin geeignet sind, falsche oder irreführende Signale auf den Markt abzugeben oder ein künstliches Preisniveau herbeizuführen. Dies ist nicht der Fall wenn Gegenindizien vorliegen.

Für Kurspflegemaßnahmen während des „Bookbuilding"-Verfahrens und während des Handels per Erscheinen ist ein solches Gegenindiz anzunehmen, wenn die emittierende Gesellschaft einem „Baisse"-Angriff unterliegt. Für sämtliche Kurspflegemaßnahmen nach Ablauf des Emissionszeitraums von 30 Tagen ist dies dann der Fall, wenn dann noch immer eine emissionsbedingte Kursvolatilität besteht oder eben ein „Baisse"-Angriff auf das emittierende Unternehmen geführt wird.

II. **Art. 2 und 9 EG-VO 2273/2003: Der persönliche Anwendungsbereich der „Safe Harbour"-Vorschriften**

1. **Vorgaben der Verordnung**

Nach der Lektüre von Art. 9 Abs. 1 der EG-Verordnung 2273/2003 könnte man den Eindruck gewinnen, die Verordnung halte für sämtliche am Markt tätigen Personen, nämlich dem Wortlaut gemäß für „Emittenten, Bieter oder Unternehmen, die die Stabilisierungsmaßnahme durchführen", – bei Einhaltung der jeweiligen Freistellungsvoraussetzungen – eine Ausnahme vom Verbot der Marktmanipulation bereit. Insofern wäre dann eine Nichtbeachtung des persönlichen Anwendungsbereichs von „Safe Harbour"-Regeln bei der Durchführung von Kursstabilisierung gar nicht denkbar, da sie umfassend gälten.

Die Aussage des Art. 9 steht jedoch im Widerspruch zu den übrigen Aussagen der Verordnung, die vermuten lassen, dass der persönliche Anwendungsbereich der Freistellungsvorschriften lediglich Kreditinstitute und Wertpapierfirmen erfasse.

Zu berücksichtigen sind diesbezüglich Art. 2 Nr. 7, Nr. 1 und Nr. 2 sowie Erwägungsgrund Nr. 17 der Verordnung: In Art. 2 Nr. 7 werden Kursstabilisierungsmaßnahmen definiert als „jeder Kauf [...] und jede Transaktion [...], die Wertpapierhäuser (Wertpapier*firmen*)[593] oder Kreditinstitute [...] tätigen", und Art. 2 Nr. 1 und Nr. 2 der Verordnung enthält die Definitionen dieser beiden Begriffe. Der Erwägungsgrund spricht von Wertpapierhäusern und Kreditinstituten, die an Kursstabilisierungen beteiligt sind. Weiterhin bestimmt Art. 9 Abs. 5 der Verordnung, dass – wenn mehrere Wertpapierhäuser oder Kreditinstitute die Stabilisierungsmaßnahmen durchführen – eines davon als zentrale Auskunftsstelle zu fungieren hat. In der mittlerweile nicht mehr gültigen KuMaKV war mit § 5 noch eine Vorschrift enthalten, welche klarstellte, dass sich diese bevorzugte Behandlung lediglich auf Wertpapierfirmen und Kreditinstitute beziehen sollte.[594]

Der Wortlaut der Verordnung ist damit widersprüchlich, wenn er einerseits ausdrücklich Emittenten, Bietern und Unternehmen die Freistellungsklausel eröffnet, sich andererseits jedoch sämtliche übrigen Bestimmungen nur auf Wertpapierhäuser oder Kreditinstitute beziehen. Überdies wäre bei einer Einbeziehung aller möglichen Beteiligten ein Abweichen von der bisherigen Rechtslage nach der KuMaKV gegeben. Alles das deutet darauf hin, dass insoweit ein Redaktionsversehen vorliegt und eine Erweiterung des persönlichen Anwendungsbereichs im Vergleich zur alten Rechtslage nicht gewollt war; insbesondere wenn man bedenkt, dass die Transparenz- und Informationspflichten, die die „Safe Harbour"-Regelungen voraussetzen, auf die professionellen Marktakteure zugeschnitten sind.

Aus der Gesamtschau der vorgenannten Bestimmungen der EG-Verordnung und des nicht mehr geltenden § 5 KuMaKV lässt sich damit schließen, dass entgegen

---

[593] Die Definition von Wertpapierhäusern in Art. 2 Nr. 1 der EG-VO 2273/2003 verweist auf Art. 1 Nr. 2 der Richtlinie 93/22/EWG, die durch die Richtlinie 2004/39/EG (MiFiD), ABl. 2004, Nr. L 154/1 v. 21.04.2004, abgelöst wurde. Sowohl Art. 1 Nr. 2 93/22/EWG wie auch die Nachfolgevorschrift Art. 4 Abs. 1 Nr. 1 MiFiD definieren den Begriff Wertpapier*firma*.

[594] § 5 KuMaKV lautete: „Zur Stabilisierung des Börsen- oder Marktpreises von Wertpapieren sind nur Wertpapierdienstleistungsunternehmen [...] befugt, die an der Platzierung dieser Wertpapiere beteiligt sind und gegenüber dem Publikum als Stabilisierungsmanager benannt werden."

dem Wortlaut von Art. 9 Abs. 1 der Verordnung lediglich Wertpapierfirmen und Kreditinstitute bei der Durchführung von Stabilisierungsmaßnahmen unter dem Mantel der Freistellungsvorschrift agieren können, nicht etwa jede Person.[595]

2. Nichtbeachtung der Vorgaben

a) Eignung zur Abgabe falscher oder irreführender Signale bzw. zur Herbeiführung eines künstlichen Preisniveaus

Die Durchführung von Stabilisierungsmaßnahmen kann je nach Ausgestaltung erhebliches Potential zur Beeinflussung des Marktpreises haben.

Zu klären ist aber, ob der Durchführung von Stabilisierungsmaßnahmen durch andere Personen als Wertpapierfirmen und Kreditinstituten eine Eignung zur Abgabe von falschen oder irreführenden Signalen innewohnt, und zwar lediglich auf Grund der Tatsache, dass eben Nicht-Privilegierte die Kurspflege betreiben, während die übrigen „Safe Harbour"-Voraussetzungen eingehalten werden. Soweit die Maßnahmen in objektiver Hinsicht dazu geeignet sind, auf den Preis einzuwirken, also etwa die Geschäfte ein entsprechendes Volumen haben, besteht grundsätzlich eine solche Eignung. Entsprechend den vorangegangen Ausführungen hängt die Einordnung von Signalen als „falsch/irreführend" oder die eines Preisniveaus als „künstlich" davon ab, ob mit Manipulationsabsicht gehandelt wird.

b) Manipulationsabsicht und Tatbestandsrelevanz

Manipulationsabsicht ist dann zu bejahen, wenn der Handelnde bei seinen Transaktionen primär den Kurs beeinflussen will, ohne ihn der realen wirtschaftlichen Lage anpassen zu wollen, um bei Geschäften von der Diskrepanz zwischen beeinflusstem und hypothetisch unbeeinflusstem Kurs zu profitieren oder anderen einen wirtschaftlichen Nachteil zuzufügen. In Bezug auf die Freistellungsregeln der EG-VO 2273/2003 ist also zu klären, ob die Person des die Kursstabilisierung Vornehmenden direkt das Schutzgut des § 20a WpHG betrifft und somit als tatbestandsrelevant zu bewerten ist.

---

[595] So auch MOCK/STOLL/EUFINGER KK-WpHG § 20a Anh. II - Art. 2 VO 2273/2003 Rn. 35, und VOGEL A/S § 20a Rn. 272.

Bereits bei nur oberflächlicher Betrachtung der Tatbestandsvarianten des § 20a WpHG lässt sich sagen, dass dafür keine Anhaltspunkte bestehen.

Eine handelsgestützte Manipulation nach § 20a Abs. 1 S. 1 Nr. 2 WpHG durch Stabilisierungskäufe scheidet aus, wenn der Handelnde sein Vorgehen gegenüber dem Markt offenlegt. Denn bei einer den Anforderungen von Art. 9 der Verordnung entsprechenden Information mangelt es an der Eignung, irreführende oder falsche Signale in Richtung des Marktes auszusenden. Die Einhaltung dieser Transparenzanforderungen ist dabei jedoch völlig unabhängig von der Stellung des Agierenden. Auch ist nicht zu erkennen, dass eine Kursstabilisierung durch andere Personen als Kreditinstitute oder Wertpapierfirmen dem Schutzgut des Straftatbestands zuwider laufen würde. Die Wahrheit der Preisbildung hängt nicht davon ab, durch wen der Preis herbeigeführt wird.

Zusammenfassend kann daher festgehalten werden, dass auch außerhalb dieser Ausformung der „Safe Harbour"-Bestimmungen genug Raum für ein legales Verhalten bleibt; zulässige Stabilisierungsmaßnahmen müssen somit nicht zwingend von Wertpapierfirmen oder Kreditinstituten durchgeführt werden. Ob es in der Praxis des Kapitalmarkts auch Sinn haben kann, dass die Kursstabilisierungsmaßnahmen von anderen Personen durchgeführt werden, soll hier dahin gestellt bleiben. Auf einen isolierten Verstoß gegen den persönlichen Anwendungsbereich der Freistellungsregeln lässt sich jedenfalls keinerlei strafrechtliche Konsequenz für den Handelnden ableiten, mit Ausnahme des Wegfalls der positiven Freistellung seines Tuns.

III. Art. 10 EG-VO 2273/2003: Der Stabilisierungspreis

Neben der bereits dargestellten „Safe Harbour"-Regelung des Stabilisierungszeitraums ist die Freistellungsvorschrift betreffend den Stabilisierungspreis wohl die wichtigste Norm zur Abgrenzung von legaler Kurspflege und illegaler Manipulation des Marktes.

1. Vorgaben des „Safe Harbour"

Art. 10 Abs. 1 der EG-Verordnung 2273/2003 stellt fest, dass Zeichnungsangebote für Aktien und diesen gleichstehenden Finanzinstrumenten zur Stabilisierung eines Wertpapiers „unter keinen Umständen" zu einem über dem Emissionskurs liegenden Kurs erfolgen dürfen. Abs. 2 der Vorschrift trifft eine ähnliche Regelung für Stabilisierungsmaßnahmen unter Zuhilfenahme von Schuldverschreibungen.

Dabei knüpft diese Vorschrift an die Art. 8 und 9 der Verordnung an und stellt den Handelnden nur dann vom Manipulationsverbot und drohender Bestrafung frei, wenn sie innerhalb des dort bezeichneten Stabilisierungszeitraums erfolgt. Für übrige Maßnahmen zur Kurspflege bleibt die Regelung des Stabilisierungspreises ohne Bedeutung.

2. Nichtbeachtung der Vorgaben

Angesichts der scharfen Formulierung der Regelung („unter keinen Umständen") stellt sich bei dieser „Safe Harbour"-Vorschrift mit besonderer Nachdrücklichkeit die Frage, ob ein Verstoß gegen sie auch zugleich § 20a Abs. 1 S. 1 Nr. 2 WpHG erfüllt.

Untersucht wird dies hinsichtlich Kurspflegemaßnahmen innerhalb und außerhalb des Stabilisierungszeitraums.

a) Maßnahmen innerhalb des Stabilisierungszeitraums

aa) Eignung zur Abgabe falscher oder irreführender Signale bzw. zur Herbeiführung eines künstlichen Preisniveaus

Von der preislichen Gestaltung von Kaufangeboten geht bei einem nicht völlig unbedeutenden Handelsvolumen während des verhältnismäßig kurzen 30-Tage-Zeitraums nach einer Emission eine erhebliche Eignung zur Abgabe von Signalen und zur Einwirkung auf den Marktpreis aus. Da der Preis als Ergebnis von Angebot und Nachfrage mittelbar Auskunft über diese beiden Faktoren gibt, kann ein über dem zu erwartenden Niveau liegender Preis über diese beiden Faktoren täuschen, insbesondere über eine erhöhte Nachfrage nach dem betreffenden Wertpapier.

bb) Manipulations-/Bereicherungsabsicht

Die Grundprüfung der Tatbestandsmäßigkeit kann entsprechend den vorangegangenen Aussagen auf die folgenden Fragen reduziert werden: 1. Betrifft die preisbezogene „Safe Harbour"-Vorschrift direkt das Schutzgut des § 20a WpHG und ist sie somit als tatbestandsrelevant zu bewerten? Falls ja: 2. Welche Gegenindizien kommen für Kurspflegemaßnahmen in Betracht, um das Indiz für eine Manipulationsabsicht zu entkräften?

aaa) Tatbestandsrelevanz / Regelungsgrund des Art. 10 EG-VO 2273/2003

Die Durchführung von Stabilisierungsmaßnahmen, also Maßnahmen, die entsprechend Erwägungsgrund Nr. 11 der Verordnung der vorübergehenden Stützung eines vorübergehend unter Verkaufsdruck geratenen Wertpapiers dienen, sollen nicht zu einer Preiserhöhung des jeweiligen Papiers führen im Vergleich zum Emissionspreis.[596] Dies widerspräche der grundsätzlichen Konzeption der „Safe Harbour"-Vorschriften und der Auffassung des europäischen Gesetzgebers von der Stabilisierungsmaßnahme.

Art. 10 der EG-Verordnung 2273/2003 stellt aus diesem Grund lediglich solche Stabilisierungsmaßnahmen frei, die zu keinem höheren als dem Emissionspreis durchgeführt werden. Dies trifft den Kern des Schutzbereichs von § 20a WpHG, da eine solche Erhöhung des Kursniveaus nicht der Wahrheit der Preisbildung entspricht, also dem Ergebnis von Angebot und Nachfrage der Anleger. Ein Verstoß gegen die Vorschrift ist mithin tatbestandsrelevant.

bbb) Legitime Gründe für eine Beeinflussung / Mögliche Gegenindizien

Wird durch Stabilisierungsmaßnahmen ein höheres Preisniveau erreicht als bei der Emission, spricht dies besonders für das Vorliegen einer Manipulationsabsicht. Fraglich ist, in welchen Fällen Geschäfte mit der Eignung zum Erreichen eines höheren Preisniveaus nicht als manipulativ zu erachten sind, also im Sinne der oben vorgeschlagenen Definition der Anpassung an die reale wirtschaftliche Lage dienen. Bereits im Rahmen der Begutachtung von Stabilisierungsmaßnahmen hinsichtlich ihrer zeitlichen Komponente wurde darauf hingewiesen, dass entsprechend einer in der Literatur weit verbreiteten Ansicht Maßnahmen dann zulässig sein müssen, wenn die emittierende Gesellschaft einem „Baisse"-Angriff unterliegt, also einer gezielt auf die Herabsenkung der Kreditwürdigkeit des emittierenden Unternehmens gerichteten Aktion ausgesetzt ist. Soll in einem solchen Fall

---

[596] FLEISCHER Fuchs-WpHG § 20a Rn. 127; VOGEL A/S § 20a Rn. 274 und 288.

durch Wertpapierkäufe oder Kaufangebote dem äußeren Druck auf das Unternehmen begegnet und das ursprüngliche Preisniveau wieder hergestellt werden, so ist nicht ersichtlich, warum bei Abschlüssen über dem Emissionspreis von einer Manipulationsabsicht auszugehen wäre. Solche Geschäfte oder Geschäftsaufträge sollen selbstverständlich zu einem relativ – also im Vergleich zur Preislage vor dem Geschäft(sauftrag) – höheren Preisniveau führen, müssen aber noch lange nicht einen absolut – in Bezug auf das Emissionsniveau – höheren Stand des Preises zur Folge haben. Möchte der Handelnde lediglich einen Ausgleich des zuvor verlorenen Kurswerts erreichen, liegt bei ihm auch keine Absicht vor, den Kurs zu beeinflussen, ohne ihn der realen wirtschaftliche Lage anzupassen, also sich rechtswidrig zu bereichern. Dies wird dann auch an den äußeren Umständen offenbar, unter denen die Maßnahmen durchgeführt werden.

Liegt jedoch kein solcher von außen erzeugter Druck auf dem Finanzinstrument, sondern unterliegt das Wertpapier lediglich einer Schwankung, die in ihm selbst begründet ist, so wird in der Regel eine Aufwertung des Preisniveaus angestrebt werden, die nicht gerechtfertigt ist. Insbesondere wenn die Notwendigkeit von Kurspflege auf Mängel in der Vorbereitung der Emission zurückzuführen ist, ist von einer Manipulationsabsicht durch die Maßnahmen auszugehen. Ein solcher Mangel kann beispielsweise in einer ungünstigen Auswahl der Anleger liegen. Hier trifft das Emissionskonsortium die Pflicht zur sorgfältigen und umsichtigen Vorbereitung.

Aus den äußeren Umständen, nämlich der Absenz einer von außen gezielt eingeleiteten Kursbewegung oder Ähnlichem, ist dann ein Rückschluss auf eine Absicht der zur Manipulation gestattet. Ob diese Schlussfolgerung in Abhängigkeit von diesem Indiz im Einzelfall erfolgen kann, hat in einem gerichtlichen Verfahren das erkennende Gericht von Amts wegen zu prüfen und natürlich kann dieses Indiz anhand geeigneter Umstände widerlegt werden.

Je weiter der Stabilisierungspreis über dem Emissionspreis liegt, umso erheblichere äußere Umstände müssen auf eine legitime Absicht hindeuten und ein Gegenindiz ergeben, denn die Intensität der „Regelverletzung" steht im Verhältnis zur Stärke des Indizes, das für eine Manipulationsabsicht spricht.

b) Maßnahmen außerhalb des Stabilisierungszeitraums

Werden Kurspflegemaßnahmen außerhalb des Stabilisierungszeitraums durchgeführt, ist eine positive Freistellung der Maßnahmen bereits mangels Übereinstimmung mit Art. 8 EG-VO 2273/2003 ausgeschlossen. Entscheidend ist, ob der Betreffende mit Manipulationsabsicht handelt. Dies wird durch die Missachtung der Freistellungsregel indiziert, da diese das Schutzgut des § 20a WpHG betrifft. Die Vermutung der Absicht wird durch die Nichtbeachtung einer weiteren, relevanten Regelung der EG-Verordnung bereits gefühlsmäßig verstärkt: Je mehr der Handelnde sich außerhalb des durch die „Safe Harbours" abgesteckten Rahmens bewegt, umso mehr steht zu vermuten, dass er dabei eine widerrechtliche Absicht verfolgt.

Zu bedenken ist jedoch, dass solches, mehrfach den Freistellungsregeln widersprechendes, Verhalten jeweils aus demselben Grund als rechtmäßig weil nicht auf Manipulation ausgerichtete Handlung zu erachten sein kann; als Stichwort hierzu möge nochmals der bereits mehrfach angesprochene „Baisse"-Angriff dienen.

Insofern bedarf es eben keiner „Rechtfertigung" für die Kurspflegemaßnahmen im technischen Sinne, sondern lediglich eines legitimen Grundes als Gegenindiz auf Seiten des Handelnden.

3. Fazit für Kurspflegemaßnahmen unter Nichtbeachtung von Art. 9 EG-VO 2273/2003

Kurspflegemaßnahmen, die entgegen Art. 10 EG-Verordnung 2273/2003 mit einem höheren Preis als dem Emissionspreis vorgenommen werden, haftet die Vermutung an, dass sie mit Manipulationsabsicht vorgenommen werden und somit den Tatbestand des § 20a Abs. 1 S. 1 Nr. 2 WpHG erfüllen. Dieses Indiz wird widerlegt durch objektive Umstände, die auf eine legitime Absicht hindeuten. Dies gilt auch für den Fall, dass mehrere „Safe Harbour"-Bestimmungen nicht eingehalten werden.

IV. **Art. 9 EG-VO 2273/2003: Informations- und Dokumentationspflichten (Bedingungen für Bekanntgabe und Meldung von Kursstabilisierungsmaßnahmen)**

Ein zentrales Anliegen im Zusammenhang mit den Regelungen für den Kapitalmarkt ist Transparenz. Dies leitet sich aus dem Schutzgut des Manipulationsverbots ab: Erklärtes Ziel der Strafnorm ist es, die Zuverlässigkeit und Wahrheit der Preisbildung zu schützen.[597] Transparenz spielt dabei eine große Rolle, da erst sie es den Anlegern ermöglicht, die aus ihrer Sicht optimale Investitionsentscheidung zu treffen.[598]

Insoweit betrifft auch die Regelung des Art. 9 EG-VO 2273/2003 den Schutzzweck der Norm; es stellt sich aber die Frage, ob sie es in direkter Weise tut, deshalb grundsätzliche Beachtung fordert und daher im Sinne der vorangegangenen Betrachtung tatbestandsrelevant ist, oder ob sie lediglich den Schutzzweck des § 20a WpHG fördert. Dies gilt insbesondere im Hinblick auf Kurspflegemaßnahmen, die sich im Rahmen der Art. 8 und 10 der Verordnung bewegen, bei denen jedoch der Handelnde die vorhergehenden und nachfolgend erörterten Informationspflichten nicht einhält.

Bevor die generelle Preiseinwirkungseignung und die Tatbestandsrelevanz von Kurspflege unter Nichtbeachtung der „Safe Harbour"-Vorschrift erörtert wird, soll geklärt werden, ob auch eine Subsumtion unter die informationsgestützte Tatbestandsvariante des § 20a Abs. 1 S. 1 Nr. 1 WpHG möglich ist.

1.   Informations- oder handelsgestützte Manipulation

Durch ein Unterlassen von Informationsmitteilungen kommt zunächst die Verwirklichung der Tatbestandsvariante § 20a Abs. 1 S. 1 Nr. 1 WpHG in Betracht, also der informationsgestützten Manipulation. Voraussetzung für eine Tatbestandsmäßigkeit ist dann allerdings, dass dies entgegen bestehenden, eine Mitteilungspflicht begründenden Rechtsvorschriften geschieht. Die Regelungen des Art. 9 der Verordnung zählen hierzu aber gerade nicht, da sie *keine Rechtspflicht* statuieren, son-

---

[597] Vgl. oben Erstes Kapitel B. II.
[598] Vgl. hierzu auch § 8 Abs. 1 Nr. 1 MaKonV: „Bei der Anerkennung von Gepflogenheiten als zulässige Marktpraxis im Sinne des § 20a Abs. 2 Satz 2 des Wertpapierhandelsgesetzes berücksichtigt die Bundesanstalt insbesondere, ob die Gepflogenheit 1. für den gesamten Markt hinreichend transparent ist (...)."

dern ihre Einhaltung vielmehr nur eine Obliegenheit für den Urheber von Kursstabilisierungsmaßnahmen ist, deren Beachtung ihn in den Genuss der positiven Freistellung seines Handelns gelangen lässt. Eine Strafbarkeit nach § 20a Abs. 1 S. 1 Nr. 1 WpHG scheidet mithin aus.[599]

Fraglich bleibt jedoch weiterhin, ob eine Strafbarkeit durch einen Verstoß gegen das Verbot der handelsgestützten Manipulation gemäß § 20a Abs. 1 S. 1 Nr. 2 WpHG in Betracht kommt. Voraussetzung dafür wäre, dass der Täter Geschäfte oder Geschäftsaufträge unter Außerachtlassung der Vorgaben der Freistellungsregelungen vornimmt und somit falsche oder irreführende Signale für den Markt abgibt oder ein künstliches Preisniveau herbeiführt. Die Abgabe der falschen/irreführenden Signale und die Herbeiführung eines künstlichen Preisniveaus durch die Geschäfte oder Geschäftsaufträge sind dabei nach der hier vertretenen Auffassung davon abhängig, dass sie mit Manipulationsabsicht vorgenommen werden.

2. Vorgaben des „Safe Harbour"

Die Informationspflichten der EG-Verordnung 2272/2003 sind unterteilt in solche, die vor Durchführung der Stabilisierung zu beachten sind (Art. 9 Abs. 1), und in solche, die im Anschluss an die erfolgte Emission erfüllt werden müssen (Art. 9 Abs. 3). Daneben ist eine Pflicht zur Dokumentation sämtlicher Maßnahmen in Art. 9 Abs. 4 niedergelegt.

Nach Art. 9 Abs. 1 der EG-Verordnung 2273/2003 haben diejenigen, die eine Stabilisierungsmaßnahme durchführen wollen, vor Beginn der Zeichnungsfrist in angemessener Weise bekannt zu geben, „a) dass möglicherweise eine Kursstabilisierungsmaßnahme durchgeführt wird (...); b) dass Stabilisierungsmaßnahmen auf die Stützung des Marktkurses der relevanten Wertpapiere abzielen; c) wann der Zeitraum, innerhalb dessen die Maßnahme durchgeführt werden könnte, beginnt und endet; d) welche Person für die Durchführung der Maßnahme zuständig ist. (...); e) ob die Möglichkeit einer Überzeichnung oder „Greenshoe"-Option besteht und wenn ja, in welchem Umfang, in welchem Zeitraum die „Greenshoe"-Option ausgeübt werden soll und welche Voraussetzungen gegebenenfalls für eine Überzeichnung oder die Ausübung der „Greenshoe"-Option erfüllt sein müssen."

---

[599] Werden falsche Angaben gemacht, ist allerdings diese Tatbestandsvariante wieder von Bedeutung. Das ist aber keine Frage der Nichtbeachtung von „Safe Harbour"-Bedingungen.

Nach erfolgter Emission ist gemäß Art. 9 Abs. 3 der Verordnung innerhalb einer Woche nach dem Ende des Stabilisierungszeitraums in angemessener Weise bekannt zu geben, „a) ob eine Stabilisierungsmaßnahme durchgeführt wurde; b) zu welchem Termin mit der Kursstabilisierung begonnen wurde; c) zu welchem Termin die letzte Kursstabilisierungsmaßnahme erfolgte; d) innerhalb welcher Kursspanne die Stabilisierung erfolgte (für jeden Termin, zu dem eine Kursstabilisierungsmaßnahme durchgeführt wurde)."

3. Nichtbeachtung der Vorgaben

a) Informationspflichten vor Durchführung der Stabilisierung

Zunächst soll untersucht werden, ob die Nichtbeachtung von Informationspflichten, die der Emission vorangehen, eine Auswirkung auf die Preisbildung haben kann.

aa) Preiseinwirkung durch Geschäfte oder Geschäftsaufträge

Die handelsgestützte Variante des Manipulationsverbots setzt Geschäfte oder Geschäftsaufträge im Sinne von § 20a Abs. 1 S. 1 Nr. 2 WpHG, also Transaktionen von Finanzinstrumenten oder die Inauftraggabe einer solchen Transaktion voraus. Das Unterlassen von Informationen selbst erfüllt dieses Tatbestandsmerkmal nicht. Erforderlich ist mithin der Kauf oder Verkauf von Wertpapieren bzw. ein Auftrag dazu, der – aufgrund der unterbliebenen Information über die Durchführung von Stabilisierungsmaßnahmen – zur Einwirkung auf den Preis geeignet ist. Denkbar wäre insbesondere, dass durch Stabilisierungskäufe des Stabilisierungsmanagers der nicht zutreffende Eindruck hervorgerufen wird, dass ein besonderes Interesse an dem betreffenden Wertpapier auf dem Markt bestehe, während in Wahrheit lediglich eine Stabilisierung im Zusammenhang mit einer Emission erfolgt. Aufgrund dieser vermeintlichen „echten" Nachfrage nach dem Wertpapier könnten Anleger über den Stabilisierungszeitraum hinaus zu einem Halten der Papiere veranlasst werden. Dadurch würde ein Preisniveau beibehalten, das ansonsten nicht bestünde.[600]

---

[600] Bei erheblicher Handelsaktivität in dem betreffenden Wertpapier erscheint es allerdings fraglich, ob die Entscheidung der Anleger darüber, ob die entsprechenden Finanzinstrumente gehalten oder abgestoßen werden sollen, dann auch auf einzelne Geschäfte des Stabilisierungsmanagers zurückgeführt werden kann, die von den Anlegern nicht als solche erkannt wurden. Denn während der

Grundsätzlich haben Geschäfte mit einem bestimmten Volumen, die von den Anlegern nicht als Kurspflegemaßnahmen erkannt werden können, die Eignung, auf den Kurs des betreffenden Wertpapiers einzuwirken.

bb)   Tatbestandsrelevanz / Welche Informationen sind entscheidend?

Für die Anleger von größter Bedeutung ist die Information, dass im Zuge der Emission Stabilisierungsmaßnahmen durch das Konsortium im Bedarfsfalle durchgeführt werden, in welchem Zeitraum und insbesondere ob die Möglichkeit einer Überzeichnung mit oder ohne „Greenshoe"-Option besteht (Art. 9 Abs. 1 lit. a, c, und e). Das Wissen hierum kann in die Anlageentscheidungen einfließen und ermöglicht es dem Anleger, den Kursverlauf besser einzuschätzen.

Stabilisierungsmaßnahmen sollen das Phänomen der im Zusammenhang mit Emissionen auftretenden Kursausschläge nach unten wie auch nach oben dämpfen und eine möglichst stabile Entwicklung des Preises gewährleisten. Diese Kursausschläge entstehen unter anderem durch das sogenannte „Flipping"[601], also dann, wenn Anleger mit Interesse an der Erzielung kurzfristiger Kursgewinne – im Gegensatz zum Interesse an einer langfristigen Wertanlage – kurze Zeit nach der Aktienzuteilung ihre Wertpapiere wieder abstoßen. „Flipping" hat in der Regel durch die Vergrößerung des Angebots am Markt einen Kursverfall zur Folge. Demgegenüber kann bei einem besonderen „Ansturm" auf das neu gehandelte Finanzinstrument ein Preis erreicht werden, der höher als erwünscht liegt. Der Grund für das Interesse an einem nicht zu hohen Preis besteht insbesondere in der dadurch gesteigerten Gefahr, dass aufgrund der verlockenden Möglichkeit einer Gewinnmitnahme eine Vielzahl der Anleger die Wertpapiere wieder verkaufen und der Preis nach dem ersten Höhenflug plötzlich abstürzt. Um einer solchen Gefahr zu begegnen bietet sich die Stabilisierung durch eine Mehrzuteilung mit „Greenshoe"-Option an.[602]

Werden die Anleger nicht darüber in Kenntnis gesetzt, dass der Marktpreis durch Stabilisierungsmaßnahmen beeinflusst werden kann, werden sie über die tatsächlich mögliche Entwicklung getäuscht[603] und können zu einer nicht den Tatsachen

---

Durchführung der Stabilisierung besteht keine Verpflichtung, die Stabilisierungshandlungen als solche zu kennzeichnen. Erst im Nachgang der Emission sind die einzelnen Maßnahmen bekanntzugeben, Art. 9 Abs. 3 EG-VO 2273/2003.

[601] Vgl. MOCK/STOLL/EUFINGER KK-WpHG § 20a Rn. 309.

[602] Dazu sogleich unten Viertes Kapitel E. II.

[603] MOCK/STOLL/EUFINGER KK-WpHG § 20a Rn. 311.

entsprechenden Einschätzung der Preisentwicklung und damit zugleich irrigen Bewertung des betreffenden Finanzinstruments gelangen.[604] Die Anleger benötigen die Information, dass der Preis durch gezielte Käufe und Kaufaufträge auf dem vom Emittenten und Emissionskonsortium angestrebten Niveau gehalten wird. Durch das Wissen, das Kursausschläge durch Stabilisierungsmaßnahmen wieder aufgefangen werden können, können die Anleger bei einem ersten, durch „Flipping" bedingten, Kursverfall von einem Abstoßen ihrer Anteile abgehalten werden. Anleger, die ansonsten dem Kursdruck nachgeben könnten und zur Schadensbegrenzung ihre Anteile wieder abstoßen und somit den Kursverfall noch beschleunigen würden, können dadurch von einer Verkaufsentscheidung abgehalten werden. Genauso besteht die Möglichkeit, dass Marktteilnehmer, die betreffende Wertpapiere erwerben möchten, den Zeitpunkt für die Abgabe eines – möglichst günstigen – Kaufangebots davon abhängig machen, wann sie den vorläufigen Kurstiefpunkt erwarten. Diese Entscheidung hängt jedoch auch von dem Wissen darum ab, ob Kursstabilisierung überhaupt stattfindet oder nicht. Insbesondere auch für ein Verhalten der Anleger nach Ablauf des Stabilisierungszeitraums ist die Information über mögliche Kurspflege von Bedeutung. Werden nämlich die Stabilisierungsmaßnahmen eingestellt, könnte je nach Marktsituation mit einem Kursverfall zu rechnen sein, der zuvor durch die jeweiligen Maßnahmen hinausgezögert wurde. Auf diese Situation muss sich der Anleger einstellen können, weshalb die Pflicht zur Information vorab über Möglichkeit, Umfang und Dauer einer Stabilisierung zur Wahrung der Marktintegrität von erheblicher Bedeutung ist.

Wird beabsichtigt, durch die mangelnde Information über die Durchführung von Stabilisierungsmaßnahmen dem Markt den Eindruck zu vermitteln, dass besondere Nachfrage an dem Finanzinstrument bestehe, während tatsächlich nur eine Stabilisierung durch das Konsortium erfolgt, ist von Manipulationsabsicht auszugehen.

Daher ist festzuhalten, dass das Zurückhalten dieser Informationen generell dazu geeignet ist, auf den Preis des betreffenden Finanzinstruments Einfluss zu nehmen.

Weniger relevant für den Anleger sind die rein deklaratorischen Angaben, dass die Maßnahmen ausschließlich der Stützung des Marktkurses dienen werden (lit. b) und wer gegebenenfalls die Stabilisierung durchführen wird (lit. d). Hier ist nicht ersichtlich, wie Anlageentscheidungen durch diese Information nachvollziehbar beeinflusst werden sollten. Werden die Marktteilnehmer darüber aufgeklärt, dass

---

[604] Im Ergebnis ebenso LENENBACH Rn. 10.218, der Transparenz durch einen Hinweis im Verkaufsprospekt fordert.

eine Kursstabilisierung entsprechend den Vorgaben der „Safe Harbour"-Vorschriften geplant sei, können sie sich daraus und aus der zusätzlichen Information, dass eine Stabilisierung mit oder ohne „Greenshoe"-Option durchgeführt werden könne, die übrigen Angaben selbst erschließen, da Stabilisierungszeitraum und -grund für „Safe Harbour"-konforme Stabilisierung dem Gesetz zu entnehmen sind. Daran ändert auch die bereits eingangs dieser Untersuchung angemerkte ausgesprochene Unübersichtlichkeit der Vorschriften zur Marktmanipulation nichts.

Mithin sind die Informationen über den Stabilisierungsgrund und den Stabilisierungsmanager nicht unmittelbar für das Schutzgut des § 20a WpHG von Bedeutung und daher nicht als tatbestandsrelevant zu bewerten. Aus einer Nichtbeachtung dieser „Safe Harbour"-Anforderungen kann also auch kein Indiz für Manipulationsabsicht abgeleitet werden.

Das Schutzgut der Zuverlässigkeit und Wahrheit der Preisbildung beruht zentral auf dem Grundsatz, dass alle relevanten Informationen den Marktteilnehmern gleichberechtigt zur Verfügung stehen müssen. Dies spiegelt sich auch in den übrigen Vorschriften des WpHG wieder, nämlich dem strafbewehrten Verbot von Insider-Geschäften (die aufgrund ihres Informationsvorsprungs den übrigen Anlegern überlegen sind) und der Pflicht zur sofortigen Bekanntgabe von bewertungsrelevanten Informationen, der Ad-hoc-Publizität (§§ 14 ff. WpHG). Insofern betreffen also diese „Safe Harbour"-Regelungen unmittelbar das Schutzgut des § 20a WpHG und dienen dem Schutz der Marktfunktionen. Werden der Anlegerschaft bewertungserhebliche Informationen bewusst nicht mitgeteilt, stellt sich mithin die Frage, warum keine Manipulationsabsicht vorliegen sollte. Lässt sich ein entsprechendes Gegenindiz nicht feststellen, ist von Manipulationsabsicht auszugehen.

Ein legitimer Grund für Kurspflege unter Nichtbeachtung der tatbestandsrelevanten „Safe Harbour"-Vorgaben des Art. 9 EG-VO 2273/2003 könnte insbesondere dann vorliegen, wenn Kursstabilisierung im Anschluss an die Emission zunächst nicht geplant war und diese erst im Verlauf der Emission sich als notwendig erwiesen hat. Können objektive Umstände dies belegen, ist das Indiz für Manipulationsabsicht entkräftet.

b)   Informationsobliegenheiten im Nachgang der Emission

aa)   Ansicht der Literatur

Hinsichtlich derjenigen Informationen, die nach durchgeführter Emission mitgeteilt werden sollen, existiert – im Gegensatz zu den Mitteilungen vor einer Emission – eine Literaturmeinung betreffend das Manipulationsverbot; diese soll zunächst dargestellt werden.

Es wird vertreten, dass eine Missachtung dieser Informationsanforderungen nicht die durch die Beachtung der „Safe Harbour"-Regelung bereits eingetretene Legitimationswirkung nachträglich entfallen lassen könne; ein Verstoß gegen die Pflicht zur nachträglichen Information sei daher für das Manipulationsverbot irrelevant.[605] Seien nämlich im Zeitpunkt der Vornahme einer kursrelevanten Maßnahme die Voraussetzungen einer „Safe Harbour"-Regelung erfüllt, so habe dies einen Tatbestandsausschluss zur Folge und diese positive Wirkung könne nicht nachträglich durch Nichtbeachtung von zeitlich nachgeordneten Informationspflichten in Wegfall geraten.[606] Der Grund hierfür sei, dass die Strafbarkeit einer tatbestandlich abgeschlossenen Handlung nicht durch ein nachträgliches Tun oder Unterlassen begründet werden könne. Beim Manipulationsverbot handele es sich um kein Dauer-, sondern um ein Zustandsdelikt[607], dessen tatbestandlicher Erfolg nach §§ 20a, 38, 39 WpHG mit der tatsächlichen Einwirkung auf den Marktpreis durch eine verbotene Handlung eintrete. Da es auf die Aufrechterhaltung dieses Zustands hingegen nicht ankomme, sei das Delikt mit der zustandsbegründenden Handlung abgeschlossen.[608]

---

[605] SORGENFREI Park-Kapitalmarktstrafrecht Teil 3 Kap. 4 T1 Rn. 207. Gänzlich anders ist dies für eine aufsichtsrechtliche Maßnahmen durch die BaFin oder eine zivilrechtliche Sanktionierung zu sehen; die Nichterfüllung dieser Pflichten kann auf beiden Gebieten empfindliche Folgen nach sich ziehen, vgl. MOCK/STOLL/EUFINGER KK-WpHG § 20a Rn. 339 und SORGENFREI Park-Kapitalmarktstrafrecht Teil 3 Kap. 4 T1 Rn. 198.

[606] MOCK/STOLL/EUFINGER KK-WpHG § 20a Rn. 340, und FEURING/BERRAR Unternehmensfinanzierung am Kapitalmarkt § 34 Rn. 46.

[607] Vgl. STREE/STERNBERG-LIEBEN S/S Vor § 52 Rn. 82: Bei einer Vielzahl von Tatbeständen, bei denen es um die Herbeiführung eines rechtswidrigen Zustands gehe, handele es sich bei zutreffender Auslegung um sog. Zustandsdelikte, und eben nicht um Dauerdelikte. Der Unterschied sei darin zu sehen, dass das Zustandsdelikt mit der Herbeiführung des Zustands erschöpft und eine nachfolgende Aufrechterhaltung des Zustands irrelevant sei. Zur Vollendung eines Zustandsdelikts s. dort Rn. 84.

[608] Vgl. MOCK/STOLL/EUFINGER KK-WpHG, § 20a Rn. 340.

Die Aussage hinsichtlich der Vollendung der Tat trifft zu. Werden Kaufaufträge erteilt, um die Nachfrage am Markt zu steigern, so ist mit der Ausführung der Order und der Feststellung des neuen Kurses die Tat vollendet, da der tatbestandliche Erfolg eingetreten ist. In Zweifel zu ziehen ist aber die Annahme, dass die Freistellungswirkung des „Safe Harbours" bereits vor Erfüllung der nachgelagerten Informationspflichten eintrete.

bb) Vollendung des „Safe Harbour"-Tatbestands / Eintritt der Freistellungswirkung

Die entscheidende Frage ist daher, zu welchem Zeitpunkt die Freistellungswirkung der „Safe Harbour"-Regeln tatsächlich eintritt, wann also der „Safe Harbour"-Tatbestand vollendet ist. Nach dem Wortlaut des Gesetzes und der EG-Verordnung 2273/2003 sind Handlungen zur Kurspflege dann unter keinen Umständen strafbare Marktmanipulationen, wenn sie im Einklang mit der Richtlinie erfolgen. Da die Richtlinie als Tatbestandsvoraussetzung jedoch auch die Erfüllung einer der Emission nachgeschalteten Informationspflicht vorsieht, tritt die Freistellungwirkung in zeitlicher Hinsicht stets auch erst nach der Erfüllung dieser Informationspflicht ein. Da es sich hierbei um das in der zeitlichen Abfolge zuletzt zu erfüllende Tatbestandsmerkmal handelt, kann der „Safe Harbour"-Tatbestand zuvor gar nicht vollständig verwirklicht sein.

Insofern können die „Safe Harbour"-Regeln eine Strafbarkeit erst mit ihrer Freistellungswirkung nach dem Abschluss der tatbestandlichen Handlung ausschließen. Zuvor, also während der Durchführung der Maßnahme, greift der Tatbestandsausschluss noch nicht ein.

VOGEL[609] ging noch in der 4. Auflage von Assmann/Schneider, Kommentar zum WpHG, davon aus, dass ein Verstoß gegen die der Emission nachfolgenden Informationspflichten dann die Freistellungswirkung der „Safe Harbour"-Regelung entfallen lassen könne, wenn der Handelnde bereits bei der Vornahme der Kurspflegemaßnahmen die Absicht gehabt habe, dieser Pflicht später nicht nachzukommen. Zugleich stellte er jedoch klar, dass sich allein aufgrund dieses Verstoßes wohl eine Strafbarkeit wegen Marktmanipulation nur schwerlich begründen lasse.[610] Dieser

---

[609] VOGEL A/S[4] § 20a Rn. 195.
[610] VOGEL A/S[4] § 20a Rn. 195. Die Ansicht, dass der Tatbestandsausschluss bei entsprechender Absicht entfallen könne, gab VOGEL später augenscheinlich auf. In den nachfolgenden Auflagen des Kommentars findet sich eine entsprechende Kommentierung nicht mehr.

Ansicht ist hinsichtlich der ersten Aussage – ungeachtet der Problematik eines Nachweises für eine solche Absicht zum Zeitpunkt der Durchführung der Kurspflege – nach dem soeben Ausgeführten hinsichtlich des Ergebnisses zuzustimmen. Zur Klarstellung ist allerdings anzufügen, dass die Freistellungswirkung nicht *nachträglich entfällt*, sondern bereits schon anfänglich überhaupt nicht eintritt.

cc) Preiseinwirkungseignung gemäß § 20a Abs. 1 S. 1 Nr. 2 WpHG

Ein strafbares Verhalten nach § 20a Abs. 1 S. 1 Nr. 2 WpHG setzt voraus, dass Geschäfte oder Geschäftsaufträge getätigt werden, die geeignet sind, falsche oder irreführende Signale auszusenden oder ein künstliches Preisniveau herbeizuführen; darüber hinaus muss eine tatsächliche Einwirkung eintreten, § 38 Abs. 2 WpHG.

Wie bereits oben angeführt ist der Anknüpfungspunkt für den Tatbestand somit eine Transaktion oder ein Transaktionsauftrag in den betreffenden Wertpapieren. Eine Beeinflussung des Preises kann nur durch ein Zusammenspiel der nichterfolgenden Information und der zuvor getätigten Geschäfte/Geschäftsaufträge stattfinden. Bereits eine Eignung zur Einwirkung auf den Marktpreis erscheint dabei in dieser Konstellation aber sehr fraglich, denn die Angebot und Nachfrage beeinflussenden Transaktionen finden erhebliche Zeit vor dem Zeitpunkt statt, in dem die Information erfolgen soll. Dass die Wirkung der Geschäfte, die sich notwendig bereits mit ihrer Durchführung auf dem Markt zeigt, sich durch eine nicht erfolgende Information ändert, die aber zu einem späteren Zeitpunkt hätte erfolgen sollen, ist kaum denkbar. Die abstrakte Einwirkungseignung solcher Geschäfte ist damit bereits nicht erkennbar. Dass aus der Nichtbeachtung dieser „Safe Harbour"-Regelung eine Strafbarkeit gemäß § 20a WpHG folgt ist, somit nicht denkbar, eine Eignung zur Einwirkung auf den Preis mithin ausgeschlossen.

c) Fazit für Kurspflegemaßnahmen unter Nichtbeachtung von Art. 9 EG-VO 2273/2003

Die Nichtbeachtung von Informationsobliegenheiten der EG-Verordnung erfüllt nicht den Tatbestand der informationsgestützten Marktmanipulation, da keine Rechtspflicht zur Beachtung besteht. Eine handelsgestützte Manipulation setzt das Tatbestandsmerkmal von Geschäften oder Geschäftsaufträgen voraus. Somit kann eine Strafbarkeit nur bei der Vornahme solcher Geschäfte vorliegen, die aufgrund der zurückgehaltenen Informationen einen täuschenden Charakter haben.

Hinsichtlich der tatbestandsrelevanten Informationen, die einer Emission vorangehen sollen, besteht bei damit einhergehenden Geschäften ein Preiseinwirkungspotential. Aus dem bewussten Vorenthalten der Informationen über die Möglichkeit
der Durchführung von Stabilisierungsmaßnahmen und den möglichen Zeitpunkt
sowie der Angabe, ob eine Mehrzuteilung mit oder ohne „Greenshoe"-Option erfolgt, ist auf das Vorliegen von Manipulationsabsicht zu schließen. Sie kann durch
die Feststellung legitimer Gründe widerlegt werden.

Bezüglich der im Nachgang einer Emission mitzuteilenden Angaben ist in Übereinstimmung mit der Literaturmeinung – hinsichtlich des Ergebnisses – festzuhalten, dass diese bereits keine Eignung zur Einwirkung auf den Preis haben. Überdies
kann nach der tatbestandlichen Vollendung der Handlung die materiell-rechtliche
Beurteilung einer Tat nur dergestalt beeinflusst werden, dass eine Strafbarkeit lediglich entfällt, nicht jedoch begründet wird.[611] Demzufolge kann die Nichterfüllung der der Emission nachgeschalteten Informationsobliegenheiten keine Strafbarkeit nach § 20a WpHG begründen. Umgekehrt kann nur durch Erfüllung der
„Safe Harbour"-Voraussetzungen eine positive Freistellung erreicht werden.

**E.   Ergänzende Stabilisierungsmaßnahmen gemäß Art. 11
       EG-VO 2273/2003**

Als ergänzende Stabilisierungsmaßnahmen bezeichnet die EG-Verordnung
2273/2003 Überzeichnungen mit und ohne „Greenshoe"-Option.[612] Diese sollen
der Vereinfachung der eigentlichen Kursstabilisierungsmaßnahmen dienen, Art. 2
Nr. 12 EG-VO 2273/2003.

Der hierfür angelegte „Safe Harbour" ist in Art. 11 der Verordnung zu finden. Er
enthält allgemeine Bestimmungen für sämtliche Stabilisierungsmaßnahmen im
Zusammenhang mit einer Überzeichnung und zusätzlich Regelungen, die entweder
nur Überzeichnungen ohne „Greenshoe"-Option betreffen oder nur solche mit
„Greenshoe"-Option.

---

[611] Dies entspricht der dogmatischen Konstruktion der tätigen Reue, einem Verhalten, dass nach
Vollendung der Tat eine Strafbarkeit bei bestimmten Delikten ausschließen kann, beispielsweise
§ 306d Abs. 2 StGB.
[612] Zur Stabilisierungstechnik und Hintergrund von Mehrzuteilung mit und ohne „Greenshoe"-
Option s. bereits oben Drittes Kapitel D. und E.

I.   Die ungedeckte Mehrzuteilung

1.   Die Vorgaben des „Safe Harbour"

Für die ungedeckte Mehrzuteilung hält die Verordnung die folgenden Voraussetzungen bereit[613]: Gemäß Art. 11 lit. a der Verordnung darf eine Überzeichnung lediglich innerhalb der Zeichnungsfrist und zum Emissionskurs erfolgen; die aus der Überzeichnung folgende sogenannte „short position", die nicht durch eine „Greenshoe"-Option abgedeckt ist, der sogenannte „Naked Short", darf nicht mehr als 5 % des ursprünglichen Angebots betragen (lit. b). Daneben sind die Informationsobliegenheiten des Art. 9 der Verordnung vollumfänglich zu beachten (Art. 11).

Nach den Vorgaben der EG soll damit eine Mehrzuteilung insgesamt keinen größeren Umfang als 20 % des ursprünglichen Angebots haben, wobei dann 15 % durch eine „Greenshoe"-Option abgesichert sein müssen, während für die verbleibenden 5 % keine Absicherung bestehen muss.[614]

2.   Nichtbeachtung der Vorgaben

a)   Geschäfte/Geschäftsaufträge

Die Mehrzuteilung von Wertpapieren selbst ist ein Geschäft im Sinne von § 20a WpHG, da sie eine Transaktion von Wertpapieren ist. Weiterhin liegt auch bei den sonstigen Käufen und Verkäufen von Wertpapieren sowie den Aufträgen hierzu ein Geschäft vor. Insoweit ist die Anwendbarkeit von § 20a Abs. 1 S. 1 Nr. 2 WpHG eröffnet.

---

[613] Diese drei Tatbestandsmerkmale sind aber verwirrenderweise nicht auf drei, sondern lediglich zwei getrennte Absätze in der Verordnung aufgeteilt.
[614] SINGHOF/WEBER Unternehmensfinanzierung am Kapitalmarkt § 3 Rn. 85.

b)   Überschreitung der 5-%-Grenze des Art. 11 lit. b

aa)   Eignung zur Herbeiführung eines künstlichen Preisniveaus / Eignung zur Abgabe falscher / irreführender Signale

Die Eingehung eines „Naked Short" hat abstrakt ein erhebliches Potential, einen Kursanstieg herbeizuführen.[615] Die Mehrzuteilung führt dazu, dass das die Stabilisierung durchführende Wertpapierhaus oder Kreditinstitut zu einem gewissen Zeitpunkt seine Lieferverpflichtung erfüllen und sich zu diesem Zweck das entsprechende Volumen der jeweiligen Finanzinstrumente durch Zukauf auf dem Markt verschaffen muss. Wird durch „Flipping" ein Kursverfall erwartet, zeigt sich der stützende Effekt der Überzeichnung darin, dass das plötzliche Überangebot an Wertpapieren durch diese Deckungskäufe (zu einem Preis unter Ausgabeniveau) aufgefangen wird und so der Preis stabil in der Nähe des Ausgabekurses gehalten wird. Bleibt allerdings der erwartete Kursverfall aus, müssen dennoch die Deckungskäufe getätigt werden, da eine zwingende Lieferverpflichtung besteht. Durch diese Aufkäufe zu einem Preis über Emissionsniveau entsteht eine Nachfrage, die den Preis in die Höhe katapultieren kann. Dabei orientiert sich die spätere Nachfrage und das Kursbeeinflussungspotential an der Größe der Überzeichnung: Je größer das Volumen der Mehrzuteilung ausfällt, umso größer ist die dadurch herbeigeführte Knappheit auf dem Markt und umso mehr wird bei Zukäufen über Emissionsniveau der Preis beeinflusst.[616]

Mithin ist bei Mehrzuteilungen ohne „Greenshoe"-Option abstrakt von einem Beeinflussungspotential im Sinne von § 20a WpHG auszugehen. Für die materiell kaum davon unterscheidbare Variante der Abgabe falscher oder irreführender Signale gilt dasselbe.

bb)   Manipulationsabsicht

Aufgrund dieser besonders ausgeprägten Wirkungsfähigkeit war für den „Naked Short" noch in § 12 der bis 2005 geltenden KuMaKV keine Freistellungsregelung

---

[615] Allgemeine Meinung, stellv. MOCK/STOLL/EUFINGER KK-WpHG § 20a Rn. 355. Vgl. hierzu auch die Begründung des Bundesministeriums der Finanzen zur mittlerweile gegenstandslosen KuMaKV, BR-Drs. 639/03, S. 17 f.
[616] So auch MOCK/STOLL/EUFINGER KK-WpHG § 20a Anh. II – Art. 2 VO 2273/2003 Rn. 60.

vorgesehen. Die dortige Vorschrift betraf lediglich Mehrzuteilungen, die durch eine „Greenshoe"-Option abgesichert waren.[617]

Nach der hier vertretenen Auffassung liegt eine Manipulation im Sinne von § 20a Abs. 1 S. 1 Nr. 2 WpHG nur dann vor, wenn die Beeinflussung des Marktpreises mit Manipulationsabsicht herbeigeführt wird.

Eine Unterschreitung der 5 %-Schwelle ist von der Freistellungsregelung offenkundig abgedeckt, da diese ein Höchstmaß beschreibt. Zu klären ist aber, ob bei der Einräumung einer ungedeckten Mehrzuteilung mit einem höheren Volumen als 5 % der emittierten Aktien gefolgert werden kann, dass dies mit Manipulationsabsicht geschieht und mithin – bei tatsächlicher Beeinflussung des Kurses – eine strafbare Manipulationshandlung im Sinne von § 20a WpHG vorliegt. Zur Entscheidung über diese Frage soll zuerst die in der Literatur bestehende Ansicht zum Verhältnis von nicht verordnungskonformen „Naked Shorts" und dem Verbotstatbestand untersucht werden.[618]

aaa) Die Ansicht von MOCK/STOLL/EUFINGER

In der Literatur werden „Naked Shorts", die die 5 %-Vorgabe des „Safe Harbour" überschreiten, als durchaus problematisch bewertet.

MOCK/STOLL/EUFINGER[619] führen zunächst aus, dass bereits die Begründung eines „Naked Short" und die damit einhergehende Verpflichtung zum Ankauf von Finanzinstrumenten zur Herbeiführung eines künstlichen Preisniveaus geeignet sein könne. Da jedoch auch das Committee of european securities (CESR) „Naked Shorts" als zulässige Stabilisierungsmaßnahme erachte, sei grundsätzlich davon auszugehen, dass auch die Eingehung von Mehrzuteilungen mit einem höheren Volumen als dem von Art. 11 lit. b EG-VO 2273/2003 abgedeckten keinen Verstoß gegen das Verbot des § 20a WpHG darstelle.[620]

Nach ihrer Meinung läge dann tatsächlich eine Eignung zur Herbeiführung eines künstlichen Preisniveaus und mithin eine verbotene Manipulation vor, wenn bereits

---

[617] Mit erheblicher Kritik zur damaligen Regelung PFÜLLER/ANDERS WM 2003, 2445, 2453.

[618] Wie sonst bei Literaturmeinungen zum Verhältnis von „Safe Harbour"-Vorschriften und dem Verbotstatbestand, beziehen sich auch die im Folgenden dargestellten Ansichten nur allgemein auf die Zulässigkeit/Unzulässigkeit von Maßnahmen.

[619] MOCK/STOLL/EUFINGER KK-WpHG § 20a Rn. 355.

[620] MOCK/STOLL/EUFINGER KK-WpHG § 20a Rn. 355

bei der Eingehung dieses mehr als 5 % des Emissionsvolumens betragenden „Naked Short" davon auszugehen sei, dass die Stabilisierungsmaßnahme nicht notwendig sein werde und die „Short Position" nur durch Zukäufe auf dem Kapitalmarkt gedeckt werden könne.[621] Ergänzend weisen MOCK/STOLL/EUFINGER darauf hin, dass dieser Fall aber nur theoretischer Natur sei, weil das für die Stabilisierungsmaßnahmen verantwortliche Wertpapierhaus oder Kreditinstitut aufgrund wirtschaftlicher Erwägungen ein solches Geschäft nicht eingehen werde.[622]

bbb) SORGENFREI

SORGENFREI[623] geht davon aus, dass ein „Naked Short" von mehr als 5 % unzulässig sei. Als Grund wird – ohne dies näher auszuführen – auf die EG-Verordnung 2273/2003 Art. 11 lit. b verwiesen. SORGENFREI geht somit offenbar davon aus, dass die Freistellungsregeln mit ihrer Obergrenze auch zugleich das äußerst vertretbare Maß der Mehrzuteilung ausschöpfen und eine darüberhinausgehende Überzeichnung rechtswidrig sei.

ccc) FEURING/BERRAR

FEURING/BERRAR nehmen allgemein zur Zulässigkeit eines „Naked Short" Stellung, der nicht mit den „Safe Harbour"-Regelungen in Einklang steht.[624] Fraglich sei, ob die Veränderung der Rechtslage von der KuMaKV, die noch einen „Naked Short" gänzlich ausschloss, hin zur EG-VO 2273/2003 dergestalt zu verstehen sei, dass die neuen „Safe Harbour"-Bestimmungen nunmehr abschließende Indizwirkung für die Zulässigkeit hätten. Schließlich gelangen sie jedoch zu der Ansicht, dass jeder Einzelfall an den Voraussetzungen des § 20a WpHG zu prüfen und zu bewerten sei.

---

[621] MOCK/STOLL/EUFINGER KK-WpHG § 20a Rn. 355.
[622] MOCK/STOLL/EUFINGER KK-WpHG § 20a Rn. 355; so auch KRÄMER/HESS FS-Döser S. 171, 173 mit Fn. 18; MEYER AG 2004, 289, 290, und FLEISCHER Fuchs-WpHG § 20a Rn. 130. Für den Stabilisierungsmanager stellt der „Naked Short" ein erhebliches Verlustrisiko dar, da dieser für die Differenz zwischen Emissionspreis und Deckungspreis aufkommen muss. Aus diesem Grund wird der „Naked Short" laut übereinstimmenden Angaben nur selten und in geringem Umfang genutzt.
[623] SORGENFREI Park-Kapitalmarktstrafrecht Teil 3 Kap. 4 T1 Rn. 205.
[624] FEURING/BERRAR Unternehmensfinanzierung am Kapitalmarkt § 34 Rn. 53.

ddd) Auswertung der Literaturansichten

Der Ansicht von MOCK/STOLL/EUFINGER ist zunächst darin zuzustimmen, dass die Eingehung eines „Naked Short" erhebliches Beeinflussungspotential in sich birgt; dies wurde bereits oben dargelegt. Die von ihnen für den Fall einer strafbaren Manipulation geforderte Kenntnis, dass eine Stabilisierung nicht notwendig sein werde, kann man zwanglos als Manipulationsabsicht im Sinne der hier vertretenen Ansicht begreifen. Auch die Ansicht SORGENFREIS sowie die von FREURING/BERRAR lassen sich gut mit der vorliegend vertretenen These in Einklang bringen.

Im Kern beschreiben sie alle die Indizwirkung der „Safe Harbour"-Tatbestände, wie sie hier dargelegt wird: Die 5 %-Grenze beschreibe eine Höchstgrenze, deren Überschreitung Indizwirkung für die strafrechtliche Bewertung der durchgeführten Kurspflege habe. Jedoch sei jeder Sachverhalt am Verbotstatbestand zu messen, um ihn korrekt zu bewerten. Die in der Literatur vertretenen Ansichten gehen lediglich nicht ganz so weit, diesbezüglich eine indizkräftige Regelung anzunehmen.

cc) Eignung zur Preiseinwirkung und Tatbestandsrelevanz

Wie gezeigt, bringt eine Mehrzuteilung ohne „Greenshoe"-Option ein erhebliches Beeinflussungspotential mit sich. Die Festlegung eines Schwellenwerts von 5 % des Emissionsvolumens für zulässige Mehrzuteilungen ist damit eine notwendige Festlegung zugunsten der Rechtssicherheit, um auf der einen Seite die Wahrheit der Preisbildung zu gewährleisten und auf der anderen Seite ausreichend Spielraum für notwendige Kurspflegemaßnahmen zu lassen. Dieses Tatbestandsmerkmal der Freistellungsregelung betrifft damit unmittelbar das Schutzgut des Verbotstatbestands. Kurspflegemaßnahmen unter Nichtbeachtung der „Safe Harbour"-Vorschrift des Art. 11 lit. b EG-VO 2273/2003 sind somit generell zu Einwirkung auf den Kurs der betreffenden Wertpapiere geeignet, die Freistellungsregelung selbst ist tatbestandsrelevant im Sinne von § 20a Abs. 1 S. 1 Nr. 2 WpHG.

Daher ist die „Safe Harbour"-Regelung auch in diesem Fall als ein Indiz für das Vorliegen von Manipulationsabsicht anzusehen.[625] Dieses Indiz ist insbesondere dann als widerlegt anzusehen, wenn im Zeitpunkt der Überzeichnung aufgrund

---

[625] Im Ergebnis so auch FEURING/BERRAR Unternehmensfinanzierung am Kapitalmarkt § 34 Rn. 53, die zwar eine Indizwirkung des „Safe Harbour"-Tatbestands für zulässige Mehrzuteilungen nicht ausschließen wollen, sich aber dennoch für eine Prüfung jedes Einzelfalls am Maßstab des § 20a WpHG aussprechen.

tatsächlicher Anhaltspunkte von einem besonderen Kursausschlag nach unten und mithin von einer besonderen Stützungsbedürftigkeit auszugehen war. Das Vorliegen solcher Anhaltspunkte wäre selbstverständlich von Amts wegen zu prüfen.

c) Mehrzuteilung außerhalb der Zeichnungsfrist, Verstoß gegen Art. 11 lit. a

Fraglich ist, ob dies auch für die „Safe Harbour"-Vorgaben des Art. 11 lit. a, also die Durchführung der Mehrzuteilung außerhalb der Zeichnungsfrist, gelten kann. In der Regel erfolgt die Mehrzuteilung direkt im Anschluss an das Ende der Zeichnungsfrist.[626] Diese Praxis soll dabei nach der herrschenden Ansicht den Anforderungen der EG-Verordnung genügen.[627]

Eine Mehrzuteilung hat grundsätzlich das Potential, erheblich auf den Kurs eines Wertpapiers einzuwirken. Mehrzuteilungen außerhalb der Zeichnungsfrist, die also nicht im direkten Zusammenhang mit der Zuteilung der verfügbaren Finanzinstrumente an die Anleger bei einer Emission erfolgt, sind „normale" Leerverkäufe. Es werden Wertpapiere veräußert, ohne dass der Verkäufer über diese zum Zeitpunkt des Vertragsschlusses tatsächlich verfügt.

Hinsichtlich ungedeckter Leerverkäufe gilt nunmehr das generelle Verbot des § 30h WpHG, das gemäß § 39 Abs. 2 Nr. 14a WpHG bußgeldbewehrt ist. Demnach ist es untersagt, Aktien oder bestimmte Schuldtitel zu veräußern, wenn der Verkäufer am Ende des Handelstages, an dem das Geschäft geschlossen wurde, nicht Eigentümer der verkauften Papiere ist oder keinen unbedingt durchsetzbaren Anspruch auf Übereignung der betreffenden Finanzinstrumente hat, § 30h Abs. 1 S. 3 WpHG. Im Übrigen sind Leerverkäufe, die unabhängig von einer Emission erfolgen, als Maßnahme zur Kursstützung wohl kaum geeignet, führen sie doch in der Regel zu einem Absinken des Kurses.

Somit ist eine Mehrzuteilung außerhalb des Stabilisierungszeitraums zum einen am Verbot des § 30h WpHG und zum anderen zusätzlich an § 20a WpHG zu messen:[628] Ein Leerverkauf ist zunächst eine Ordnungswidrigkeit gemäß §§ 30h, 39 WpHG; bei Vorliegen von Manipulationsabsicht und einer tatsächlichen Preisbe-

---

[626] FLEISCHER Fuchs-WpHG § 20a Rn. 132.

[627] FLEISCHER Fuchs-WpHG § 20a Rn. 132.

[628] Zur Marktmanipulation durch „Short Sales" siehe bereits oben Drittes Kapitel A. II. 3. c) bb) aaa).

einflussung liegt eine Straftat nach §§ 20a, 39, 38 WpHG. Fraglich ist, wie das Verhältnis der Vorschriften zueinander zu bewerten ist. Insbesondere stellt sich die Frage, ob aus einem Verstoß gegen das Leerverkaufsverbot zugleich auch auf eine Manipulationsabsicht im Sinne des § 20a WpHG geschlossen werden kann und ob sich diesbezüglich eine Indizkraft feststellen lässt.

Gegen eine solche Annahme ist vorzubringen, dass dies dem Willen des Gesetzgebers zuwider laufen könnte. Das Verbot von Leerverkäufen selbst ist nur mit Bußgeld, nicht mit Strafe bedroht, was jedoch auch denkbar gewesen wäre. Würde man den Verbotsverstoß aber als Indiz für die Verwirklichung eines Straftatbestands heranziehen, so wäre diese Entscheidung des Gesetzgebers gewisser Weise umgangen. Auf der anderen Seite ist jedoch zu bedenken, dass das Verbot von Leerverkäufen nicht darauf gerichtet ist, Manipulationen auf dem Finanzmarkt – also Verstößen gegen die Wahrheit der Preisbildung – entgegenzuwirken, sondern allgemein für den Finanzmarkt schädliche „Wettgeschäfte" zu unterbinden.[629] Bei Leerverkäufen oder „Short Sales" hofft der Verkäufer der Wertpapiere grundsätzlich darauf, dass der Preis der gehandelten Finanzinstrumente bis zum Fälligkeitszeitpunkt der Lieferverpflichtung gesunken sein wird und er durch die Differenz zwischen Verkaufs- und Einkaufspreis einen Gewinn erwirtschaften kann.[630] Solche hochspekulativen Geschäfte können – ohne dass der Vorwurf manipulativen Verhaltens zu machen ist – unerwünschte Effekte auf den Markt haben, insbesondere durch Preisausschläge nach unten die Stabilität der Finanzmärkte beeinträchtigen und Krisen herbeiführen oder zumindest verstärken.[631] In eine Marktmanipulation nach klassischem Muster schlägt dieses Verhalten dann um, wenn durch mas-

---

[629] Vgl. die Begründung der Regierung zum Gesetzesentwurf für das Gesetz zur Vorbeugung gegen missbräuchliche Wertpapier- und Derivategeschäfte (WPMiVoG) auf der Internetseite des Bundesministeriums der Finanzen, abrufbar unter der Adresse: http://www.bundesfinanzministerium.de/nn_1928/DE/Wirtschaft__und__Verwaltung/Finanz__und__Wirtschaftspolitik/Finanzpolitik/20100528-Leerverkaeufe.html (abgerufen am 26.10.2011).

[630] Das gleiche Prinzip liegt sämtlichen Derivaten als börslich gehandelten Termingeschäften zugrunde: Handelsgegenstand sind dabei nicht physische Waren, sondern Verträge über zukünftig zu erfüllende Geschäfte (= Derivate). Der Preis für den Handelsgegenstand, auf den sich der Vertrag bezieht (= Basiswert) wird bereits bei Vertragsschluss festgelegt („Sicherung des Gegenwartskurses"). D. h. die Vertragspartner haben ein gegenläufiges Interesse an der Preisentwicklung für die Ware, da sie aus der jeweiligen Entwicklung ihren Profit/Verlust machen. Der Ursprung dieses Marktes liegt in den *Warentermingeschäften*. Ziel der Termingeschäfte ist zumeist nicht die Erfüllung der Kontrakte, sondern allein die Nutzung des „Leverage"-Effektes (Hebel-Effekt), der aus bereits leichten Veränderungen im Basiswert resultiert. Im Terminhandel können Geschäfte ohne Einverständnis des Partners aufgelöst werden durch den Abschluss eines genau gegenläufigen Kontraktes (sog. Glattstellen) – so werden 95 % aller Future-Kontrakte vor Fälligkeit aufgelöst, vgl. ERLENBACH/GOTTA S. 82. Vgl. hierzu auch oben Fn. 469.

[631] Vgl. die Begründung zum Entwurf des WPMiVoG, BT-Drs. 17/1952, S. 7.

sive Leerverkäufe und ein dadurch herbeigeführtes Überangebot auf dem Markt erst der Preisverfall herbeigeführt werden soll.[632]

Die „Safe Harbour"-Vorschrift des Art. 11 lit. a EG-VO 2273/2003 ist nach alldem nicht als tatbestandsrelevant im Sinne von § 20a Abs. 1 S. 1 Nr. 2 WpHG zu bewerten. Bei Kurspflegemaßnahmen durch Leerverkäufe außerhalb des Stabilisierungszeitraums ist eine Manipulationsabsicht nicht indiziert.

d) Mehrzuteilung zu einem anderen Preis als dem Emissionskurs, Verstoß gegen Art. 11 lit. a

Voraussetzung für eine Freistellung der Mehrzuteilung ist weiterhin, dass die überzähligen Finanzinstrumente zum Emissionspreis an den Stabilisierungsmanager ausgegeben werden.

Eine Mehrzuteilung zu einem anderen Preis als dem Emissionskurs müsste zunächst generell dazu geeignet sein, auf den Preis einzuwirken.

Der Grund für diese Vorgabe ist in dem Interessenkonflikt auf Seiten des Stabilisierungsmanagers bei einer Mehrzuteilung zu sehen. Dieser hat naturgemäß ein eigenes Interesse daran, ein günstiges Geschäft durch den Stabilisierungshandel zu machen. Kann er die Deckungskäufe zu einem günstigeren Kurs als dem Ausgabekurs tätigen, so verbleibt der Gewinn hieraus bei ihm.[633] Würden die Papiere zu einem geringeren als dem Emissionspreis ausgegeben, würde der Emittent auf Kapital verzichten; bei einem höheren Preis wäre hingegen der Stabilisierungsmanager schlecht beraten, da er ein Verlustgeschäft macht. Bei einer ungedeckten „Short position", wenn also nicht die Möglichkeit besteht, zu einem zuvor vereinbarten Preis durch Ausübung der „Greenshoe"-Option vom Emittenten Wertpapiere nachzukaufen, bleibt die Gewinn- bzw. Verlustmarge bei der Durchführung der Deckungskäufe völlig ohne Belang. Der Stabilisierungsmanager hat nämlich gar keine andere Wahl, als in jedem Fall rechtzeitig vor Fälligkeit die Wertpapiere auf dem Markt zu kaufen. Der „Anreiz" zur Durchführung der Deckungskäufe bleibt damit immer gleich hoch.

---

[632] S. bereits oben Drittes Kapitel A. II. 3. c) bb) aaa).
[633] Vgl. hierzu oben Zweites Kapitel A. III. 3. e).

Die Bestimmung regelt somit nur die Risikoverteilung im Geschäftsverhältnis zwischen Emittent und Stabilisierungsmanager, ohne dabei von Einfluss auf die Anleger zu sein.

Insofern ist dieses „Safe Harbour"-Tatbestandsmerkmal vor allem als Ordnungsvorschrift zu werten mit der Absicht, die bereits angelegten Interessenkonflikte möglichst gering zu halten. Es soll vermieden werden, dass der Stabilisierungsmanager und der Emittent nicht eine preislich stabile Einführung der Finanzinstrumente, sondern vor allem die Vermeidung von Verlusten aus dem Mehrzuteilungsgeschäft als zentrales Interesse verfolgen müssen. Eine Beeinflussung des Börsen- oder Marktpreises allein durch Ausgabe von Mehrzuteilungsaktien zu einem über oder unter dem Emissionspreis liegenden Preis bei einem „Naked Short" ist jedoch nicht zu befürchten, da die Wertpapiere in jedem Fall auf dem Markt gekauft werden müssen. Daher ist der Verstoß gegen diese „Safe Harbour"-Regelung als irrelevant für die Erfüllung des Tatbestands des § 20a WpHG anzusehen, da dieser bereits nicht dazu geeignet ist, ein künstliches Preisniveau herbeizuführen oder falsche bzw. irreführende Signale auf den Markt abzugeben.

e) **Mangelnde Information gegenüber dem Markt und den Anlegern, Verstoß gegen Art. 9 EG-VO 2273/2003**

Für die Informationsobliegenheiten nach Art. 11 i. V. m. Art. 9 EG-VO 2273/2003 treffen im Wesentlichen die bereits oben Sechstes Kapitel D. IV. angestellten Überlegungen zu. Das heißt, dass eine handelsbedingte Manipulation nur durch die vorgenommenen Transaktionen oder Transaktionsaufträge geschehen kann, nicht allein durch das Vorenthalten der Information selbst. Eine informationsgestützte Manipulation setzt hingegen eine gesetzliche Pflicht zum Handeln voraus, die durch die „Safe Harbour"-Bestimmungen jedoch gerade nicht etabliert wird. Der manipulative Charakter der Geschäfte kann nur durch das Zusammenspiel von unterlassenen Information mit den Transaktionen entstehen.

aa) **Preiseinwirkungseignung**

Die Preiseinwirkungseignung ist vorliegend insbesondere darauf zurückzuführen, dass Deckungskäufe zur Erfüllung der durch die ungedeckte Mehrzuteilung entstandenen Verbindlichkeiten zwingend zu tätigen sind. Ist den Anlegern dabei nicht bekannt, dass eine ungedeckte Mehrzuteilung bei der Emission stattgefunden hat, müssen diese davon ausgehen, dass es sich um Käufe handelt, die auf originäres Handels- oder Anlageinteresse zurückzuführen sind, nicht auf zuvor begründete, zivilrechtliche Verpflichtungen. Der Eindruck, dass besonderes Interesse an dem betreffenden Wertpapier bestehe, kann jedoch bei den Anlegern maßgeblichen Einfluss auf die Anlageentscheidungen haben, ob also die Finanzinstrumente gehalten, verkauft oder weitere hinzugekauft werden sollen.

In der Begründung des Bundesministeriums der Finanzen zur mittlerweile gegenstandslosen KuMaKV heißt es: „Bei der Mehrzuteilung handelt es sich um eine Maßnahme, welche den Kurs des Wertpapiers zumeist negativ beeinflusst, da eine höhere Anzahl an Stücken in den Markt gegeben wird. Aus diesem Grund sind die Anleger über die genauen Bedingungen der Mehrzuteilung im Einzelfall zu unterrichten. Die Anleger sollen erkennen können, inwieweit eine Mehrzuteilung und der dadurch geschaffene Raum durch eine Greenshoe-Option wirtschaftlich risikolos abgesichert ist und ob ungedeckte offene Positionen zu erwarten sind."[634]

Somit ist abstrakt ein Preiseinwirkungspotential gegeben.

bb)   Tatbestandsrelevanz / Manipulationsabsicht

Der die Stabilisierungskäufe Tätigende müsste dabei allerdings auch mit Manipulationsabsicht handeln, damit die Tatbestandsmerkmale „Abgabe falscher/irreführender Signale" oder „Erzielung eines künstlichen Preisniveaus" erfüllt sind.

Die Anleger sollen durch die Information über die Mehrzuteilung die damit verbundenen Risiken der Kursentwicklung selbst abschätzen und bewerten können.[635] Werden diese anlageentscheidenden Informationen durch den Verantwortlichen „unterschlagen", ist ihnen diese Risikoabwägung nicht möglich. Wird daher das Preisniveau beispielsweise durch nicht als Deckungskäufe erkennbare Geschäfte geändert, ist vom Vorliegen einer Absicht zur Manipulation auszugehen.

Die „Safe Harbour"-Anforderungen betreffen das Gebot der Transparenz auf dem Kapitalmarkt und mithin das Schutzgut des Verbotstatbestands § 20a WpHG im Kern. Aus diesem Grund erscheint es angebracht, auch in Bezug auf dieses „Safe

---

[634] BR-Drs. 639/03, S. 17 f. (von SORGENFREI Park-Kapitalmarktstrafrecht Teil 3 Kap. 4 Tl Rn. 203, irrtümlich als BR-Drs. 639/02 zitiert). Im Übrigen geht auch BINGEL S. 36 ff., 186 ff. von einem negativen Einfluss auf den Kurs aus.
[635] Aus der Begründung zur KuMaKV, BR-Drs. 639/03, S. 18.

Harbour"-Merkmal eine widerlegliche Indizkraft dahingehend anzunehmen, dass aus der Nichterfüllung dieser Freistellungsregel auf eine Manipulationsabsicht zu schließen ist.

f) Fazit

Kurspflege für die emittierten Wertpapiere durch eine Mehrzuteilung ohne „Greenshoe"-Option kann äußerst wirkungsvoll sein und bietet somit zugleich erhebliches Preiseinwirkungspotential im Sinne von § 20a Abs. 1 WpHG.

Art. 11 lit. b und die bereits oben Sechstes Kapitel D. III. 4. als tatbestandsrelevant erkannten Vorgaben des Art. 9 der EG-Verordnung 2273/2003, lit. a, c und e, die gemäß Art. 11 zu beachten sind, betreffen darüber hinaus unmittelbar den Schutzbereich von § 20a WpHG und dienen dem Funktionsschutz des Kapitalmarkts.

Werden diese tatbestandsrelevanten Vorgaben der Freistellungsregeln nicht eingehalten und zugleich Geschäfte vorgenommen, durch die auf den Marktpreis eingewirkt wird, liegt daher richtigerweise ein Indiz dafür vor, dass diesem Handeln eine Manipulationsabsicht zugrunde liegt.

II. Die Mehrzuteilung mit „Greenshoe"-Option

Bei der Kursstabilisierung durch Mehrzuteilung mit „Greenshoe"-Option handelt es sich um eine gängige[636] Maßnahme im Zusammenhang mit Emissionen. Sie wird im Vergleich zur Mehrzuteilung ohne eine solche Absicherung in der Regel von dem als Stabilisierungsmanager tätigen Kreditinstitut als die sicherere Variante bevorzugt.[637] Das Kreditinstitut kann sich auf diese Weise gegen unerwartet steigende Kurse absichern und in einem solchen Fall seine Verbindlichkeiten durch einen Wertpapierkauf zum Emissionspreis erfüllen.

---

[636] VOGEL A/S § 20a Rn. 289.
[637] FLEISCHER Fuchs-WpHG § 20a Rn. 130; MOCK/STOLL/EUFINGER KK-WpHG § 20a Anh II – Art. 2 VO 2273/2003 Rn. 55.

1. Vorgaben des „Safe Harbour"

Für Mehrzuteilungen mit „Greenshoe"-Option hält die EG-Verordnung 2273/2003 neben den bereits oben genannten allgemeinen Bestimmungen die folgenden Anforderungen bereit:

Gemäß Art. 11 lit. c kann die „Greenshoe"-Option von den Begünstigten einer solchen Option nur im Rahmen einer Überzeichnung relevanter Wertpapiere ausgeübt werden; nach Art. 11 lit. d ist das Volumen der „Greenshoe"-Option auf maximal 15 % des ursprünglichen Angebots zu beschränken; der für die Ausübung der „Greenshoe"-Option vorgesehene Zeitraum muss sich mit dem in Art. 8 vorgesehenen Stabilisierungszeitraum decken, Art. 11 lit. e; schließlich ist die Öffentlichkeit unverzüglich und in allen angemessenen Einzelheiten über die Ausübung der „Greenshoe"-Option zu unterrichten, insbesondere über den Zeitpunkt der Ausübung und die Zahl und Art der relevanten Wertpapiere.

2. Nichtbeachtung der Vorgaben

Um Wiederholungen zu vermeiden, wird bei den folgenden Untersuchungen auf die Ausführungen zur ungedeckten Mehrzuteilung verwiesen, wenn sich Abweichungen nicht erkennen lassen oder Parallelen vorliegen.

a) Geschäfte oder Geschäftsaufträge

Tatbestandsmäßiges Handeln im Sinne von § 20a Abs. 1 S. 1 Nr. 2 WpHG setzt Geschäfte oder Geschäftsaufträge voraus.

Dafür kommen im Zusammenhang mit der Stabilisierungsmaßnahme der Mehrzuteilung mit „Greenshoe"-Option als Anknüpfungspunkt drei Handlungen in Betracht: zum einen die üblichen Transaktionen auf dem Markt, vor allem Käufe und Kaufaufträge, zum anderen aber auch die Einräumung und – davon zu unterscheiden – die Ausübung der „Greenshoe"-Option.

Durch die Variante des Verbotstatbestands § 20a Abs. 1 S. 1 Nr. 2 WpHG sollen die handelsgestützten Manipulationsmethoden unterbunden und gemäß §§ 38, 39 WpHG unter Strafe gestellt werden. Das Verbot soll dann eingreifen, wenn durch die Vornahme von Transaktionen – also durch effektive Geschäfte und nicht durch kommunikative Akte wie Erklärungen gegenüber der (Markt-)Öffentlichkeit – falsche und irreführende Signale auf den Markt ausgestrahlt werden.[638]

Dementsprechend umfasst der Begriff der Geschäfte zunächst einmal alle Transaktionen mit Finanzinstrumenten, nämlich Kauf und Verkauf, Sicherungsgeschäfte, Treuhandgeschäfte und Pfändungen.[639]

Da die Ausübung der „Greenshoe"-Option ebenfalls eine Transaktion von Finanzinstrumenten zur Folge hat, nämlich den Erwerb der Papiere zum Emissionspreis, ist auch sie als Geschäft im Sinne der Vorschrift einzustufen. Ein Unterschied zur direkten Erteilung eines Kaufauftrags besteht tatsächlich nicht. Aufgrund des aus Art. 103 Abs. 2 GG folgenden Analogieverbots im Strafrecht[640] wäre eine Subsumtion unter den Begriff „Kaufauftrag" nicht möglich. Durch die Ergänzung des Gesetzeswortlauts mit dem unbestimmten Begriff „Geschäfte" ist es jedoch möglich, auch solche Fallkonstellationen wie die Optionsausübung mit dem Verbot zu erfassen und so eine Umgehung der *Ratio* des Gesetzes durch eine rechtliche Konstruktion zu verhindern. Daneben ist auch zu beachten, dass der Begriff des „Kauf- und Verkaufsauftrags" nicht streng zivilrechtlich, sondern kapitalmarktrechtlich zu verstehen und auszulegen ist.[641] Dies sollte dann auch für den Begriff des Geschäfts gelten.

Allein die Einräumung der „Greenshoe"-Option hingegen ist nicht als ein solches Geschäft zu bewerten, da sie nicht zu einer Übertragung von Wertpapieren führt, sondern lediglich eine noch ungewisse Möglichkeit dazu eröffnet.

b)   Überschreitung der 15-%-Grenze, Art. 11 lit. d EG-VO 2273/2003

aa)   Preiseinwirkungseignung

Wie der „Naked Short" hat auch die Mehrzuteilung mit der Option zum Nachkauf von Wertpapieren zum Ausgabepreis ein erhebliches Potential zur Einwirkung auf den Preis.[642]

Dies gilt umso mehr bei Mehrzuteilungen oder Optionen, die über diese 15 %-Grenze hinausgehen.

---

[638] FLEISCHER Fuchs-WpHG § 20a Rn. 42; VOGEL A/S § 20a Rn. 142.
[639] FLEISCHER Fuchs-WpHG § 20a Rn. 44; VOGEL A/S § 20a Rn. 145.
[640] Zum Analogieverbot s. ROXIN AT 1 § 5 Rn. 8.
[641] VOGEL A/S § 20a Rn. 147.
[642] Vgl. MOCK/STOLL/EUFINGER KK-WpHG § 20a Anh. II – Art. 11 VO 2273/2003 Rn. 1.

bb) Tatbestandsrelevanz / Manipulationsabsicht

Entscheidend ist nach der vorliegend vertretenen Auffassung, ob daraus, dass eine Mehrzuteilung oder die Ausübung einer Option erfolgt, die über die 15 %-Grenze hinausgeht, geschlossen werden kann, dass die betreffenden Personen mit Manipulationsabsicht handeln.

Aufgrund des Beeinflussungspotentials von Mehrzuteilungen im Allgemeinen ist das zu bejahen. Stabilisierungsmaßnahmen außerhalb der Grenzen der „Safe Harbour"-Regeln sind auf eine erhebliche Beeinflussung des Wertpapierkurses angelegt, auf die der Handelnde aber keinen Anspruch hat. Mithin betrifft diese Beschränkung von Kurspflege durch die „Safe Harbour"-Regelung direkt das Schutzgut des § 20a WPHG und ist tatbestandsrelevant. Das daraus resultierende Indiz für das Vorliegen einer Manipulationsabsicht wäre dann durch ein Gegenindiz widerlegt, wenn sich für diese Geschäfte ein legitimer Grund im Sinne von Art. 1 Nr. 2 lit. a der Marktmissbrauchsrichtlinie[643] feststellen ließe.

c) Ausübung der „Greenshoe"-Option außerhalb der Mehrzuteilung und des Stabilisierungszeitraums, Art. 11 lit. c und e EG-VO 2273/2003

Zweck der „Greenshoe"-Option ist es, dem Stabilisierungsmanager die Möglichkeit zu geben, seine Verbindlichkeiten aus der Mehrzuteilung ohne Verlust zu decken, falls der Marktpreis der betreffenden Wertpapiere auf dem Markt steigen sollte. Hingegen soll die Option dem die Stabilisierung übernehmenden Kreditinstitut oder Wertpapierhaus keine darüber hinausgehende Möglichkeit zum Abschluss günstiger Geschäfte bieten. Dies wäre auch nicht im Interesse des Emittenten.

Es wäre mithin befremdlich, wenn der Emittent dem Stabilisierungsmanager eine über die Mehrzuteilung hinausgehende und zeitlich unbefristete Option einräumen würde, die dieser unabhängig von den emissionsbedingten Schwankungen ausüben dürfte, um Wertpapiere günstiger als zum aktuellen Marktpreis zu erwerben.[644]

---

[643] Richtlinie 2003/6/EG vom 28.01.2003, ABl. 2003, Nr. L 96/16.
[644] In Betracht käme insbesondere die Möglichkeit, bei einem günstigen, also besonders hohen Kurs, Leerverkäufe durchzuführen und sodann die Option auszuüben, um die durch die Verkäufe entstandenen Lieferverpflichtungen zu decken. Ob dies gegen das Verbot von Leerverkäufen des § 30h WpHG verstößt, wird hier nicht geprüft; dies dürfte jedoch von den Modalitäten der Option abhängen.

Nach den nicht mehr gültigen Vorschriften der KuMaKV, § 12 Abs. 1 S. 1, konnte die „Greenshoe"-Option noch während oder nach dem Stabilisierungszeitraum ausgeübt werden. Dies geschah auch oftmals, da dann das erste Mal eine Bestandsaufnahme durchgeführt werden konnte.[645] Für eine Freistellung nach den „Safe-Harbour"-Regelungen muss nunmehr die Option während des Stabilisierungszeitraums ausgeübt werden; zweckmäßigerweise wohl am letzten Tag, wenn bis dahin Deckungskäufe auf dem Markt nicht günstiger möglich waren.

aa) Preiseinwirkungseignung

Die Eignung zur Einwirkung auf den Preis durch Ausübung der Option an sich ist zu verneinen. Der Verkauf von Wertpapieren zum Ausgabepreis unabhängig von einer Emission durch den Emittenten bietet lediglich dem Stillhalter der Option, also dem Käufer, die Möglichkeit, ein günstiges Geschäft abzuschließen. Für die übrigen Marktteilnehmer bleibt die Ausübung der Option jedoch bewertungsneutral. Lediglich die Transaktion auf dem Markt, die durch die günstige Optionsausübung ermöglicht wird, hat Einfluss auf den Marktpreis. Übt also der Stillhalter die Option aus und verkauft die günstig erworbenen Wertpapiere sodann auf dem Markt, wo sie zu einem weit höheren Preis gehandelt werden, so führt erst dieses zweite Geschäft zu Preisveränderungen auf dem Markt. Die Signalwirkung dürfte jedoch in diesem Fall begrenzt sein.

bb) Tatbestandsrelevanz / Manipulationsabsicht

Jedenfalls wäre bei der Ausübung der Option außerhalb des Stabilisierungszeitraums nicht von einer Manipulationsabsicht im Sinne der hier verwendeten Definition auszugehen. Wenn die Option mit der Maßgabe eingeräumt wird, dass sie außerhalb der Mehrzuteilung und zeitlich unbegrenzt ausgeübt werden kann, verbleibt das Risiko eines schlechten Geschäfts beim Stillhalter der Option, belastet jedoch nicht den Markt an sich. Die Ausübung erfolgt dann sicherlich mit der Absicht, ein gewinnbringendes Geschäft abzuschließen und sich somit zu bereichern. Jedoch ist dies keine manipulative Absicht, wenn der Optionsvertrag mit der Möglichkeit zu einer Ausübung unabhängig von der Emission abgeschlossen wurde.

---

[645] So FEURING/BERRAR Unternehmensfinanzierung am Kapitalmarkt § 34 Rn. 50.

Mithin ist die Nichtbeachtung der „Safe Harbour"-Regelung Art. 11 lit. c und e EG-VO 2273/2003 als neutral und unerheblich für die Erfüllung des Straftatbestands anzusehen, da weder eine Preiseinwirkungseignung vorliegt noch eine Tatbestandsrelevanz in der Vorschrift zu erblicken ist.

d) Mangelnde Information über die Durchführung der Stabilisierungsmaßnahme

Gemäß der Vorgabe des Art. 11 lit. f EG-VO 2273/2003 ist die Öffentlichkeit unverzüglich über die Ausübung der „Greenshoe"-Option sowie ihre Modalitäten zu unterrichten, nämlich über den Zeitpunkt der Ausübung sowie die Anzahl und Art der Wertpapiere.

Unverzüglich ist dabei entsprechend der allgemein gültigen Definition als ein Handeln ohne vorwerfbares Zögern bzw. ohne eine durch die Sachlage begründete Verzögerung zu verstehen.[646]

Dem Wortlaut der Verordnung zufolge muss keine Auskunft über den Umfang der ursprünglichen Mehrzuteilung erteilt werden, sondern nur über die Anzahl der durch die Optionsausübung erworbenen Wertpapiere.[647] Wie FEURING/BERRAR[648] zutreffend bemerken, ist dies eine sinnvolle Änderung der Anforderungen von der KuMaKV zur EG-Verordnung 2273/2003, da die zusätzliche Angabe der „mehrzugeteilten" Wertpapiere zu einer Berechnung des noch ungedeckten Volumens (des „Naked Short") und somit einer Spekulation gegen den Stabilisierungsmanager führen könnte.[649]

aa) Geschäfte und Geschäftsaufträge

Wie bereits bei der vorangegangenen Diskussion zur Nichtbeachtung von Informationsobliegenheiten der EG-Verordnung 2273/2003 ist festzustellen, dass eine handelsbedingte Manipulation stets das Machen von Geschäften oder Geschäftsauftrã-

---

[646] FISCHER StGB § 142 Rn. 54; MEYER-GOßNER M-G StPO § 25 Rn. 8.

[647] MOCK/STOLL/EUFINGER KK-WpHG § 20a Anh. II – Art. 11 VO 2273/2003 Rn. 4.

[648] FEURING/BERRAR Unternehmensfinanzierung am Kapitalmarkt § 34 Rn. 59.

[649] Hierbei ist zu beachten, dass die allgemeinen Informationsbestimmungen des Art. 9 EG-VO 2273/2003, die gemäß Art. 11 Abs. 1 EG-VO 2273/2003 auch bei den ergänzenden Stabilisierungsmaßnahmen zu beachten sind, nur vorschreiben, dass vor der Emission mitzuteilen ist, ob eine Mehrzuteilung mit oder ohne „Greenshoe"-Option *möglich* ist oder nicht.

gen voraussetzt. Das bedeutet, dass der Anknüpfungspunkt im vorliegenden Fall die Ausübung der Option[650] ist mit der Absicht, dies überhaupt nicht oder nicht im erforderlichen Umfang bekanntzugeben, nicht jedoch das Unterlassen der Information an sich.

bb) Preiseinwirkungseignung

Zu klären ist jedoch, ob die Ausübung der Option ohne die unverzügliche Information der Öffentlichkeit ein Manipulationspotential mit sich bringt.

Dies ist vorliegend zu verneinen. Die Ausübung der „Greenshoe"-Option bleibt von den Marktteilnehmern unbemerkt, da sie sich lediglich zwischen dem Stabilisierungsmanager und dem Emittenten abspielt und daher auch keinerlei Signale – welcher Qualität auch immer – auf den Markt ausstrahlt. Auch wenn die Bekanntgabe unverzüglich nach der Ausübung der Option erfolgen soll, so handelt es sich dennoch um eine dem eigentlichen Geschäft nachgeordnete Informationspflicht. Wie bereits oben Viertes Kapitel D. IV. 3. b) ist davon auszugehen, dass die nachwirkenden Publizitätserfordernisse strafrechtlich neutral sind und sich eine Missachtung der Vorgaben der EG-Verordnung insoweit nicht auswirkt.[651]

e) Fazit

Lediglich die „Safe Harbour"-Vorschrift des Art. 11 lit. d EG-VO 2273/2003, die eine Obergrenze von 15 % für das gedeckte Volumen der Mehrzuteilung vorgibt, ist als tatbestandsrelevant für § 20a Abs. 1 S. 1 Nr. 2 WpHG zu bewerten und die zugehörigen Geschäfte als preiseinwirkungsgeeignet. Den übrigen „Safe Harbour"-Vorschriften mangelt es an diesen Voraussetzungen, weshalb aus ihrer Nichtbeachtung auch kein Indiz hinsichtlich einer Manipulationsabsicht erwachsen kann.

Eine Nichtbeachtung der gemäß Art. 11 EG-VO 2273/2003 einbezogenen Informationsobliegenheiten gemäß Art. 9 lit. a, c und e, ist – entsprechend den Ausführungen zur Mehrzuteilung ohne „Greenshoe"-Option – ebenfalls ein widerlegliches Indiz. Die obigen Ausführungen[652] gelten uneingeschränkt auch hier.

---

[650] Die Ausübung der Option ist ein Geschäft, vgl. oben Viertes Kapitel E. I. 2. a).
[651] So auch SORGENFREI Park-Kapitalmarktstrafrecht Teil 3 Kap. 4 T1 Rn. 207.
[652] Viertes Kapitel E. I. 2. e).

F. Rückkaufprogramme gemäß Art. 4 ff. EG-VO 2273/2003

Wie bereits oben[653] angesprochen, können auch Programme von Aktiengesellschaften zum Rückkauf eigener Aktien eine erhebliche Beeinflussung des Marktpreises bewirken und mithin tatbestandsmäßig im Sinne von § 20a Abs. 1 S. 1 Nr. 2 WpHG sein, wenn sie nicht ein sehr geringes Erwerbsvolumen zum Gegenstand haben und es ihnen deswegen an der generellen Preiseinwirkungseignung fehlt.[654] Rückkaufprogramme können daneben ebenfalls unter Umständen gegen das Verbot von Insidergeschäften gemäß § 14 WpHG verstoßen. Gemäß § 14 Abs. 2 WpHG gelten für eine Freistellung von diesem Verbotstatbestand allerdings dieselben Regeln wie für die Freistellung vom Manipulationsverbot nach § 20a Abs. 3 WpHG: beide Vorschriften verweisen auf die „Safe Harbours" der EG-Verordnung 2273/2003. Die folgende Betrachtung bezieht sich indes nur auf das Verhältnis der Nichtbeachtung der „Safe Harbour"-Regelungen zum Tatbestand des Verbots von Kursmanipulation, nicht auf den Tatbestand des Verbots von Insidergeschäften.

I. Die Vorgaben des „Safe Harbour"

Gemäß den Art. 3-6 EG-VO 2273/2003 sind eine große Anzahl an Vorgaben zu erfüllen, um eine positive Freistellung des Rückkaufprogramms zu erreichen.

1. Art. 3 EG-VO 2273/2003: Zweck von Rückkaufprogrammen

Gemäß Art. 3 der Verordnung muss das Ziel des Rückkaufprogramms „einzig und allein" darin bestehen, das Kapital der Gesellschaft herabzusetzen, Schuldtitel zur Umwandlung in Beteiligungskapital zu begleichen oder Belegschaftsprogramme zu erfüllen.

2. Art. 4 EG-VO 2273/2003: Bedingungen für Rückkaufprogramme und deren Bekanntgabe

Art. 4 EG-VO 2273/2003 verweist auf Art. 19 Abs. 1 der Kapitalschutzrichtlinie 77/91/EWG[655] und schreibt damit vor, dass die Hauptversammlung den Rücker-

---

[653] Drittes Kapitel A. IV.

[654] So auch CAHN Spindler/Stilz-AktG § 71 Rn. 181, und MENNICKE Fuchs-WpHG § 14 Rn. 115.

[655] ABl. 1977, Nr. L 26/1.

werb genehmigen und seine Einzelheiten, insbesondere das Maximum der zu erwerbenden Aktien und die Dauer der Genehmigung, feststellen muss (Art. 19 Abs. 1 lit. a). Der zu erwerbende Aktienbestand darf 10 % des gezeichneten Kapitals nicht übersteigen (Art. 19 Abs. 1 lit. b), durch den Erwerb darf das Nettoaktivvermögen nicht das gezeichnete Kapital zuzüglich der einer Ausschüttung entzogenen Rücklagen unterschreiten (Art. 19 Abs. 1 lit. c) und schließlich darf der Rückerwerb nur voll eingezahlte Aktien betreffen (Art. 19 Abs. 1 lit. d).[656]

Gemäß Art. 4 Abs. 2 EG-VO 2273/2003 sind die Einzelheiten des Rückkaufprogramms (Zweck, Aktienvolumen, Maximalpreis, Dauer) vor dessen Beginn angemessen bekanntzugeben.

Nach Art. 4 Abs. 3 und Abs. 4 EG-VO 2273/2003 muss die Aktiengesellschaft in der Lage sein, ihren Meldeverpflichtungen gegenüber der zuständigen Aufsichtsbehörde nachzukommen und sämtliche Transaktionen im Zusammenhang mit dem Rückkaufprogramm aufzeichnen (Art. 4 Abs. 3 S. 2 EG-VO 2273/2003 in Verbindung mit Art. 20 Abs. 1 der Richtlinie 77/91/EWG). Diese aufgezeichneten Informationen über die Transaktionen muss die Aktiengesellschaft spätestens am siebten Handelstag nach deren Ausführung bekannt geben (Art. 4 Abs. 4 EG-VO 2273/2003).

3. Art. 5 EG-VO 2273/2003: Handelsbedingungen

Art. 5 Abs. 1 EG-VO 2273/2003 bestimmt die Höhe des zulässigen Kaufpreises für die eigenen Aktien. Dieser darf nicht über dem Kurs des zuletzt getätigten unabhängigen Abschlusses liegen.

Gemäß Art. 5 Abs. 2 EG-VO 2273/2003 wird das Volumen des täglichen Handels in den eigenen Aktien begrenzt; der Emittent darf nicht mehr als 25 % des durchschnittlichen täglichen Aktienumsatzes auf dem Markt an einem Handelstag erwerben. Die Vorschrift legt auch dar, wie dieser Umsatzdurchschnitt festzustellen ist.

Von dieser letzten „Safe Harbour"-Vorgabe sind bei niedriger Handelsliquidität in dem betreffenden Papier Abweichungen gestattet, Art. 5 Abs. 3 EG-VO 2273/2003. Dann hat der Emittent sowohl der Aufsichtsbehörde wie auch der Allgemeinheit bekannt zu geben, dass er die 25 %-Schwelle überschreiten wolle, darf

---

[656] Dabei entsprechen die Punkte c) und d) den Vorschriften des § 71 Abs. 2 S. 2 und S. 3 AktG.

allerdings auch in diesem Fall nicht 50 % des täglichen Umsatzdurchschnitts überschreiten.

4.   Art. 6 EG-VO 2273/2003: Einschränkungen

Schließlich erlegt Art. 6 EG-VO 2273/2003 dem Emittenten noch verschiedene Unterlassungspflichten auf: Während des Rückkaufprogramms darf der Emittent keine eigenen Aktien verkaufen (lit. a) und während sogenannter „geschlossener Zeiträume" (lit. b) sowie wenn der Emittent beschlossen hat, die Bekanntgabe von Insiderinformationen zurückzustellen (lit. c), darf überhaupt kein Handel stattfinden.

II.   Nichtbeachtung der Vorgaben

Der Erwerb der eigenen Aktien durch den Emittenten erfüllt die objektiven Tatbestandsmerkmale der Geschäfte oder Kauf-/Verkaufsaufträge im Sinne von § 20a Abs. 1 S. 1 Nr. 2 WpHG. Eine abstrakte Preiseinwirkungseignung durch diese Erwerbsvorgänge besteht, soweit sie kein gänzlich unerhebliches Volumen betreffen. Fraglich ist, ob die Nichtbeachtung der einzelnen Vorgaben eine Manipulationsabsicht indiziert. Dies ist dann der Fall, wenn die einzelnen Vorgaben der „Safe Harbour"-Regelungen direkt den Schutzzweck des Manipulationsverbots betreffen und zugleich kein rechtfertigender Grund für eine Abweichung von den Vorgaben vorliegt.

1.   Verstoß gegen Art. 3 EG-VO 2273/2003

Rückkaufprogramme sind nach § 71 AktG wegen des Grundsatzes der Kapitalerhaltung aktienrechtlich nur unter bestimmten Voraussetzungen zulässig. Ein Verstoß gegen die Vorschrift hat gem. § 71 Abs. 4 AktG zur Folge, dass zwar das dingliche Verfügungsgeschäft wirksam bleibt, die schuldrechtliche Verpflichtung jedoch nichtig ist, § 139 BGB.

Oben[657] wurde bereits festgestellt, dass § 71 Abs. 1 AktG nicht (mehr) als generelle Freistellungsvorschrift neben § 20a Abs. 2 und 3 WpHG dienen kann. Dargelegt

---

[657] Drittes Kapitel A. IV.

wurde auch, dass ein Rückkaufprogramm zur Abwendung eines schweren Schadens von der Aktiengesellschaft im Sinne von § 71 Abs. 1 S. 1 Nr. 1 AktG mit der Folge einer Beeinflussung des Aktienkurses nicht zwingend unter das Verbot des § 20a WpHG fallen muss.[658] Auf die dortigen Ausführungen darf daher in vollem Umfang verwiesen werden. Kurz zusammengefasst ist das Indiz für das Vorliegen von Manipulationsabsicht jedenfalls dann widerlegt, wenn die Gesellschaft einer rechtswidrigen Beeinflussung ihres Börsen- oder Marktwertes durch Außenstehende unterliegt und die Maßnahme lediglich zum Ausgleich dieser Einflüsse dient und nicht darüber hinausgeht.

Klärungsbedürftig ist allerdings weiterhin, ob die Verfolgung sonstiger, nicht von der Freistellungsvorschrift erfasster Programmzwecke als Indiz dafür gelten kann, dass mit Manipulationsabsicht gehandelt wird. Dies ist dann der Fall, wenn die Regelung des Art. 3 EG-VO 2273/2003 direkt das Schutzgut des Manipulationsverbots betrifft und dazu dient, einen Eingriff in die Wahrheit der Preisbildung zu verhindern.

OECHSLER[659] ist der Auffassung, dass es im Hinblick auf § 20a Abs. 1 S. 1 Nr. 2 WpHG unerheblich sei, zu welchem Zweck die Aktiengesellschaft eigene Aktien zurückkaufe, entscheidend seien allein die Motive. Bei Rückkaufprogrammen bestehe grundsätzlich die Gefahr, dass die Anleger den Rückerwerb eigener Aktien durch die Gesellschaft falsch auffassten, indem sie nämlich davon ausgingen, dass die AG den Wert der Aktien höher bewerte als der Veräußerer, um dann konsequenterweise ebenfalls in diese Aktien zu investieren und so für einen Kursanstieg zu sorgen. Entscheidend für die Zulässigkeit des Erwerbs seien daher lediglich die Informationsobliegenheiten der Art. 4-6 EG-VO 2273/2003. Soweit diese beachtet würde sei kein Verstoß gegen § 20a WpHG gegeben.

Dieser Auffassung OECHSLERS ist zu widersprechen. Zwar ist ihm insoweit beizupflichten, als die Abgrenzung zwischen zulässiger und verbotener Kursbeeinflussung in der subjektiven Einstellung des Handelnden zu suchen ist. Aber der Zweck eines Rückkaufprogramms lässt Rückschlüsse auf die Absicht zu. Rückkaufprogramme zum Zweck allgemeiner, anlassunabhängiger Kurspflege sollen gerade nicht möglich sein. Dies ergibt sich sowohl aus § 20a Abs. 3 WpHG und der eindeutigen Beschränkung des Art. 3 der EG-Verordnung, aber auch aus § 71 Abs. 1

---

[658] Vgl. oben Drittes Kapitel A. IV. 4., nämlich insbesondere bei sogenannten „Baisse"-Angriffen.
[659] OECHSLER MK-AktG § 71 Rn. 359.

S. 1 Nr. 8 S. 2 AktG selbst.[660] Ein Rückkaufprogramm unter den Voraussetzungen von § 71 Abs. 1 S. 1 Nr. 7 oder 8 AktG, nämlich zum Zwecke des Wertpapierhandels sowie dem sonstigen anlassbedingten Erwerb, böte der Aktiengesellschaft die Möglichkeit zu steter Kurspflege durch Handel mit den eigenen Aktien und damit einer fortwährenden Beeinflussung der Kursentwicklung. Rückkaufprogramme zu anderen Zwecken als denjenigen des Art. 3 EG-VO 2273/2003 bedürfen daher, auch wenn sie die übrigen Handelsbeschränkungen der EG-Verordnung einhalten, eines sie legitimierenden Grundes. Ein solcher kann im Einklang mit § 71 Abs. 1 S. 1 Nr. 8 AktG beispielsweise in der Rückführung von zu hohem Eigenkapital liegen.[661] Erforderlich wären in einem solchen Fall allerdings auch objektive Anhaltspunkte für das Vorliegen eines solchen betriebswirtschaftlichen Bedürfnisses. Ebenso sind andere Programmzwecke denkbar, die einen betriebswirtschaftlichen Hintergrund haben; bei Vorliegen eines solchen Zwecks wäre von einem rechtfertigenden Grund auszugehen.[662] Liegt kein solcher Grund vor, besteht ein Indiz für eine Manipulationsabsicht bei Aktienrückkäufen.

Im Übrigen besteht hinsichtlich der nach § 71 Abs. 1 S. 1 Nr. 4 und Nr. 5 AktG vom Erwerbsverbot ausgenommenen Zwecke kein Konfliktpotential zum Manipulationsverbot. Dem unentgeltlichen Erwerb von Aktien nach § 71 Abs. 1 Nr. 4 AktG wohnt keinerlei Preisbeeinflussungspotential inne, da der Erwerb einerseits nicht über die Börsensysteme abgewickelt wird und da der Schenkung – im Gegensatz zum Kauf – keinerlei Indizwirkung hinsichtlich der Nachfrage oder der Bewertung eines Wertpapiers innewohnt.[663] Der Rückerwerb durch Gesamtrechtsnachfolge (§ 71 Abs. 1 Nr. 5 AktG) ist bereits keine Handlung im strafrechtlichen Sinne, da es sich bei den Fällen des § 1922 BGB um einen gesetzlichen Erwerbstatbestand handelt, nicht um ein vom menschlichen Willen beherrschbares Verhalten.[664]

---

[660] OECHSLER MK-AktG § 71 Rn. 347, sieht darin das Verbot der Marktmanipulation.

[661] Vgl. VOGEL A/S § 20a Rn. 297.

[662] Ähnlich MOCK/STOLL/EUFINGER KK-WpHG § 20a Rn. 349 und VOGEL A/S Rn. 297, die jenseits der „Safe Harbour"-Regelung des Art. 3 EG-VO 2273/2003 noch Raum für zulässige Kurspflege sehen.

[663] Im Ergebnis ebenso MOCK/STOLL/EUFINGER KK-WpHG § 20a Anh. II – Art. 3 VO 2273/2003 Rn. 10.

[664] Ausführlich zum Handlungsbegriff und den verschiedenen dazu vertretenen Ansichten ROXIN AT 1 § 8 Rn. 1 ff., und WALTER LK Vor § 13 Rn. 28 ff.

2. Verstoß gegen Art. 4 Abs. 1 EG-VO 2273/2003

Die Vorgaben des Art. 4 Abs. 1 der EG-Verordnung berühren nicht den Kerngehalt des Schutzgutes von § 20a WpHG. Eine Missachtung ihrer „Safe Harbour"-Anforderungen indiziert mithin keine Manipulationsabsicht. Die Regelungen nach Art. 4 Abs. 1 EG-VO 2273/2003 in Verbindung mit Art. 19 Abs. 1 77/91/EWG beziehen sich lediglich auf interne Vorgänge der Aktiengesellschaft, die insbesondere den Grundsatz der Erhaltung des Grundkapitals betreffen sowie eine ordnungsgemäße Beschlussfassung durch die Hauptversammlung. Ein Bezug zur Bewertung der Aktie am Kapitalmarkt und damit zur Wahrheit der Preisbildung ist insoweit nicht ersichtlich. Ein Verstoß ist mithin für das Manipulationsverbot unerheblich.

3. Verstoß gegen Art. 4 Abs. 2 EG-VO 2273/2003

Ein Verstoß gegen die dem Rückkaufprogramm vorgeschalteten Informationspflichten nach Abs. 2 ist insoweit für das geschützte Rechtsgut des Manipulationsverbots von Relevanz, als die jeweiligen Informationen selbst bewertungserheblich im Sinne von § 20a Abs. 1 WpHG sind. Die oben dargelegten Überlegungen zur Nichtbeachtung der Informations- und Dokumentationsobliegenheiten der Freistellungsregelung Art. 9 EG-VO 2273/2003[665] bei Stabilisierungsmaßnahmen gelten weitgehend auch für die hier zu erörternden Informationspflichten betreffend Rückkaufprogramme. Bestimmte Informationen über das Rückkaufprogramm sind für die Investitionsentscheidungen der Anleger von erheblicher Bedeutung, da den Anlegern nur bei ihrer Kenntnis eine selbstbestimmt korrekte Bewertung der Marktlage möglich ist. Insoweit wird auf die oben angestellten Überlegungen verwiesen. Festzustellen ist, welche Informationspflichten tatbestandsrelevant sind und welche nicht.

Vorliegend ist die Mitteilung, dass ein Rückkaufprogramm durchgeführt wird, der Umfang, der maximale Erwerbspreis sowie die Dauer des Programms als bewertungserheblich für die jeweilige Aktie anzusehen, da es sich hierbei jeweils um wertbestimmende Faktoren handelt. Diese Informationen benötigen die Anleger, um die mögliche weitere Entwicklung des Wertes des Finanzinstruments abschätzen und auf dieser Basis ihre Investitionsentscheidungen (Kaufen/Verkaufen/Hal-

---

[665] Viertes Kapitel D. IV. 3.

ten) eigenverantwortlich treffen zu können. Wird die Durchführung eines Rückkaufprogramms den Marktteilnehmern gegenüber nicht angemessen bekannt gegeben, können diese die erhöhte Nachfrage nach den Aktien und die Verknappung
auf dem Markt als Folge von Investitionsentscheidungen unabhängiger Anleger
interpretieren und messen der Kursveränderung eine andere Bedeutung bei, als
zutreffend wäre, wenn man um die Ursache der gesteigerten Nachfrage wüsste.[666]
Es handelt sich hierbei um transparenzschaffende Angaben, die zur Erhaltung der
Wahrheit der Preisbildung erforderlich sind. Werden diese Angaben entgegen Art.
4 Abs. 2 EG-VO 2273/2003 unterschlagen, besteht ein Indiz für das Vorliegen von
Manipulationsabsicht.

Die Information über den Zweck des Rückkaufprogramms ist hingegen nicht bewertungserheblich und ist für eine Anlageentscheidung nicht von Bedeutung. Insofern kann diese Informationsobliegenheit ohne Konsequenz für das Verbot der
Marktmanipulation ohne Schaden missachtet werden.

4.   Verstoß gegen Art. 4 Abs. 3 EG-VO 2273/2003

Die Verpflichtung, Mechanismen bereitzuhalten, um Meldeverpflichtungen gegenüber der Aufsichtsbehörde nachzukommen, ist für eine Bewertung des Rückkaufprogramms am Maßstab des § 20a WpHG ohne Belang. Während einerseits bereits
solche Meldepflichten gegenüber der Aufsichtsbehörde nur in sehr geringem Umfang existieren[667], berühren diese auch in keiner Weise die Frage, ob durch die
Käufe der Wertpapiere falsche/irreführende Signale gesetzt oder ein künstliches
Preisniveau herbeigeführt wird im Sinne von § 20a Abs. 1 S. 1 Nr. 2 WpHG. Es
handelt sich hierbei um eine Transparenzregelung ohne direkten Bezug zum
Schutzgut des Manipulationsverbots. Eine Missachtung der Informationsobliegenheit ist jedenfalls nicht preiseinwirkungsgeeignet und kann keinerlei Konsequenzen
bei der Prüfung von § 20a WpHG nach sich ziehen. Ein Rückschluss auf eine Manipulationsabsicht ist nicht möglich.

---

[666] So auch MOCK/STOLL/EUFINGER KK-WpHG § 20a Rn. 284.
[667] Vgl. MOCK/STOLL/EUFINGER KK-WpHG § 20a Anh. II – Art. 4 VO 2273/2003 Rn. 11.

5. Verstoß gegen Art. 4 Abs. 4 EG-VO 2273/2003

Ebenso verhält es sich bei der Wahrnehmung von Informationsobliegenheiten gemäß Art. 4 Abs. 3 und Abs. 4 EG-VO 2273/2003, die dem Rückkaufprogramm nachgeschaltet sind. Wie bereits oben[668] aufgezeigt können insbesondere Informationsobliegenheiten im Nachgang des tatbestandsrelevanten Handelns keinen Einfluss mehr auf die Bewertung der jeweiligen Handlung haben. Die Verletzung einer solchen Informationsobliegenheit ist bereits nicht dazu geeignet, auf die Preisbildung Einfluss zu nehmen, da sie zeitlich nach den Geschäften und Geschäftsaufträgen erfolgt, die gemäß § 20a Abs. 1 S. 1 Nr. 2 WpHG Anknüpfungspunkt für eine strafrechtliche Prüfung unter dem Gesichtspunkt der handelsgestützten Manipulation sind. Eine Preiseinwirkungseignung kann den Geschäften im Rahmen des Rückkaufprogramms dann jedenfalls nicht deshalb zugeschrieben werden, weil später zu erfüllende Informationsobliegenheiten nicht eingehalten wurden. Eine Strafbarkeit nach § 20a Abs. 1 S. 1 Nr. 1 WpHG wegen informationsgestützter Marktmanipulation scheidet aus, weil es sich bei den Vorgaben der EG-Verordnung nicht um gesetzliche Informationspflichten handelt.

6. Verstoß gegen Handelsbedingungen gemäß Art. 5 EG-VO 2273/2003

Den „Safe Harbour"-Bestimmungen hinsichtlich der Erwerbsmodalitäten gemäß Art. 5 EG-VO 2273/2003 ist offenkundig die größte Relevanz für das Manipulationsverbot zuzubilligen.

Die Beschränkungen der Kaufpreishöhe[669] und des Handelsvolumens pro Handelstag sind darauf gerichtet, die unvermeidbare Beeinflussung des Börsenkurses durch ein Rückkaufprogramm einzuschränken. Sowohl durch die preisliche Höhe der Erwerbsangebote und Geschäftsabschlüsse wie auch durch das gehandelte Volumen können erhebliche Signale an den Markt ausgesendet und ein bestimmtes Preisniveau herbeigeführt werden. Kaufangebote über den zuletzt getätigten Ab-

---

[668] Viertes Kapitel D. IV. 3. b).

[669] Die Formulierung des Art. 5 Abs. 1 EG-VO 2273/2003 ist nicht eindeutig hinsichtlich des exakten Anknüpfungspreises, an dem sich die Abschlüsse im Rahmen des Rückkaufprogramms zu orientieren haben. Aktien dürfen nicht zu einem höheren Kurs erworben werden als demjenigen des letzten Abschlusses oder (sollte dieses höher sein) dem des derzeit höchsten Angebots. Da der Bezugspunkt des Wortes „dieser" nicht eindeutig ist und sowohl das Wort „Abschluss" wie auch „Angebot" in Betracht kommt, herrscht insoweit ein Streit um die richtige Auslegung. Zum Streitstand VOGEL A/S § 20a Rn. 259.

schlüssen lassen auf eine positive Veränderung der Bewertung schließen; hohe Rückkaufvolumina verknappen in kürzester Zeit das Angebot und führen ebenfalls zu einer Preissteigerung.[670] Die in der Freistellungsvorschrift niedergelegten Beschränkungen sind daher notwendig, um gezielte Eingriffe in die Preisbildung im Rahmen eines aus legitimen betriebswirtschaftlichen Gründen angestrengten Rückkaufprogramms zu verhindern. Die Einflussnahme auf das Kursniveau soll als Nebenprodukt der betriebsbedingt notwendigen Aktienrückkäufe gering gehalten werden.

Die angegebenen Grenzwerte sind mithin als Maßstab des im äußersten Falle Vertretbaren anzusehen und die Durchführung eines Rückkaufprogramms unter Missachtung dieser Höchstgrenzen ist ein Indiz für Manipulationsabsicht.[671]

7. Verstoß gegen die Einschränkungen des Art. 6 EG-VO 2273/2003

Um bei Durchführung eines Rückkaufprogramms in den Genuss einer Freistellung vom Verbot der Marktmanipulation zu kommen, müssen neben den bisher dargestellten Auflagen auch die weiteren Einschränkungen des Art. 6 EG-VO 2273/2003 beachtet werden.[672]

a) Verkauf eigener Aktien, Art. 6 Abs. 1 lit. a EG-VO 2273/2003

Die „Safe Harbour"-Vorgabe, während des Rückkaufprogramms von der Veräußerung eigener Aktien Abstand zu nehmen, soll verhindern, dass die Aktiengesellschaft bei Durchführung des Programms durch Käufe und anschließende Verkäufe der eigenen Aktien eine künstliche Handelsliquidität in der betreffenden Aktie her-

---

[670] Ebenso VOGEL A/S § 20a Rn. 258.
[671] Im Ergebnis ähnlich MOCK/STOLL/EUFINGER KK-WpHG § 20a Rn. 346, die ein Abweichen von den Preis- und Volumenbegrenzungen des Art. 5 nur für schwer vertretbar erachten.
[672] Sie bedürfen keiner Beachtung, wenn gemäß Art. 6 Abs. 3 EG-VO 2273/2003 ein „programmiertes Rückkaufprogramm" im Sinne von Art. 1 Nr. 4 EG-VO 2273/2003 durchgeführt wird oder ein unabhängiges Kreditinstitut für die Aktiengesellschaft das Rückkaufprogramm abwickelt. Weiterhin ist gemäß Art. 6 Abs. 2 HS. 1 der Verordnung ein Verkauf der eigenen Aktien möglich, wenn die Aktiengesellschaft ein Kreditinstitut ist und wirksame Informationssperren, sogenannte „Chinese Walls", zwischen den mit dem Aktienhandel betrauten Stellen zur Vermeidung der Weitergabe von Insiderinformationen eingerichtet sind. Unabhängig von diesen Möglichkeiten gilt für die Nichtbeachtung von Art. 6 Abs. 1 der EG-Verordnung das im Text Folgende.

beiführen kann.[673] Auch die Liquidität einer Aktie ist ein bewertungserheblicher Faktor, den Anleger bei ihrer Investitionsentscheidung zu berücksichtigen haben. Ist der Handel in einem bestimmten Wertpapier illiquide, so fallen Einstieg und Ausstieg in den bzw. aus dem Handel schwer, da jeweils erst ein Handelspartner gefunden werden muss; mit steigender Liquidität steigt mithin auch die Attraktivität der Aktie, woraus eine verstärkte Nachfrage resultiert. Neben dem Zweck der Liquiditätssteigerung kommt auch noch eine Veräußerung von Aktien zum Zwecke der Gewinnerzielung in Betracht, wenn sich der Kurs durch die vorherigen Aufkäufe entsprechend entwickelt haben sollte.

Die Vorspiegelung von tatsächlich nicht vorhandener Liquidität betrifft die Wahrheit der Preisbildung als Schutzgut des § 20a WpHG direkt. Damit ist die Vorgabe des Art. 6 Abs. 1 lit. a EG-VO 2273/2003 als tatbestandsrelevant zu bewerten und aus einer Nichtbeachtung der Vorgabe resultiert das Indiz für das Vorliegen von Manipulationsabsicht. Legitime betriebswirtschaftliche Gründe sind ein taugliches Gegenindiz.

b) **Nichtbeachtung der zeitlichen Beschränkungen, Art. 6 Abs. 1 lit. b EG-VO 2273/2003**

Die Handelsbeschränkungen für die von Art. 6 Abs. 1 lit. b - c EG-VO 2273/2003 vorgegebenen Zeiträume berühren das Schutzgut des Verbots der Marktmanipulation in keiner Weise. In der Bundesrepublik Deutschland sind bisher keine „geschlossenen Zeiträume" durch den Gesetzgeber eingeführt worden, in denen ein Handel untersagt wäre.[674] Insoweit kann diese „Safe Harbour"-Bestimmung lediglich in anderen Mitgliedstaaten der Europäischen Union Bedeutung entfalten.

c) **Nichtbeachtung der Handelsbeschränkung während des Aufschiebens der Bekanntgabe von Insiderinformationen, Art. 6 Abs. 1 lit. c EG-VO 2273/2003**

Gemäß § 15 Abs. 3 WpHG ist ein Emittent entgegen der grundsätzlichen Pflicht zur unverzüglichen Bekanntgabe so lange zum Zurückhalten von Insiderinformati-

---

[673] So MOCK/STOLL/EUFINGER KK-WpHG § 20a Anh. II – Art. 6 VO 2273/2003 Rn. 3, und SINGHOF/WEBER AG 2005, 549, 560.
[674] Vgl. MOCK/STOLL/EUFINGER KK-WpHG § 20a Anh. II – Art. 6 VO 2273/2003 Rn. 4, und SINGHOF/WEBER AG 2005, 549, 561.

onen berechtigt, wie dies der Schutz berechtigter Interessen verlangt und eine Irreführung der Öffentlichkeit nicht zu befürchten ist; es handelt sich um eine Ausnahmeregelung von den Grundsätzen der Ad-hoc-Publizität.[675]

Diese Regelung dient insbesondere dazu, verbotenen Insiderhandel nach §§ 12, 13, 14 WpHG zu unterbinden. Aus diesem Grunde gilt die Beschränkung auch nicht für den Fall, dass Informationssperren zwischen den mit dem Aktienhandel betrauten Stellen eingerichtet sind, Art. 6 Abs. 2 HS. 2 EG-VO 2273/2003. Allerdings besteht bei einem solchen Handel auch die Gefahr, dass Geschäfte während der Zurückhaltung von Insiderinformationen zu einer für die Gesellschaft ungerechtfertigt günstigen Kursbeeinflussung vor Veröffentlichung der Informationen genutzt werden. Die Situation ist in gewisser Weise mit derjenigen des „Scalping"[676] als sonstiger Täuschungshandlung gemäß § 20a Abs. 1 S. 1 Nr. 3 WpHG vergleichbar, wenn es sich bei der einstweilen unter Verschluss gehaltenen Information um eine selbst geschaffene innere Tatsache handelt und die Zeit bis zu ihrer Veröffentlichung zu einer präventiven Kursbeeinflussung genutzt wird.[677] Damit betrifft auch diese „Safe Harbour"-Regelung direkt das Schutzgut der Wahrheit der Preisbildung und ist als tatbestandsrelevant für § 20a WpHG zu bewerten. Dieses unberechtigte Ausnutzen von noch nicht bekanntgegebenen bewertungserheblichen Informationen könnte lediglich dann ausgeschlossen werden, wenn entsprechend Art. 6 Abs. 2 HS. 2 EG-VO 2273/2003 sogenannte „Chinese Walls"[678] zwischen den beteiligten Stellen gesellschaftsintern eingerichtet sind.

Dementsprechend indiziert die Nichtbeachtung dieser „Safe Harbour"-Vorgabe eine Manipulationsabsicht.

---

[675] Weiterführend hierzu ASSMANN A/S § 15 Rn. 129 ff. Wann von einem berechtigten Interesse auszugehen ist, ergibt sich aus § 6 WpAIV, der auch Regelbeispiele benennt, nämlich insbesondere wenn die Bekanntgabe des Ergebnisses oder des Gangs von laufenden Verhandlungen über Geschäftsinhalte den Marktpreis beeinflussen und dadurch die Interessen der Anleger ernsthaft gefährden würden oder wenn bei geschlossenen Verträgen oder sonstigen Geschäftsmaßnahmen mit deren Bekanntgabe auch darauf hinzuweisen wäre, dass diese zu ihrer Wirksamkeit noch der Bewilligung eines weiteren Gesellschaftsorgans bedürfen und diese Tatsache eine korrekte Bewertung durch das Publikum gefährden würde.

[676] Siehe hierzu oben Drittes Kapitel A. II. 2.

[677] Vgl. zur Abgrenzung von Kursmanipulation und Insiderhandel beim „Scalping" MENNICKE Fuchs-WpHG § 14 Rn. 159.

[678] Betriebsinterne Informationssperren, die die Weitergabe von Insiderinformationen und somit Insiderhandel unterbinden sollen. Praktisch geschieht dies durch eine organisatorische und räumliche Trennung der Investmentbanker, Händler und Analysten, vgl. LINDER/TIETZ S. 61.

Fünftes Kapitel:
Zusammenfassung

A. Ausgangslage

Das Verbot der Marktmanipulation dient dem Schutz der Funktionen des Kapitalmarkts und somit auch dem Schutz der Volkswirtschaft. Dies liegt nicht nur im Interesse der auf dem Markt Agierenden, sondern der Gesellschaft an sich. Manipulationen können zum einen direkten Schaden bei den „geprellten" Anlegern bewirken und zum anderen auch das Vertrauen aller in den Markt erschüttern.

Oberstes Gebot des Kapitalmarkts ist die Wahrheit der Preisbildung, die nur dann erreicht werden kann, wenn maximale Gleichberechtigung beim Zugang zu den bewertungsrelevanten Informationen unter sämtlichen Marktakteuren gewährleistet ist. Der Markt kann nicht funktionieren, wenn einzelne Personen über einen Wissensvorsprung hinsichtlich relevanter Vorgänge verfügen und dies zu ihrem Vorteil ausnutzen können. Ein fairer Handel ist unter diesen Umständen nicht möglich, was auf Dauer zu einem Abwenden der Investoren und dem Verlust der gesamtwirtschaftlich wichtigen Transformations- und Allokationsfunktion des Marktes führen würde. Um diese Gleichberechtigung der Marktteilnehmer herzustellen, sind beim Wertpapierhandel entsprechende Regeln zu beachten. Gemäß § 15 WpHG gilt für den Emittenten die Pflicht zur Ad-hoc-Publizität, zur sofortigen Veröffentlichung von nicht öffentlich bekannten, für die Bewertung des Wertpapiers relevanten Informationen[679]. Diejenigen Personen, denen die noch nicht veröffentlichten Informationen aufgrund ihrer beruflichen oder tatsächlichen Stellung bereits bekannt sind, dürfen diese Informationen weder weitergeben noch Handel in dem betroffenen Papier treiben, geregelt als Verbot von Insidergeschäften in § 14 WpHG. Und schließlich dürfen die Anleger nicht über bewertungserhebliche Umstände in irgendeiner Weise – verallgemeinert gesprochen – getäuscht werden und darf der Preis der gehandelten Wertpapiere nicht auf sonstige unlautere Weise beeinflusst werden. Diese letzte, komplexe Bestimmung ist das Verbot der Marktmanipulation gemäß § 20a WpHG.

Die verbotene Manipulation des Marktes hat viele Gesichter. Sie kann zunächst einmal durch die gezielte Abgabe falscher Informationen oder das Verschweigen relevanter Information in Bezug auf ein Wertpapier geschehen, aber auch durch

---

[679] Nach dem Wortlaut des Gesetzes Insiderinformationen, § 12 WpHG.

alle denkbaren tatsächlichen Handlungen mit Bezug auf das Finanzinstrument oder das dahinter stehende Unternehmen. Die Markttransparenz und die Informationsgleichheit unter den Anlegern ist damit aufgehoben; der Täter kann den Informationsvorsprung (er weiß um die Falschheit der Information oder hat eine Information, die die übrigen Marktteilnehmer nicht haben) für seine Zwecke ausnutzen und beim Handel in dem entsprechenden Finanzinstrument an der Börse in einen ungerechtfertigten pekuniären Vorteil umsetzen, sich also auf Kosten der übrigen Beteiligten bereichern. Diese Fälle werden von § 20a Abs. 1 S. 1 Nr. 1 und Nr. 3 WpHG erfasst. Sowohl die materiell-rechtliche Prüfung wie auch die praktische Umsetzung dieser Tatbestandsvarianten weist vergleichsweise geringe Schwierigkeiten auf, da die Rechtsbegriffe insoweit hinreichend bestimmt sind und auch eine tatsächliche Prüfung in der Praxis möglich ist.[680]

Daneben verbietet das Gesetz mit § 20a Abs. 1 S. 1 Nr. 2 WpHG jedoch auch den Handel mit Finanzinstrumenten an sich, wenn dieser die gleiche Wirkung zeitigen kann wie die soeben beschriebenen Handlungen. „Circular Trading" und manipulative „Short Sales" können den Kurs eines Finanzinstruments erheblich beeinflussen, ohne dass dies mit regulärer Investitionstätigkeit auf dem Markt einherginge, die allein den Preis von Wertpapieren bestimmen sollte. Dies ist in doppelter Hinsicht problematisch. Zum einen bereits deshalb, weil Handel der „bestimmungsgemäße Gebrauch" des Marktplatzes Börse ist und es somit erforderlich wird, brauchbare und eindeutige Kriterien zur Unterscheidung von zulässigen und unzulässigen Geschäften zu entwickeln, zumal ein Verstoß gegen das Verbot mit Strafe bewehrt ist. Zum anderen aber insbesondere deshalb, weil die verbotenen manipulativen Geschäfte nicht nur von gewöhnlichen, sondern auch von anerkannt zulässigen manipulativen Geschäften abgegrenzt werden müssen, den Kurspflegemaßnahmen.

Seit jeher gelten Maßnahmen zur Beeinflussung des Börsenkurses in einem gewissen Rahmen als zulässig, da sie notwendig sind zur Dämpfung emissionsbedingter Kursschwankungen und im Interesse des Emittenten und der Anleger liegen. Mithin begibt sich derjenige, der Kurspflege betreiben will, auf einen schmalen Grat zwischen Legalität und Illegalität. Dieser Problematik hat sich der Gesetzgeber nur unbefriedigend angenommen.

---

[680] Dies gilt insbesondere hinsichtlich der Abgabe falscher Angaben, da insoweit ein dem Beweis zugänglicher Umstand vorliegen wird. Dass aber auch bei Anwendung und Auslegung der informationsgestützten Manipulationsvariante erhebliche Probleme auftreten, soll nicht bestritten werden. Im Verhältnis dazu erscheint allerdings die Problematik bei der handelsgestützten Manipulation ungleich größer.

Ausgehend von den europarechtlichen Vorgaben, die den Rahmen der Verbotstatbestände zum Schutz der Märkte gegenüber Marktmissbrauch vorschreiben,
wurde § 20a WpHG seine heute gültige Fassung gegeben. Dabei wurde das bisherige subjektive Kriterium der Manipulationsabsicht aus dem Tatbestand gestrichen,
da es als Mangel des Gesetzes und Hemmschuh der Gesetzesanwendung empfun-
den wurde, das vermeintlich den Tatbestand in seinen früheren Ausprägungen in
eine Art Dornröschenschlaf verbannt habe.

Der Tatbestand sollte von nun an durch rein objektive Kriterien bestimmt werden, die zum Teil in einer eigens dafür vorgesehenen, das Gesetz ergänzenen, Konkretisierungsverordnung niedergelegt wurden (MaKonV). Um den zulässigen Beeinflussungen des Marktes eine sichere Grundlage zu geben, wurden sogenannte
„Safe Harbours" eingeführt, Freistellungstatbestände, die bei Beachtung das jeweilige Verhalten vom Verbot der Manipulation ausnehmen. Zwischen den in der
MaKonV konkret als strafbares Verhalten deklarierten Manipulationen und den
gewiss vom Verbot gesetzlich freigestellten Beeinflussungen verbleiben somit
Zweifelsfälle, deren Beurteilung nur durch Subsumtion unter den „nackten" Gesetzestatbestand möglich ist, da keiner der Regelungskomplexe abschließend ist.

Diese Rechtslage lässt im Hinblick auf die Abgrenzung zwischen zulässiger
Kurspflege und strafbarer Manipulation zwei Fragen aufkommen:

1. Wie ist die Abgrenzung zwischen zulässiger Kurspflege und strafbarer
   Marktmanipulation anhand des rein objektiv formulierten Tatbestands des
   § 20a Abs. 1 S. 1 Nr. 2 WpHG möglich?
2. Lässt sich aus den „Safe Harbour"-Regelungen für die Zweifelsfälle kurs-
   beeinflussender Handlungen etwas für deren rechtliche Beurteilung ableiten? Und daran anschließend: Bleibt überhaupt Raum für Kurspflege außerhalb der Freistellungstatbestände?

B.   Feststellungen

Hinsichtlich der ersten Frage gelangt man bei einer genauen Untersuchung der Tatbestandsmerkmale mit EICHELBERGER zu der Erkenntnis, dass sachgerechte Ergebnisse nur bei einer subjektivierenden Auslegung der unbestimmten Rechtsbegriffe
„falsche/irreführende Signale" und „künstliches Preisniveau" möglich sind. Der
Versuch des Gesetzgebers, durch die Einführung scheinbar objektiver Kriterien die
tatbestandlich unerwünschte innere Einstellung des Handelnden bei der Beschreibung strafbarer Manipulationsvorgänge so weit wie möglich auszublenden, ist ge-

scheitert. Signale sind dann „falsch/irreführend" und ein Preisniveau „künstlich", wenn der Handelnde bei der Vornahme seiner marktbeeinflussenden Geschäfte Manipulationsabsicht hat. Fehlt diese Absicht, so liegt zulässige und straflose Kurspflege vor.

Betrachtet man die Motive der als klassisch zu bezeichnenden handelsgestützten Manipulationen und vergleicht sie mit den Intentionen der Freistellungsregelungen, lässt sich diese Manipulationsabsicht inhaltlich näher beschreiben.

Manipulationsabsicht in diesem Sinne liegt vor, wenn der Täter primär den Kurs beeinflussen will, ohne ihn der realen wirtschaftlichen Lage anpassen zu wollen, um bei Geschäften von der Diskrepanz zwischen beeinflusstem und hypothetisch unbeeinflusstem Kurs zu profitieren oder einen anderen wirtschaftlich zu schädigen.

Auf die zweite Frage, was sich aus den „Safe Harbour"-Tatbeständen für die Auslegung des Straftatbestands im Allgemeinen ableiten lässt, ist nach Auswertung der in der Literatur vertretenen Ansichten Folgendes zu antworten: Diejenigen „Safe Harbour"-Regelungen, die direkt den Schutzbereich des § 20a WpHG betreffen und Konstellationen mit besonderem Manipulationspotential beschreiben, stecken grundsätzlich den Rahmen für die maximal zulässigen Marktbeeinflussungen ab. Überschreitungen dieser „Safe Harbour"-Vorgaben indizieren das Vorliegen von Manipulationsabsicht auf Seiten des Handelnden. „Safe Harbour"-Bestimmungen, denen keine solche Qualität zu eigen ist, die vielmehr lediglich als „Beiwerk" zu den Kernvorschriften die Transparenz des Marktes fördern und dem Marktschutz im weiteren Sinne dienlich sind, haben hingegen keine solche Indizwirkung.

Lassen sich hinsichtlich der Nichtbeachtung der tatbestandsrelevanten Freistellungsvorschriften keine legitimierenden Gründe als Gegenindizien für das Verhalten des Handelnden feststellen, liegt bei tatsächlicher Beeinflussung des Markt- oder Börsenpreises eine strafbare Marktmanipulation vor – dass solche Umstände vorliegen können und worin sie insbesondere zu sehen sind (rechtswidrige Eingriffe von außen, „Baisse"-Angriffe), habe ich dargelegt.[681]

Die grundgesetzlich verankerte Unschuldsvermutung bleibt bei einer solchen Gesetzesauslegung unberührt, da eine Umkehr der Beweislast zum Nachteil des Beschuldigten hierdurch nicht etabliert wird. Diese Auslegung des Gesetzes ist nicht nur sachgerecht und gewährleistet auch die – bisher stets in Abrede gestellte – praktische Anwendbarkeit des Straftatbestands. Sie lässt sich auch auf die europarechtliche Grundlage und die deutsche Umsetzung des Verbotstatbestands zurückführen:

---

[681] S. oben Drittes Kapitel A. IV. 4..

Die Marktmissbrauchsrichtlinie 2003/6/EG bestimmt in Art. 1 Nr. 2 lit. a: „Marktmanipulation sind a) Geschäfte oder Kauf- bzw. Verkaufsaufträge, die – falsche oder irreführende Signale (...) geben (...), oder – den Kurs eines (...) Finanzinstruments (...) in der Weise beeinflussen, dass ein (...) künstliches Kursniveau erzielt wird, *es sei denn, die Person, welche die Geschäfte abgeschlossen oder die Aufträge erteilt hat, weist nach, dass sie legitime Gründe dafür hatte und dass diese Geschäfte oder Aufträge nicht gegen die zulässige Marktpraxis auf dem betreffenden geregelten Markt verstoßen.*" Europarechtlich ist hier eine Beweislastumkehr kodifiziert; dem Handelnden wird die Nachweispflicht dafür auferlegt, dass er nicht rechtswidrig gehandelt habe.

Das europarechtliche Konzept des strafbewehrten Manipulationsverbots, dem solche schwer nachweisbaren subjektiven Komponenten immanent sind, ist mit dieser Beweislastumkehr in sich stimmig. Da die deutsche Umsetzung in § 20a WpHG jedoch eine solche Beweislastumkehr nicht enthält und verfassungsrechtlich auch nicht enthalten darf, ist es das deutsche Gesetz nicht. Zwar hat der deutsche Gesetzgeber in § 20a Abs. 2 WpHG die Formulierung aufgenommen, dass das Verbot des Absatzes 1 Satz 1 Nr. 2 nicht gilt, „wenn die Handlung mit der zulässigen Marktpraxis [...] vereinbar ist *und der Handelnde hierfür legitime Gründe hat*", aber die daraus folgende, zwingend materiell-strafrechtliche Konsequenz ist bisher nirgends niedergelegt worden.

C.   Konsequenzen

Bei Kurspflegemaßnahmen, die nicht in Übereinstimmung mit den tatbestandsrelevanten „Safe Harbour"-Bestimmungen erfolgen, ist eine Manipulationsabsicht indiziert. Einen Überblick über sämtliche Tatbestandsmerkmale und darüber, ob diese jeweils als tatbestandsrelevant zu bewerten sind, gibt die folgende Tabelle:

„Safe Harbour"-Tatbestandsmerkmal der EG-VO 2273/2003	Regelungsgehalt	Tatbestandsrelevanz
Art. 8	Stabilisierungszeitraum	(+)
Art. 9 i. V. m. Art. 2	Persönlicher Anwendungsbereich	(−)
Art. 9 Abs. 1 lit. a	Bekanntgabe der Durchführung einer Kursstabilisierung	(+)
Art. 9 Abs. 1 lit. b	Information, dass die Kursstabilisierung auf die Kursstützung abzielt	(−)
Art. 9 Abs. 1 lit. c	Information über den Stabilisierungszeitraum	(+)
Art. 9 Abs. 1 lit. d	Bekanntgabe der Identität des die Kursstabilisierung Durchführenden	(−)
Art. 9 Abs. 1 lit. e	Bekanntgabe der Möglichkeit und der Modalitäten einer Mehrzuteilung mit oder ohne „Greenshoe"-Option	(+)
Art. 9 Abs. 2 - 4	Der Kursstabilisierung zeitlich nachgeordnete Informationspflichten	(−)
Art. 10	Stabilisierungspreis	(+)
Art. 11 lit. a	Beschränkung der Mehrzuteilung auf den Stabilisierungszeitraum und den Emissionskurs	(−)
Art. 11 lit b	5-%-Grenze für nicht durch „Greenshoe"-Option abgedeckte Mehrzuteilung	(+)

Art. 11 lit. c	Ausübung der „Greenshoe"-Option durch Berechtigte nur im Rahmen der Überzeichnung	(−)
Art. 11 lit. d	Maximalgrenze von 15 % für das Gesamtvolumen der Mehrzuteilung	(+)
Art. 11 lit. e	Deckung des Optionsausübungszeitraums mit dem Stabilisierungszeitraum	(−)
Art. 11 lit. f	Nachfolgende Information über die Ausübung der „Greenshoe"-Option	(−)

Bei Rückkaufprogrammen von Aktiengesellschaften indiziert ebenfalls die Nichtbeachtung tatbestandsrelevanter „Safe Harbour"-Regelungen eine Manipulationsabsicht. Auch hier ein tabellarischer Überblick:

„Safe Harbour"-Tatbestandsmerkmal der EG-VO 2273/2003	Regelungsgehalt	Tatbestandsrelevanz
Art. 3	Zwecke von Rückkaufprogrammen	(+)
Art. 4 Abs. 1	Genehmigung des Rückkaufprogramms und Festlegung der Modalitäten durch die Hauptversammlung der AG	(−)
Art. 4 Abs. 2	Bekanntgabe des Programmzwecks und der Modalitäten	(+) hinsichtlich des Umfangs, des maximalen Erwerbspreises sowie der Dauer des Programms

Art. 4 Abs. 3	Erfordernis tauglicher Mechanismen zur Erfüllung von Meldepflichten	(−)
Art. 4 Abs. 4	Dem Rückkaufprogramm nachfolgende Informationspflichten	(−)
Art. 5	Handelsbedingungen für Rückkaufprogramme (Höchstpreise, Höchsterwerbsvolumen)	(+)
Art. 6 Abs. 1 lit. a	Kein Verkauf eigener Aktien während des Programms	(+)
Art. 6 Abs. 1 lit. b	Kein Handel während „geschlossener Zeiträume"	(−)
Art. 6 Abs. 1 lit. c	Kein Handel solange die Bekanntgabe von Insiderinformationen aufgeschoben ist	(+)

Werden die relevanten Vorgaben nicht beachtet, ist von strafbarer Marktmanipulation auszugehen. Die „Safe Harbour"-Regelungen entfalten insoweit eine Indizkraft. Denn aus der Nichtbeachtung dieser „Safe Harbour"-Merkmale der EG-Verordnung 2273/2003 ist nach dem Ergebnis der vorangegangenen Untersuchung auf das Vorliegen einer Manipulationsabsicht beim Handelnden zu schließen.

Diese Feststellung sollte zumindest in die MaKonV als weitere Konkretisierung des Verbotstatbestands aufgenommen werden, vorzugsweise in der Form von Regelbeispielen. Die Verordnung hält zwar diverse tatsächliche Anzeichen für verbotene Manipulationen bereit, schweigt sich jedoch über die Auslegung der „Safe Harbour"-Regelungen der EG-Verordnung 2273/2003 aus.

Dadurch wäre der Rechtssicherheit gedient und der Tatbestand des § 20a WpHG, die Abgrenzung zwischen zulässiger Kurspflege und strafbarer Manipulation, inhaltlich wesentlich konkretisiert.

Schrifttum

A

Achenbach, Hans, und Ransiek, Andreas, Handbuch des Wirtschaftsstrafrechts (2. Aufl. 2008). Zitiert: „Achenbach/Ransiek S. 1".

Altenhain, Karsten, Die Neuregelung der Marktpreismanipulation durch das Vierte Finanzmarktförderungsgesetz, BB 2002, S. 1874-1879.

Assmann/Schneider, Kommentar zum WpHG (6. Aufl. 2012). Zitiert: „Bearbeiter A/S § 1 Rn. 1". Zitiert sind auch die 5. Aufl. (2009), die 4. Aufl. (2006), die 3. Auflage (2003) und die 2. Auflage (1999): „A/S^5", „A/S^4", „A/S^3" und A/S^2".

B

Bankrecht und Bankpraxis, hg. von Wolfgang Gößmann u. a., Loseblattsammlung, Band 5 (Stand: 89. Lieferung 11.10.2010). Zitiert: „Bearbeiter BuB Rn. 10/1".

Bender, Rolf, Nack, Armin, und Treuer, Wolf-Dieter, Tatsachenfeststellung vor Gericht (3. Aufl. 2007).

Bingel, Adrian, Rechtliche Grenzen der Kursstabilisierung nach Aktienplatzierungen (2007). Zitiert: „Bingel S. 1".

Bisson, Frank, und Kunz, Anna, Die Kurs- und Marktpreismanipulation nach In-Kraft-Treten des Gesetzes zur Verbesserung des Anlegerschutzes vom 28.10.2004 und der Verordnung zur Konkretisierung des Verbots der Marktmanipulation vom 1.3.2005, BKR 2005, S. 186-190.

Böhme, Philip, Transaktionskosten im Aktienhandel (2004). Zitiert: „Böhme S. 1".

Brockhaus Wirtschaft – Betriebs- und Volkswirtschaft, Börse, Finanzen, Versicherungen und Steuern, hrsg. von der Lexikonredaktion des Verlags F. A. Brockhaus (2. Aufl. 2008). Zitiert: „Brockhaus Wirtschaft S. 1".

Brockhausen, Jürgen, Kapitalmarktaufsicht in Selbstverwaltung – Voraussetzungen und Bedingungen am Beispiel der Handelsüberwachungsstellen gemäß § 1b Börsengesetz, WM 1997, S. 1924-1930.

Bröker, Klaus, Neue Strafvorschriften im deutschen Börsenrecht, wistra 1995, S. 130-133.

Buck-Heeb, Petra, Kapitalmarktrecht (5. Aufl. 2011). Zitiert: „Buck-Heeb Rn. 1".

Büschgen, Hans E., Das kleine Börsen-Lexikon (23. Aufl. 2012).

C

Claussen, Carsten Peter (Hrsg.), Bank- und Börsenrecht für Studium und Praxis (4. Aufl. 2008). Zitiert: „Bearbeiter Claussen, § 1 Rn 1".

Crüwell, Christoph, und Fürhoff, Jens, Kurspflege – Die rechtlichen Rahmenbedingungen nach geltendem und zukünftigem Recht unter besonderer Beachtung der Vorgabe auf europäischer Ebene, in: Wirtz, Bernd, und Salzer, Eva, IPO–Management, Strukturen und Erfolgsfaktoren (2001). Zitiert: „Crüwell/Fürhoff IPO-Management, S. 335".

D

De Meo, Francesco, Bankenkonsortien (1994). Zitiert: „De Meo S. 1".

Duden – Das große Fremdwörterbuch (4. Aufl. 2007). Zitiert: „Duden Fremdwörterbuch S. 1".

E

Eichelberger, Jan: Das Verbot der Marktmanipulation (§ 20a WpHG) (2006). Zitiert: „Eichelberger S. 1".

-, Zur Verfassungsmäßigkeit von § 20a WpHG, ZBB 2004, S. 296-302.

Erbs/Kohlhaas Strafrechtliche Nebengesetze – Lexikon des Nebenstrafrechts, begr. von Erich Göhler, Hans Buddendiek und Karl Lenzen, bearb. von Jörg Rutkowski, Loseblattsammlung, Stand: 34. Ergänzungslieferung vom 01.01.2011. Zitiert: „Rutkowski Erbs/Kohlhaas Lexikon des Nebenstrafrechts, Einführung Rn. 5".

Erlenbach, Erich, und Gotta, Frank, So funktioniert die Börse – Aktien, Zinsen, Derivate, Euro (1997). Zitiert: „Erlenbach/Gotta S. 1".

Eser, Albin, „Sozialadäquanz": eine überflüssige oder unverzichtbare Rechtsfigur, in Festschrift für Claus Roxin (2001), S. 199-212. Zitiert: „Eser FS-Roxin S. 199".

F

Fischer, Thomas, Strafgesetzbuch und Nebengesetze, begründet von Otto Schwarz, fortgeführt von Herbert Tröndle (38. – 49. Aufl.) und Thomas Fischer (seit der 50. Aufl.) (58. Aufl. 2011). Zitiert: „Fischer StGB § 1 Rn. 1".

Fleischer, Holger, Statthaftigkeit und Grenzen der Kursstabilisierung, ZIP 2003, S. 2045-2053.

-, Das Haffa-Urteil: Kapitalmarktstrafrecht auf dem Prüfstand, NJW 2003, S. 2584-2586.

Franke, Günter, und Hax, Herbert Finanzwirtschaft des Unternehmens und Kapitalmarkt (4. Aufl. 1999). Zitiert: „Franke/Hax S. 1".

Fredebeil, Uta, Aktienemissionen – Das underwriting agreement (der Übernahmevertrag) und seine spezifischen Klauseln (2002). Zitiert: „Fredebeil S. 1".

Fuchs, Andreas, Wertpapierhandelsgesetz Kommentar (2009). Zitiert: „Bearbeiter Fuchs-WpHG § 1 Rn. 1".

G

Gerke, Wolfgang, Börsenlexikon (2002). Zitiert: „Gerke S. 1".

Groß, Wolfgang, Kapitalmarktrecht – Kommentar zum Börsengesetz, zur Börsenzulassungs-Verordnung, zum Verkaufsprospektgesetz und zur Verkaufsprospekt-Verordnung (5. Aufl. 2012). Zitiert: „Groß Kapitalmarktrecht Gesetz § 1 Rn. 1". Zitiert ist auch die 2. Aufl. (2002): „Groß Kapitalmarktrecht[2] Gesetz § 1 Rn. 1".

Großkommentar zum Aktiengesetz, hrsg. von Klaus Hopt und Herbert Wiedermann, Bd. 6 (4. Aufl. 2006). Zitiert: „Bearbeiter Großkommentar-AktG § 1 Rn. 1".

Grüger, Tobias Wolfgang, Kurspflege – Zulässige Kurspflegemaßnahmen oder verbotene Kursmanipulation? (2006). Zitiert: „Grüger S. 1".

Grunewald, Barbara, und Schlitt, Michael, Einführung in das Kapitalmarktrecht (2. Aufl. 2009). Zitiert: „Bearbeiter Grunewald/Schlitt § 1 I. 1. (S. 1)".

Gursky, Karl-Heinz, Wertpapierrecht (3. Aufl. 2007). Zitiert: „Gursky S. 1".

Gyomlay, Katinka, Willmeroth, Sandra und Sigrist, Marcel, Börse im Klartext – Fachwissen aus der Welt der Finanzen – anschaulich vermittelt (2003). Zitiert: „Gyomlay/Willmeroth/Sigrist S. 1".

H

Habersack, Mathias, Mülbert, Peter, und Schlitt, Michael (Hrsg.), Unternehmensfinanzierung am Kapitalmarkt (2. Aufl. 2008). Zitiert: „Bearbeiter Unternehmensfinanzierung am Kapitalmarkt § 1 Rn. 1".

Haberstroh, Dieter, Unschuldsvermutung und Rechtsfolgenanspruch, NStZ 1984, 289-295.

Handelsblatt Wirtschaftslexikon – Das Wissen der Betriebswirtschaftslehre, Bd. 7 (2006). Zitiert: „Handelsblatt Wirtschaftslexikon S. 1". Zitiert: „Handelsblatt Wirtschaftslexikon, S. 1".

Heidel, Thomas (Hrsg.), Aktienrecht und Kapitalmarktrecht (2. Aufl., 2007). Zitiert: „Bearbeiter Heidel-Aktienrecht § 1 Rn. 1".

Hein, Thomas, Rechtliche Fragen des Bookbuildings nach deutschem Recht, WM 1996, S. 1-7.

Hellmann, Uwe, und Beckemper, Katharina, Wirtschaftsstrafrecht (2. Aufl. 2008). Zitiert: „Hellmann/Beckemper Wirtschaftsstrafrecht § 1 Rn. 1".

Hess, Gerhard, und Krämer, Lutz Robert, Zulässigkeit und Grenzen der Kursstabilisierung bei Aktienplatzierungen, in The International Lawyer – Freundesgabe für Wulf H. Döser (1999) S. 171-197. Zitiert: „Hess/Krämer FS-Döser S. 171".

Hirte, Heribert, Kapitalgesellschaftsrecht (4. Aufl. 2003). Zitiert: „Hirte Rn. 1".

Hopt, Klaus, Der Kapitalanlegerschutz im Recht der Banken – Gesellschafts-, bank- und börsenrechtliche Anforderungen an das Beratungs- und Verwaltungsverhalten der Kreditinstitute (1975). Zitiert: „Hopt Kapitalanlegerschutz S. 1".

- und Waschkeit, Indre, Stabilisation and Allotment – A European Supervisory Approach" – Stellungnahme zum FESCO-Konsultationsdokument vom 15.9.2000, in Festschrift für Werner Lorenz zum 80. Geburtstag (2001) S. 147-165. Zitiert: „Hopt/Waschkeit FS-Lorenz S. 147".

Hueck, Götz, und Windbichler, Christine, Gesellschaftsrecht (21. Aufl. 2008). Zitiert: „Hueck/Windbichler § 1 Rn. 1".

Hüffer, Uwe, Kurzkommentar zum AktG (9. Aufl. 2010). Zitiert: „Hüffer AktG § 1 Rn. 1".

J

Jarass, Hans, und Pieroth, Bodo, Kommentar zum Grundgesetz für die BRD (11. Aufl. 2011). Zitiert: „Jarass/Pieroth Art. 1 Rn. 1".

Joecks, Wolfgang, Anleger- und Verbraucherschutz durch das 2. WiKG, wistra 1986, S. 142-150.

Julius, Karl-Peter, Diskussionsbeiträge der Strafrechtslehrertagung 2003 in Bayreuth, ZStW 115 (2003) S. 671.

K

Kaiser, Andreas, Die Sanktionierung von Insiderverstößen und das Problem der Kursmanipulation, WM 1997, S. 1557-1563.

Karlsruher Kommentar zur Strafprozessordnung, hrsg. von Rolf Hannich (6. Aufl. 2008). Zitiert: „Bearbeiter Karlsruher Kommentar StPO § 1 Rn. 1".

Keussler, Julia von, Vom Grauen zum Weißen Kapitalmarkt (2001). Zitiert: „Von Keussler S. 1".

Killat, Gerhard, und Bohn, Karim, Von der Bewertung zur Emissionspreisfestsetzung, in: Wirtz, Bernd und Salzer, Eva, IPO–Management, Strukturen und Erfolgsfaktoren (2001). Zitiert: „Killat/Bohn IPO-Management S. 263".

KMR, Kommentar zur Strafprozessordnung, begr. von Theodor Kleinknecht, H. Müller und L. Reitberger, fortgeführt v. Hermann Müller u. a., seit der 14. Lieferung hrsg. von Bernd von Heintschel-Heinegg und Heinz Stöckel, Loseblattsammlung, Bd. 4 §§ 226-295 (Stand: 60. Lieferung Mai 2011). Zitiert: „Bearbeiter KMR-StPO § 1 Rn. 1".

Koehler, Tanja, Der Gleichbehandlungsgrundsatz bei Aktienemissionen (2006). Zitiert: „Koehler S. 1".

Kölner Kommentar zum Wertpapierhandelsgesetz, hrsg. von Heribert Hirte und Thomas Möllers (2007). Zitiert: „Bearbeiter KK-WpHG § 1 Rn. 1".

Kölner Kommentar zum Aktiengesetz, hrsg. von Wolfgang Zöllner, Bd. 1 (2. Aufl. 1988). Zitiert: „Bearbeiter KK-AktG § 1 Rn. 1".

Kotler, Philip, Armstrong, Gary, Saunders, John, und Wong, Veronica, Grundlagen des Marketing (4. Aufl. 2007).

Kübler, Friedrich, und Assmann, Heinz-Dieter, Gesellschaftsrecht – Die privatrechtlichen Ordnungsstrukturen und Regelungsprobleme von Verbänden und Unternehmen (6. Aufl. 2006). Zitiert: „Kübler/Assmann S. 1". Zitiert ist auch die 5. Aufl. 1999: „Kübler/Assmann[5] S. 1".

Kümpel, Siegfried, Wittig, Arne (Hrsg.), Bank- und Kapitalmarktrecht (4. Aufl. 2011). Zitiert: „Bearbeiter Bank- und Kapitalmarktrecht Rn. 1.1". Zitiert ist auch die 3. Aufl. 2004: „Kümpel Bank- und Kapitalmarktrecht[3] Rn. 1.1", und die 2. Aufl. 1995: „Kümpel Bank- und Kapitalmarktrecht[2]".

–, Börsenrecht – Eine systematische Darstellung (1996). Zitiert: „Kümpel Börsenrecht S. 1".

Kunold, Uta, und Schlitt, Michael, Die neue EU-Prospektrichtlinie, BB 2004, S. 501-512.

Kutzner, Lars, Das Verbot der Kurs- und Marktpreismanipulation nach § 20a WpHG – Modernes Strafrecht?, WM 2005, S. 1401-1408.

L

Lackner/Kühl, Strafgesetzbuch, begr. von Eduard Dreher und Herrmann Maassen, fortgeführt seit der 21. Aufl. von Karl Lackner, neben ihm und seit der 25. Aufl. allein fortgeführt von Kristian Kühl (27. Aufl. 2011). Zitiert: „Lackner/Kühl StGB § 1 Rn. 1".

Leipziger Kommentar, Strafgesetzbuch, hrsg. von Heinrich Wilhelm Laufhütte, Ruth Rissing-van Saan und Klaus Tiedemann, bearb. von Thomas Weigend u. a., Bd. 1 – Einleitung; §§ 1 – 31 (12. Aufl. 2007). Zitiert: „Bearbeiter LK § 1 Rn. 1".

Lenenbach, Markus, Kapitalmarktrecht und kapitalmarktrelevantes Gesellschaftsrecht (2. Aufl. 2010). Zitiert: „Lenenbach Rn. 1.1". Zitiert ist auch die 1. Auflage 2002: „Lenenbach[1] Rn. 1.1".

Lenzen, Ursula, Unerlaubte Eingriffe in die Börsenkursbildung (2000). Zitiert: „Lenzen S. 1".

Lepczyk, Dennis, Schwerpunktbereich – Einführung in das Börsenrecht, JuS 2007, S. 985-988.

Leppert, Michael, und Stürwald, Florian, Aktienrückkauf und Kursstabilisierung – Die Safe-Harbour-Regelungen der Verordnung (EG) Nr. 2273/2003 und der KuMaKV, ZBB 2004, S. 302-314.

Lindemann, Jens, Rechnungslegung und Kapitalmarkt – Eine theoretische und empirische Analyse (2004). Zitiert: „Lindemann S. 1".

Linder, Hans, und Tietz, Volker: Das große Börsenlexikon (2008). Zitiert: „Linder/Tietz S. 1".

Lindheim, Christoph, Der Einfluss der IFRS auf das deutsche Bilanzstrafrecht – Geschichtliche Entwicklung, verfassungs- und europarechtliche Grenzen sowie Irrtumsproblematik (2012).

Löwe-Rosenberg, Die Strafprozessordnung und das Gerichtsverfassungsgesetz, hrsg. von Peter Rieß, bearb. von Walter Gollwitzer u. a., Bd. 4 (25. Aufl. 2001) und Bd. 8 – MRK/IPBPR (25. Aufl. 2005). Zitiert: „Bearbeiter Löwe-Rosenberg Gesetz § 1 Rn. 1".

Lüdiger, Markus, Kurspflege bei Initial Public Offerings (2007). Zitiert: „Lüdiger S. 1".

Lüken, Christian, Der Erwerb eigener Aktien nach §§ 71 ff. AktG (2004). Zitiert: „Lüken S. 1".

M

Marsch-Barner, Reinhard, und Schäfer, Frank (Hrsg.), Handbuch börsennotierte AG (2. Aufl. 2009). Zitiert: „Bearbeiter Handbuch börsennotierte AG § 1 Rn. 1".

Maurach, Reinhart, und Zipf, Heinz, Strafrecht Allgemeiner Teil – Teilband 1 (8. Aufl. 1992). Zitiert: „Maurach/Zipf § 1 Rn. 1".

Maurach, Reinhart, Schroeder, Friedrich-Christian, und Maiwald, Manfred, Strafrecht Besonderer Teil – Teilband 1: Straftaten gegen Persönlichkeits- und Vermögenswerte (10.Aufl. 2009). Zitiert: „Maurach/Schroeder/Maiwald BT 1 § 1 Rn. 1".

Maile, Jörg, Der Straftatbestand der Kurs- und Marktpreismanipulation nach dem WpHG (2006). Zitiert: „Maile S. 1".

Meißner, Jörg, Die Stabilisierung und Pflege von Aktienkursen im Kapitalmarkt- und Aktienrecht (2005). Zitiert: „Meißner S. 1".

Meyer, Oscar, und Bremer, Heinz, Börsengesetz nebst Ausführungsbestimmungen (4. Aufl. 1957). Zitiert: Meyer/Bremer § 1 Rn. 1.

Meyer, Andreas, Neue Entwicklungen bei der Kursstabilisierung, AG 2004, S. 289-299.

Meyer-Goßner, Lutz, und Schmitt, Betram, Strafprozessordnung – Gerichtsverfassungsgesetz, Nebengesetze und ergänzende Bestimmungen, begr. von Otto Schwarz, fortgeführt von Theodor Kleinknecht (23.-35. Aufl.), von Karlheinz Meyer (36.-39. Aufl.) und seit der 40. Aufl. von Lutz Meyer-Goßner und neben ihm Bertram Schmitt (seit der 54. Aufl.) (54. Aufl. 2011). Zitiert: „Bearbeiter M-G Gesetz § 1 Rn. 1".

Möhrenschlager, Manfred, Der Regierungsentwurf eines Zweiten Gesetzes zur Bekämpfung der Wirtschaftskriminalität, wistra 1983, S. 17-22.

Möllers, Thomas, Insiderinformation und Befreiung von der Ad-hoc-Publizität nach § 15 Abs. 3 WpHG, WM 2005, S. 1393-1440.

Müller, Stefan, IFRS: Grundlagen und Erstanwendung (2007).

Müller, Werner, Internationales Rechnungswesen: Aufstellung und Auswertung des Jahresabschlusses nach EU-Richtlinien, IAS und US-GAAP (2001). Zitiert: „ W. Müller Rechnungswesen S. 1".

Müller-Gugenberger/Bieneck, Handbuch des Wirtschaftsstraf- und -ordnungswidrigkeitenrechts, hrsg. von Christian Müller-Gugenberger und Klaus Bieneck, bearb. von Peter Bender u. a. (3. Aufl. 2000). Zitiert: „Bearbeiter Müller-Gugenberger/Bieneck § 1 Rn. 1".

Münchener Kommentar zum Bürgerlichen Gesetzbuch, hrsg. von Franz Jürgen Säcker und Roland Rixecker, Bd. 5 §§ 705-853, PartGG, ProdHaftG (5. Aufl. 2009) und Bd. 1 1. Halbband §§ 1-240 (5. Aufl. 2006). Zitiert: „Bearbeiter MK-BGB § 1 Rn. 1".

Münchener Kommentar zum Aktiengesetz, hrsg. von Bruno Kropff und Johannes Semler, Bd. 1 §§ 1-75 (3. Aufl. 2008) und Bd. 6 §§ 179-221 (2. Aufl., 2005). Zitiert: „Bearbeiter MK-AktG § 1 Rn. 1".

N

Nack, Armin, Der Indizienbeweis, MDR 1970, S. 366-371.

Nöckel, Anja, Grund und Grenzen eines Marktwirtschaftsstrafrechts (2012).

O

Obst/Hintner, Geld-, Bank- und Börsenwesen – Handbuch des Finanzsystems, begr. von Georg Obst und Otto Hintner, hrsg. von Jürgen von Hagen und Johann Heinrich von Stein (40. Aufl. 2000). Zitiert: „Sachbearbeiter Obst/Hintner S. 1".

P

Palandt Bürgerliches Gesetzbuch mit Nebengesetzen, begr. von Otto Palandt, bearbeitet von Peter Bassenge u. a. (71. Aufl. 2012). Zitiert: „Bearbeiter Palandt § 1 Rn. 1".

Park, Tido (Hrsg.), Kapitalmarktstrafrecht - Handkommentar (2. Aufl. 2008). Zitiert: „Bearbeiter Park-Kapitalmarktstrafrecht Teil 3 Kap. 4 T1 Rn. 1".

-, Kapitalmarktstrafrecht und Anlegerschutz, NStZ 2007, S. 369-377.

-, Schwerpunktbereich – Einführung in das Kapitalmarktstrafrecht, JuS 2007, S. 621-626 (Teil 1) und JuS 2007, S. 712-716 (Teil 2)

Pfüller, Markus, und Anders, Dietmar, Die Verordnung zur Konkretisierung des Verbotes der Kurs- und Marktpreismanipulation nach § 20a WpHG, WM 2003, S. 2445-2454.

- und Koehler, Tanja, Handel per Erscheinen – Rechtliche Rahmenbedingungen beim Kauf von Neuemissionen auf dem Graumarkt -, WM 2002, S. 781-788

Pfundt, Dieter, und Rosen, Rüdiger von (Hrsg.), Kapitalmarkt im Wandel (2008). Zitiert: „Pfundt/von Rosen S. 1".

Pieroth, Bodo, und Schlink, Bernhard, Grundrechte – Staatsrecht II (26. Aufl. 2010). Zitiert: „Piroth/Schlink Rn. 1".

R

Rössner, Michael-Christian, Beweisprobleme für die Kursrelevanz fehlerhafter Unternehmensmeldungen, AG 2003, R16-R17.

- und Bolkart, Johannes, Entwurf einer Verordnung zum Verbot der Kurs- und Marktpreismanipulation, AG 2003, R394-R396.

Roxin, Claus, Strafrecht Allgemeiner Teil – Band 1 (4. Aufl. 2006). Zitiert: „Roxin AT 1 § 1 Rn. 1".

S

Schäfer, Frank (Hrsg.), Wertpapierhandelsgesetz, Börsengesetz mit BörsZulV, Verkaufsprospektgesetz mit VerkProspV, (1999). Zitiert: „Bearbeiter Schäfer-WpHG/BörsG/BörsZulV Gesetz § 1 Rn 1.

-, Zulässigkeit und Grenzen der Kurspflege, WM 1999, S. 1345-1392.

Schanz, Kay-Michael, Börseneinführung – Recht und Praxis des Börsengangs (3. Aufl. 2007). Zitiert: „Schanz § 1 Rn. 1".

Schlitt, Michael, Singhof, Bernd, und Schäfer, Susanne, Aktuelle Rechtsfragen und neue Entwicklungen im Zusammenhang mit Börsengängen, BKR 2005, S. 251-264.

Schlüter, Uwe, Börsenhandelsrecht (2. Aufl. 2002). Zitiert: „Schlüter A. Rn. 1".

Schmidt, Karsten und Lutter, Marcus, (Hrsg.) Aktiengesetz Kommentar (2. Aufl. 2010). Zitiert: „Bearbeiter Schmidt/Lutter-AktG § 1 Rn. 1".

Schmitz, Alexandra, Aktuelles zum Kursbetrug gemäß § 88 BörsG – Zugleich eine Besprechung des Urteils des LG Augsburg v. 24.9.2001 – 3 O 4995/00 –, wistra 2002, S. 208-213.

Schönhöft, Andrea, Die Strafbarkeit der Marktmanipulation gemäß § 20a WpHG (2006). Zitiert: „Schönhöft S. 1".

Schönke/Schröder, Strafgesetzbuch, begr. von Adolf Schönke, fortgeführt von Horst Schröder u. a., bearb. von Theodor Lenckner u. a., hrsg. von Albin Eser (28. Aufl. 2010). Zitiert: „Bearbeiter S/S § 1 Rn. 1".

Schröder, Christian, Aktienhandel und Strafrecht – Börseneinführung und Handel von Aktien und Optionsrechten auf Aktien aus strafrechtlicher Sicht (1994). Zitiert: „Schröder Aktienhandel und Strafrecht, S. 1".

–, Handbuch Kapitalmarktstrafrecht (2. Aufl. 2010). Zitiert: „Schröder Kapitalmarktstrafrecht Rn. 1".

Schultze, Wolfgang, Methoden der Unternehmensbewertung (2. Aufl. 2003).

Schwabenbauer, Peter, Der Zweifelssatz im Strafprozessrecht (2012).

Schwark, Eberhard, Kurs- und Marktpreismanipulation, in: Bankrecht und Kapitalmarktrecht in der Entwicklung – Festschrift für Siegfried Kümpel zum 70. Geburtstag (2003) S. 485-499. Zitiert: „Schwark FS-Kümpel S. 485".

-, Kommentar zum Börsengesetz und zu den börsenrechtlichen Nebenstimmungen (2. Aufl. 1994). Zitiert: Bearbeiter Schwark-BörsG § 1 Rn. 1.

- und Zimmer, Daniel, Kapitalmarktrechtskommentar (4. Aufl. 2010). Zitiert: „Bearbeiter S/Z-KMRK Gesetz § 1 Rn. 1". Zitiert ist auch die 3. Aufl. (2004): „Bearbeiter Schwark-Kapitalmarktrechtskommentar[3] Gesetz § 1 Rn. 1".

Schwintowski, Hans-Peter, und Schäfer, Frank, Bankrecht – Commercial Banking – Investment Banking (1997). Zitiert: „Schwintowski/Schäfer § 1 Rn. 1".

Siebers, Alfred, und Weigert, Martin (Hrsg.), Börsenlexikon (2. Aufl. 1997). Zitiert: „Siebers/Weigert S. 1".

Siller, Christian, Kapitalmarktrecht (2006). Zitiert: „Siller Rn. 1".

Singhof, Bernd, und Weber, Christian, Neue kapitalmarktrechtliche Rahmenbedingungen für den Erwerb eigener Aktien, AG 2005, S. 549-567.

Sorgenfrei, Ulrich, Zum Verbot der Kurs- oder Marktpreismanipulation nach dem 4. Finanzmarktförderungsgesetz, wistra 2002, S. 321-331.

Spindler, Gerald, und Stilz, Eberhard (Hrsg.), Kommentar zum AktG (2. Aufl. 2010). Zitiert: „Bearbeiter Spindler/Stilz-AktG § 1 Rn. 1".

Systematischer Kommentar zur Strafprozessordnung und zum Gerichtsverfassungsgesetz, Loseblattsammlung, Bd. 8, hrsg. von Hans-Joachim Rudolphi (Stand: 64. Lieferung 2009). Zitiert: „Bearbeiter SK-StPO Art. 6 EMRK Rn. 1".

T

Tiedemann, Klaus, Tatbestandsfunktionen im Nebenstrafrecht (1969). Zitiert: „Tiedemann Tatbestandsfunktionen S. 1".

Többens, Hans, Wirtschaftsstrafrecht (2006). Zitiert: „Többens Rn. 1".

Tripmaker, Stefan, Der subjektive Tatbestand des Kursbetrugs – Zugleich ein Vergleich mit der Neuregelung des Verbots der Kurs- und Marktpreismanipulation im Vierten Finanzmarktförderungsgesetz –, wistra 2002, S. 288-292.

V

Vahlens Großes Wirtschaftslexikon, hrsg. von Erwing Dichtl und Otmar Issing (1993). Zitiert: „Vahlens Großes Wirtschaftslexikon S. 1".

Vogel, Joachim, Kurspflege: Zulässige Kurs- und Marktstabilisierung oder straf- bzw. ahndbare Kurs- und Marktpreismanipulation?, WM 2003, S. 2437-2445.

Voigt, Hans-Werner, Bookbuilding – der andere Weg zum Emissionskurs, Die Bank – Zeitschrift für Bankpolitik und Bankpraxis 1995, S. 339-343.

W

Walter, Tonio, Der Kern des Strafrechts (2006). Zitiert: „Walter S. 1".

-, Betrugsstrafrecht in Frankreich und Deutschland (1999).

-, Die Beweislast im Strafprozeß, JZ 2006, S. 340-349.

-, Vergeltung als Strafzweck – Prävention und Resozialisierung als Pflichten der Kriminalpolitik, ZIS 2011, S. 636-647.

Waschkeit, Indre, Marktmanipulation am Kapitalmarkt (2007). Zitiert: „Waschkeit S. 1".

Weber, Martin, Kursmanipulation am Wertpapiermarkt, NZG 2003, S. 113-129.

-, Konkretisierung des Verbotes der Kurs- und Marktpreismanipulation, NZG 2004, S. 23-28.

Wessels, Johannes, und Beulke, Werner, Strafrecht Allgemeiner Teil, begründet von Johannes Wessels, fortgeführt von Werner Beulke (40. Aufl. 2010). Zitiert: „Wessels/Beulke Rn. 1".

Welzel, Hans, Studien zum System des Strafrechts, ZStW 58 (1938), S. 491-566.

Z

Zimmer, Daniel, Neue Vorschriften für den nicht organisierten Kapitalmarkt – Eine Bewertung der den „grauen Kapitalmarkt" betreffenden Bestimmungen der 6. KWG-Novelle, Der Betrieb 1998, 969-973.

Ziouvas, Dimitris, Das neue Kapitalmarktstrafrecht – Europäisierung und Legitimation (2005). Zitiert: „Ziouvas Kapitalmarktstrafrecht S. 1".

-, Das neue Recht gegen Kurs- und Marktpreismanipulation im 4. Finanzmarktförderungsgesetz, ZGR 2003, S. 113-146.

- und Walter, Tonio, Das neue Börsenstrafrecht mit Blick auf das Europarecht, WM 2002, S. 1483-1488.

Centaurus Buchtipp

Felix Walther

**Bestechlichkeit und Bestechung
im geschäftlichen Verkehr**
Internationale Vorgaben
und deutsches Strafrecht

Studien zum Wirtschaftsstrafrecht, Bd. 36,
2011, 338 S., br., ISBN 978-3-86226-089-7
€ 26,80

Im Jahre 2012 feiert das strafrechtliche Verbot der Korruption im Geschäftsverkehr seinen 100. Geburtstag. Nach einem jahrzehntelangen Schattendasein im Nebenstrafrecht ist der nunmehr in das StGB überführte § 299 StGB beliebter Gegenstand dogmatischer Erörterungen und rechtspolitischer Reformvorschläge. Die vorliegende Arbeit will zu dieser Diskussion einen sehr speziellen Beitrag leisten. Sie beschäftigt sich mit der bisher nur unvollkommen thematisierten Frage, nach den Auswirkungen internationaler Vorgaben zur Bekämpfung der Korruption im Geschäftsverkehr auf das deutsche Strafrecht. Die Politik hat auf internationaler Ebene nämlich schon vor längerer Zeit vollendete Tatsachen geschaffen in Form von Tatbestandsvorgaben, denen das deutsche Strafrecht letztlich anzupassen sein wird. Die Ausarbeitung der Rechtsakte gelangte erst in den Fokus der deutschen juristischen Fachöffentlichkeit, als mit dem „Entwurf eines Zweiten Gesetzes zur Bekämpfung der Korruption" im September 2006 die Transformation in das nationale Recht vorgeschlagen wurde.

Die Dissertation wurde mit dem WisteV-Preis 2012 der Wirtschaftsstrafrechtlichen Vereinigung e.V. ausgezeichnet. Der Preis wird jährlich für die aus der Perspektive der Praxis beste Dissertation oder Habilitation des Wirtschaftsstrafrechts vergeben.

Schmid, David
Korruption durch Bonuszuwendungen
Strafbarkeit der (Media-)Agentur als Beauftragte im Sinne von § 299 Abs. 1 StGB
Band 37, 2013, 300 S., ISBN 978-3-86226-222-9, **27,80 €**

Huber, Karl
Strafrechtlicher Verfall und Rückgewinnungshilfe bei der Insolvenz des Täters
Band 35, 2011, 260 S., ISBN 978-3-86226-053-9, **26,80 €**

Hinderer, Patrick Alf
Insolvenzstrafrecht und EU-Niederlassungsfreiheit am Beispiel der englischen private company limited by shares
Band 34, 2011, 280 S., ISBN 978-3-86226-033-1, **25,80 €**

Labinski, Carsten
Zur strafrechtlichen Verantwortlichkeit des directors einer englischen Limited
Band 33, 2010, 373 S., ISBN 978-3-86226-025-6, **29,00 €**

Arens, Stephan
Untreue im Konzern
Band 32, 2010, 333 S., ISBN 978-3-8255-0764-0, **26,90 €**

Wunderlich, Claudia
Die Akzessorietät des § 298 StGB zum Gesetz gegen Wettbewerbsbeschränkungen (GWB)
Band 31, 2009, 327 S., ISBN 978-3-8255-0752-7, **28,00 €**

Vergho, Raphael
Der Maßstab der Verbraucherwartungen im Verbraucherschutzstrafrecht
Band 30, 2009, 380 S., ISBN 978-3-8255-0731-2, **30,00 €**

Strelczyk, Christoph
Die Strafbarkeit der Bildung schwarzer Kassen
Band 29, 2008, 248 S., ISBN 978-3-8255-0709-1, **27,90 €**

Rodrigo Aldoney Ramirez
Der strafrechtliche Schutz von Geschäfts- und Betriebsgeheimnissen
Band 28, 2009, 392 S., br., ISBN 3-8255-0705-3, **32,90 €**

Burger, Stefan
Untreue (§ 266 StGB) durch das Auslösen von Sanktionen zu Lasten von Unternehmen
Band 27, 2007, 350 S., br., ISBN 3-8255-0640-1, **29,90 €**

Informationen und weitere Titel unter **www.centaurus-verlag.de**